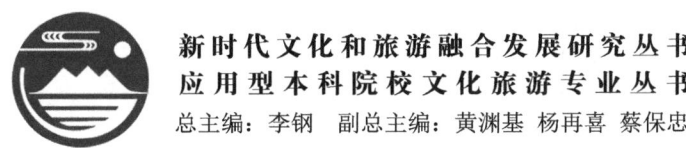

新时代文化和旅游融合发展研究丛书
应用型本科院校文化旅游专业丛书
总主编：李钢　副总主编：黄渊基　杨再喜　蔡保忠

乡村旅游重点村（镇）创建及运营研究

刘进　黄渊基　蔡保忠◎编著

北京·旅游教育出版社

图书在版编目（CIP）数据

乡村旅游重点村（镇）创建及运营研究 / 刘进，黄渊基，蔡保忠编著. -- 北京：旅游教育出版社，2023.12

（新时代文化和旅游融合发展研究丛书. 应用型本科院校文化旅游专业丛书）

ISBN 978-7-5637-4624-8

Ⅰ. ①乡… Ⅱ. ①刘… ②黄… ③蔡… Ⅲ. ①乡村旅游－旅游业发展－研究－中国 Ⅳ. ①F592.3

中国国家版本馆CIP数据核字（2023）第235266号

新时代文化和旅游融合发展研究丛书
应用型本科院校文化旅游专业丛书

乡村旅游重点村（镇）创建及运营研究

XIANGCUN LÜYOU ZHONGDIAN CUN (ZHEN) CHUANGJIAN JI YUNYING YANJIU

刘　进　黄渊基　蔡保忠　编著

责任编辑	何　玲
出版单位	旅游教育出版社
地　　址	北京市朝阳区定福庄南里1号
邮　　编	100024
发行电话	（010）65778403　65728372　65767462（传真）
本社网址	www.tepcb.com
E - mail	tepfx@163.com
排版单位	北京旅教文化传播有限公司
印刷单位	唐山玺诚印务有限公司
经销单位	新华书店
开　　本	787毫米×1092毫米　1/16
印　　张	12.25
字　　数	189千字
版　　次	2023年12月第1版
印　　次	2023年12月第1次印刷
定　　价	68.00元

（图书如有装订差错请与发行部联系）

新时代文化和旅游融合发展研究丛书
应用型本科院校文化旅游专业丛书

编委会

编委会主任： 李　钢　黄创霞

编委会副主任： 李常健　何福林　陈灿军

编委会委员： 黄渊基　杨再喜　谢韶光　潘清远　姚先林　蔡保忠

　　　　　　　李晓红　刘　进　黄　萌　吴翠燕

编委会成员（以姓氏笔画为序）：

　　　　王　丹　王　跃　刘幼平　刘旸沛筠　刘　辉　李爱军

　　　　李　满　肖　可　肖辉军　吴宇辉　何　真　张宝辉

　　　　张施冲　张　程　欧阳平彪　郑　毅　钟杨宇　郭莉芝

　　　　黄华勇　梁茂林　傅宏星　曾　荣　曾　旎

代序
FOREWORD

建设什么样的旅游理论体系，培养什么样的旅游人才

戴　斌

坚持以文塑旅、以旅彰文，推进文化和旅游深度融合发展，是党的二十大做出的战略部署，也是学术共同体必须回答而且必须要回答好的时代之问。习近平总书记对旅游工作做出重要指示强调：新时代新征程，旅游发展面临新机遇新挑战。要以习近平新时代中国特色社会主义思想为指导，完整准确全面贯彻新发展理念，坚持守正创新、提质增效、融合发展，统筹政府与市场、供给与需求、保护与开发、国内与国际、发展与安全，着力完善现代旅游业体系，加快建设旅游强国，让旅游业更好服务美好生活、促进经济发展、构筑精神家园、展示中国形象、增进文明互鉴。新时代新征程，我们应建设什么样的旅游理论体系？培养什么样的旅游人才？

新时代新征程，应着力构建以人民为中心的当代旅游发展理论体系

一、大众旅游全面发展，新时代需要重构学术研究的价值取向和理论意义

20世纪80年代发展旅游是为了创汇，90年代中后期聚焦于拉动消费、投资和就业，现在更加强调为了人民群众"诗与远方"的美好生活，强调文化和旅游深度融合，推进旅游业高质量发展。随着全面小康社会的建成，大众旅游进入全面发展新阶段，"吃不愁、穿不愁，还有余钱去旅游"成为城乡居民对美好生活的共同向往和刚性需求，也是

每年"两会"热词和社会各界共同关注的焦点。当代旅游是人口规模巨大的发展中国家的旅游，也是地区之间、城市之间、不同年龄段之间发展不平衡不充分的旅游，更是中国式现代化进程中精神享受和文化休闲需求持续增长的旅游。我们既要看到有人拥有丰富的旅游经验，随时都可以来一场说走就走的旅行，每到节假日就飞到世界各地度假，也要看到有人还没有去过一次旅游景区，也没有享受过一次真正意义的观光旅游。高线城市的95后开始追求个性化和多样性的旅游体验，60后则在开启康养旅居新生活，而低线城市的"小镇青年"才刚刚成为旅游初体验者，更有数以亿计的农村居民、低收入群体和行动障碍者的休闲方式仍然是几千年不变的走亲访友、晒太阳和打纸牌。直面现实可能是沉重的，更可能是灼热的，无论如何，作为一名理论工作者都不能对国家战略和人民期盼视而不见，而是应在与实践同行的过程中，系统回答"新时代旅游发展为什么"这一根本问题。

科学技术的进步，特别是数字化和人工智能，ChatGPT、Sora等大数据模型，正在深刻改变旅行方式、文化空间、旅游场景和体验内容。 多年以来，我们习惯于将山山水水的自然环境和丰富多彩的历史文化当作旅游资源的全部，习惯于将旅游业视为传统的劳动密集型、经验驱动型的传统服务业，习惯于认为政府具有信息、数据、人才的垄断优势和行政动员能力，将开大会、发文件、做规划、定标准、创牌子视为政府主导型旅游发展战略的全部。受基金项目、论著发表和考核体系的影响，理论界在范式精致化和定量研究方面配置了太多的学术资源，应用研究则更多聚焦于旅游资源开发、目的地营销和行业管理。随着社会主义市场经济体制的完善和"大众创业、万众创新"的进展，金融资本、产业资本和社会资本广泛进入旅游消费的各个环节，不同所有制、不同规模的旅游景区和度假区、旅游住宿商、旅游零售商、餐饮和休闲项目运营商、旅行服务商共同构成了生生不息的产业生态，一个投资机构和市场主体推动旅游业高质量发展的时代已经到来。大数据、人工智能和高端装备领域的科技进步让知识和技能很容易在更广泛的人群中横向传播，而不完全是自上而下的纵向传播，旅游领域正在孕育新一轮的现象级创业创新热潮。不得不承认，在投资、研发、创业、创新，包括文化、艺术、体育、科技、时尚与旅游融合发展方面，市场主体已经走在了理论工作者和专家学者的前面，行政与市场、系统与行业、官员与企业家之间的关系也在消解与重构。我们需要深刻认识并且系统回答"新时代旅游发展依靠谁"这一现实问题，并努力让更多人认识到这一点：没有充分竞争的市场，没有与新质生产力相匹配的投资机构和市场主体，就没有旅游业的高质量发展。

文化和旅游深度融合的国家战略和创新实践，是新时代建设国家旅游发展理论的现

实背景。2018年国家机构改革以来，文旅融合成为理论界和学术研究重点关注的现实课题，也是业界和媒体讨论的热点话题。受全国哲学社会科学规划办公室、文化和旅游部的委托，中国旅游研究院和全国旅游学术共同体承担了一批重大和重点课题，发表成千上万的专著和论文，提报若干资政建言成果，初步回答了为什么融、融什么、谁来融等理论问题。现在的问题是，绝大多数的学术成果还没有转化为社会影响力和产业推动力，相当多的理论问题和现实课题还缺乏基金支持，也少有理论和科研工作者"揭榜挂帅"的勇气。直面文旅融合重大需求和现实问题，用深厚的学理和社会科学研究方法推动旅游业高质量发展的高水平成果还相对不足。如果任由学术界只在期刊发表的小圈子里，为了高影响因子而加速内卷，终将面临与行政主体、市场主体和消费主体渐行渐远的危险，就算发表再多的论文，拥有再多的"帽子"和"牌子"，也摆脱不了道统不存的无力感和意义悬置的虚无感。是重回"风声雨声读书声，声声入耳；家事国事天下事，事事关心"知识分子传统的时候了，是重做"我是江南第一燕，为衔春色上云梢"知行合一启蒙者的时候了。旅游学术共同体要系统把握并务实推进"新时代旅游发展做什么"的战略选择，从理论、学术和教育诸方面推进文化和旅游在更深程度、更广范围和更高层次的融合发展。

二、国家旅游发展理论需要价值引领的勇气、学科建构的能力和持续创新的体系

坚持以人民为中心的发展理念，重构大众旅游价值取向。改革开放以来，旅游业的经济属性日益彰显，市场化和专业性程度越来越高。作为管理学科门类工商管理一级学科下的旅游管理，很容易将创汇、消费、投资、就业、资源开发、政策设计等内容作为学科建设的方向和学术研究的重点。需要反思的是，发展旅游的目标固然有赚取外汇、扩大消费、带动就业等经济功能，也有稳定预期、提振信心、国泰民安的情绪价值，还有促进人的全面发展、城市更新和乡村振兴、对外对港澳台文化交流和文明互鉴的社会功能。学习习近平文化思想，研究中国式现代化对旅游业提出了哪些新要求，旅游发展在中华民族伟大复兴中扮演什么新角色，在全球文明倡议中发挥什么新作用，以及为何和如何提升人民群众包括旅游在内的精神享受和文化消费水平，是新时代旅游理论建设和学术研究的首要任务。如果只是从消费拉动和经济增长的视角研究旅游，完全以效率为导向，就会得出旅游资源和生产要素配置给高收入者并努力提升其旅游频次的结论。马克思主义经济学会告诉我们这样做的结果只能是总需求不足和总供给过剩，中国特色社会主义理论更是证明这条路行不通。只有让最大多数的城乡居民参与旅游，让"读万

卷书，行万里路"的梦想照进小康社会的现实，让"书生意气的研学、家国天下的旅游"伴随中小学生的成长，让每一位小镇青年都能有"说走就走的旅行"，才会有温暖向前的旅游中国。

培育新质生产力，推动旅游业高质量发展。新质生产力代表先进生产力的演进方向，是由技术革命性突破、生产要素创新性配置、产业深度转型升级而催生的先进生产力质态。新质生产力以劳动者、劳动资料、劳动对象及其优化组合的跃升为基本内涵，具有强大发展动能，能够引领创造新的社会生产时代。新质生产力是新时代对包括旅游在内所有产业发展方式的重构，用新质生产力对劳动者、劳动资料和劳动对象的优化组合提升旅游产业的全要素生产率。导入和培育新质生产力，推动旅游业从传统服务业转向现代服务业，非得从劳动者、劳动工具和劳动对象三个方面入手不可。在新时代旅游消费需求变迁的情境下，需要新型旅游投资机构、市场主体和新型旅游从业者来推动产业高质量发展。我们不能继续将星级饭店、旅行社和旅游景区当成旅游业的全部，也不能只是把导游、领队、讲解员、酒店和餐饮服务员、景区管理者和专家学者当成旅游从业人员的全部。随着市场边界的变化，越来越多的跨界者成为旅游业的新生力量。没有新质生产者就不会有新质生产力，我们需要具有现代思维、国际视野和专业能力的新质旅游人，特别是具有原始创新能力的企业家、职业经理人和高技能劳动者。如果不能提高2825万直接从业人员的综合素质和专业能力，再先进的科学技术也不能实现旅游产业的转型升级。我们需要导入和培育人工智能等新质生产要素，加持和赋能旅行社、酒店、民宿、旅游景区、度假区、旅游零售等传统业态。没有人工智能、高端装备和现代商业模式的赋能，我们就走不出大众旅游初级阶段陷阱。我们需要秉持"近悦远来，主客共享"的新理念，以全新的开放视野，创造出更多"旅游+""+旅游"的新业态。新质生产力与科学技术和高端装备制造密切相关，同时也要看到，没有文化的引领，没有艺术和时尚生活的加持，我们就无法将当代生活和现代文明转化成为新质旅游资源，而只会在山山水水和文化遗产等传统资源里打转转。

坚持绿色发展理念，推动绿色旅游理论创新与经验总结。我们要看到旅游业对经济社会发展和文明演化的积极影响和促进作用，也要看到诸如旅游"飞地"、过度旅游、文化冲突、道德弱化、环境破坏等需要正视的负面问题。就是从经济影响的角度看，旅游业对不同国家和地区的影响也不尽相同，欠发达国家和地区在全球旅游经济体系获得的份额相对较低。只有让世界各国各地区都能够从旅游发展中获得经济增长、就业岗位增加、削减贫困、推进社区振兴、保护传统和文化遗产等方面的收益，这个世界才能变得更好，旅游业才可能持续发展下去。党的十八大以来，以习近平同志为核心的党中央从中华民族永续发展的高度出发，深刻把握生态文明建设在新时代中国特色社会主义事业中的重要地位和战略意义，形成了习近平生态文明思想，奠定了绿色旅游和可持续发展的理论基础和实践方向。"绿水青山就是金山银山""冰天雪地也是金山银山"，指引了青海打造国际生态旅游目的地、桂林建设世界级旅游城市、阿尔山实现"旅游业一定会火起来"，以及全国范围内的避暑旅游、冰雪旅游、森林旅游、温泉康养旅游创新发展的新方向。研究绿色旅游和可持续发展，不能只有基础理论和政策设计，也要密切关注旅游投资机构和市场主体，特别是中旅旅行、广之旅、飞猪、携程、去哪儿、马蜂窝等旅行商推出的绿色线路和生态产品。通过主流媒体、行业媒体和抖音、小红书、B 站等新媒体提示游客在行程中爱护生态环境、尊重当地文化遗产和风俗民情，培育起广大游客的绿色消费观念。在理论建构的过程中，重点关注旅游活动与自然环境、游客权利与居民权益、经济增长与社会发展之间的协同促进。为此，旅游学者和科研机构在绿色旅游、生态旅游、可持续旅游、负责任旅游的研发创新和宣传推广过程中，稳步建立可独立发挥作用、也可以连线成片的监测点、案例库和数据库。

践行全球文明倡议和大国外交思想，发展文明旅游，讲好新时代的中国旅游故事。2018 年以来，中国旅游业进入了一个文化和旅游深度融合的新时代。旅游能够为文化培育市场，也需要当代文化和现代文明引领旅游业发展新方向。没有文化的产业是走不远的，没有思想建构和价值引领的产业也是走不远的。旅游学者要打破学科层级和学术范式的固有藩篱，以更加开放的心态，重构知识生产和传播的学科体系、学术体系和话语体系。团结旅游学术共同体、旅游投资机构和市场主体，为加快建设世界旅游共同体而贡献自己的才情与智慧。除了图书馆、工作室和学术论坛，旅游学者也应在生活场域中寻求文化建设和文明对话的可能性。我去天津参加海棠花节和五大道旅游论坛，晚上去安里甘艺术中心欣赏了以"春天和花"为主题的室内交响乐。120 多年历史的教堂、青春感拉满的乐园，还有蓝色多瑙河上飘浮的茉莉花香，彼时的我，分不清什么是诗，什么是远方，也不会去想什么是文化、什么是旅游，只是觉得一切都那么古老又那么年轻的样子，真的很好。

三、国家旅游发展理论需要有信仰的建设者遵循科研实践的规律，将理论与实践相结合的道路进行到底

理论的力量首先来自建设者发自内心的信仰，没有真正的信仰，就不会产生有效的传播、接受和行动。在理论建设、传播和接受的过程中，经由调查研究、数据分析和理论抽象而来的概念、观点和命题，包括语言、文字、平台和渠道在内的传播体系固然重

要,但是知识分子和专家学者发自内心的认同更为关键。《共产党宣言》《资本论》《国家与革命》等马克思主义经典著作,无论语言文字,还是概念及其展开的逻辑,在一百年前的中国,即使留过洋的教授也有很大的阅读障碍,传播和接受更有坐牢杀头的危险,为什么还有那么多人去翻译、去传播、去实践?因为这些文字闪耀着理性的光辉和实践的热情,指明了救国救民的方向,给先知者以信仰,予先行者以力量。才有了瞿秋白的首次将《国际歌》翻译成中文,才有了李大钊、李汉俊、郭沫若、陈启修、潘冬舟、侯外庐、王思华、郭大力、王亚南等知识分子接力传播、翻译《资本论》,倾尽毕生的才华和心血,有人甚至献出了宝贵的生命。作为一名知识分子和专家学者,如果徒有个人名利而无国家视野,只有个人恩怨而无铁肩道义,则道统何在?价值何在?我们今天的努力和成就,能经得起后人的审视吗?今天的中国,经历了20世纪80年代入境旅游的"黄金十年"和21世纪前二十年市场化取向的大众旅游初级阶段,迫切需要回答旅游发展"为了谁""依靠谁""做什么"等时代之问。唯有从人民立场出发,努力让人人都能在这块美丽的国土上、在这颗蓝色的星球上尽享属于自己的"诗与远方",方能建设既有时代价值,也有历史意义的国家旅游发展理论。

旅游演化进程中有理论问题,也有实践课题,还有人文主题,旅游学者和理论工作者既要研究问题,也要关心主义。20世纪80年代,旅游、酒店、接待等学科建设与实践水乳交融,你中有我,我中有你。学院派的期刊是政府官员、业界经理人的案头书,政府的机关报和协会的内刊也是大学图书馆借阅率很高的参考文献,学者可以到基层和一线对话,官员和经理人可以到院校讲课。那时的旅游教育和学术研究可能没有成熟的理论体系,可是一切都是生机盎然和无限可能的样子啊!当时只道是寻常罢了。90年代中后期开始,基金立项、学术期刊、同行评议、专业评奖机构在学科体系拥有越来越多的话语权,在现有的学科分层和专业分类的框架中,旅游理论成为旅游理论家的事情,旅游学术成为旅游学者的专属。我们应当,也可以吸纳一切可以吸纳的自然科学、工程科学、社会科学乃至医学、军事学研究方法和工具,但是这并不意味着旅游领域的一切问题都可以纳入科学范式,更不可以用"自然科学原理"去分析所有的旅游活动,并试图重构一个"旅游理想国"。必须直面的事实是,这一观念普遍影响了旅游学科的主流平台、权威机构和一线学者,并波及研究生培养和本科生教育。几乎所有从事旅游研究的学者,包括具有人文学科背景和接受过社会科学训练的学者,也在基本治学方法上严守逻辑实证论的门庭,认为凡是在经验上不能验证、实验上不能重复、期刊中不能发表的问题,都是没有意义的,也是无法讨论的。按照这一思路,与文化和旅游融合发展密切相关的若干思想性话题就无法深入讨论,打通行政、市场和学术各界的共识就无法得到真正的构建，学术共同体的理论成果也无法转换为推动旅游业高质量发展的精神力量。须知，没有实践的思想，就没有思想的实践；没有理论指导的实践是盲目的实践，而没有经过实践检验的理论则是空洞的、悬置的理论。在建设国家旅游发展理论的过程中，我们需要再别康桥，寻一支思想的长篙，向知行合一的历史最深处漫溯，满载一船知识的星辉，在星辉斑斓的旅游产业里放歌。

高校应当，也可以成为国家旅游发展理论建设、创新和传播的主阵地，着力引导学生对旅游产业的认同感和责任心。实践性很强的旅游管理学科，应循国际惯例而构建新型产教合作关系，为现代旅游业培养用得上、留得下的产业后备军，也为旅游发展理论构建理论与实践的互动界面。如果任由学术研究、人才培养与产业需求渐行渐远，理论建设就会成为小圈子里的自说自话，就算有些影响，也不过是"茶杯里的风暴"而已。一千余所旅游院校，每年培养的旅游管理、酒店管理、会展管理的毕业生数以十万计，为什么很少在旅游领域就业？甚至每次有关旅游管理招生就业的讨论，除了吐槽，还是吐槽？高质量专业教育的缺失是主要原因。从幼儿园卷到高三，对社会基本无感的十八岁娃娃，刚进了大学校园，就加上"未来产业领袖"的光环，好吗？学完教学计划规定的课程，文献阅读、概念推演和论文写作的确得到了很好的训练，但是对产业的实感几乎为零。再一番放羊式的实习下来，就是被现实摁在地上摩擦的感觉，除了考公、考编、考研，心甘情愿地进入旅游业而倾尽才情与努力者，能有几人？无论是专业思政，还是课程思政，都应该告诉学生一个真实的旅游业，培养学生快乐工作和幸福生活的阳光心态。正是从这个意义上讲，先培养今天的快乐学生，再谈明天的产业领袖。

新时代新征程，应努力培养国家需要、行业认可的旅游人才

一、新时代的旅游人才必须是国家需要、时代呼唤的，也应当为行业所认可

旅游人才必须是国家需要的和时代呼唤的。从历史上看，任何一个时代的进步，都离不开善于思考并勇于作为的国士，比如提出"仓廪实而知礼节，衣食足而知荣辱"的管仲、变法强国的商鞅和王安石、"鞠躬尽瘁，死而后已"的诸葛亮，以及1840年以来科学救国、实业救国、教育救国的仁人志士。任何一个产业的成长和进步，都需要变革创新的企业家，比如张瑞敏、任正非、曹德旺等。任何一个学科的繁荣和进步，都需要一批富有创新精神、历史意识和专业能力的思想者和理论家，如孙冶方、陈准等经济学

家和"两弹一星"功勋。他们都是国家的栋梁之材,也是时代发展的推动者。

旅游人才固然有其专业性,但是不能因此而过于强调学科背景和工作岗位的特殊性。所有愿意为了人民的旅游权利、为了旅游业的高质量发展而奋斗者,都是时代呼唤、国家需要的旅游人才。《中国旅游人才发展报告(1949—2021)》有个"两个多数"的研究结论:近年来高校培养的旅游管理和酒店管理毕业生大多数都去了旅游以外的领域就业,旅游企业的高级管理人员特别是创业创新人才则大多数来自其他专业,比如携程、去哪儿、马蜂窝、七天、途家的创始人多有计算机学科或者商科的背景。仔细想想,也没有什么值得惊异的。在市场经济条件下,人才流动是由价格决定的,价格的背后是供求关系。从国际酒店集团前100名的高管团队的专业背景来看,也是商科居多,其中酒店管理名校毕业生占了三成,与国内相比,已经很高了。从旅游行政部门的管理者或者公务员的专业背景来看,所谓科班出身者就更少了。随着就业观念的变化,自由职业和灵活就业越来越成为包括旅游管理在内的高校毕业生的新选择,包括网络主播、自媒体人员、文案写手、快递员、外卖员、群众演员,灵活就业者已经达到2亿人。

旅游人才必须是服务行业,也为行业所认可的。旅游人才的内涵是不断丰富的,外延是动态演化的。能够戴个帽子当然好,那是体制或者同行的认可,假如戴不了帽子,但是行业认可了,也一样是人才,将来历史会记住的。盛世王朝需要开拓雄图大业的君王,需要开疆拓土的将帅和保境安民的官员,也需要伟大的科学家、思想家和文学家。[①]无论是理念,还是实践,都不能简单地把旅游人才与学历和职称挂钩,更不能只将博士、教授当作人才,那些从市场中拼杀出来的企业家,为旅游业创造价值的管理人员、服务人员和技术人员就不是人才?没有这个道理嘛!旅游强国、中国服务业和旅游业高质量发展,都离不开企业家、经理人、专业技术人员和基层一线的大国工匠。现在的问题是,教育、科技、文化和旅游部门搭建了很多平台,培养了大批学术名家,可是除了圈子里的热闹,又回应了多少旅游产业实践重点、难点和热点问题,并获得了行业的真正认可呢?如果高端人才一直在"基金申请和论文发表"中打转转,出了再多影响因子高的论文又如何?也许是时候对奉若神明的"影响因子"认真审视了:我们每年发表的论文和文章可谓是汗牛充栋,可是到底影响了谁?这是一个问题。

旅游人才还应当是自我驱动的,坐言起行并切实引领产业创新发展的。创造性人才的成长看上去具有相当大的偶然性,但无不是理想牵引和价值驱动的天选之才。正如爱因斯坦所观察到的那样:几乎所有与人的本性有关的基础工作都是由非专业的物理学家

[①] 电影《妖猫传》有句台词,是杨贵妃看完"云想衣裳花想容"应制诗后说的,"李白,大唐有你,才真的了不起"。

做的，他们仅仅把物理学看成自己的一大爱好而不是生活的全部，比如多才多艺的苏格兰人布莱克、德国医生迈耶、美国冒险家伦福德，还有英国酿酒师焦耳，他在工作之余做了有关能量守恒的几个最重要的实验。① 但是放在一个更大的时空看，似乎又是必然，全社会对科学的尊重、对异己的包容，天才学者的自我驱动，都是不可或缺的要素。戴帽子的大师、名师或许可以培养，但是那些开山立派的宗师又哪里是培养出来的啊！多数人是因为看见而相信，但是对于战略领军人才和历史托命之人而言，他们是因为相信而看见。他们如同盗火的普罗米修斯，如同填海的精卫，如同逐日的夸父，倒下也是一片泽被后人的森林。

二、新时代的旅游人才需要专业培养，更需要实践锻炼，以及竞争与淘汰

高等教育和职业教育是旅游人才培育的主渠道，需要规模化的制式教育，也需要年轻人的自我修养。 古代中国并没有近代意义上的科学，特别是基于实验室的科学体系，为什么也能出那么多的数学家、天文学家和工程师，创造璀璨的科技文明？虽然有这么多人才，工业革命为什么却没有发源于中国？在众多的"李约瑟之谜"的解答中，我认同林毅夫教授的观点：在以经验为基础的技术发明过程中，人口规模是技术发明率的主要决定因素。中国在现代时期落后于西方世界，是因为中国没有及时从以经验为基础的发明方式，转换到基于科学和实验的创新上来。同时期的欧洲，至少经由18世纪的科学革命已经成功地实现了这种转变。② 现代科学的进步，进而生产力的进步和市场主体的商业创新，越来越依赖科学家严谨的科学方法、理论验证和生产实践。严谨科学方法的显著特征就是把有关自然的假说和积累的经验"数学化"，并与严谨的实验检验相结合。③ 旅游人才的培养更离不开以高等教育、职业教育为代表的国民教育体系和相应的科技支撑平台，包括初等、中等和高等职业教育，也包括学士、硕士和博士学位教育，以及实体化的理论和科学研究机构、博士后科研流动站和工作站、国家重点实验室等支撑平台。

如果将人才看作是人口基数的函数，那么拥有2850万直接就业人员的旅游业，不用高等教育、科学研究和系统性的职业发展计划，也会有百分之一的人成为各方面的领军人物和行业骨干，哪怕是千分之一，也是很可观的数字。这么想对不对呢？当然是不对的。我们可以举出无数的例证说"刘项原来不读书"，或者历史上的不少状元终其一

---

① 爱因斯坦，英费尔德.物理学的进化[M].张卜天，译.北京：商务印书馆，2019：41.
② 林毅夫.制度、技术与中国农业发展[M].上海：上海三联书店、上海人民出版社，1994：257.
③ Needham，1969，转引自林毅夫.制度、技术与中国农业发展[M].上海：上海三联书店、上海人民出版社，1994.

生也是寂寂无闻，也可以列举更多的栋梁之材饱读圣贤之书，或者接受了系统的专业训练。同志们多是从事教育、科研和管理工作，或者将来要从事教育、科研和管理工作的，在看到问题并努力改进的同时，更要有教育自信和科学自信。那些以小概率案例得出"博士有啥了不起，不读书也照样成才"的结论，要么是柠檬精附体，要么是无知无畏，或者说是一种轻佻的姿态。

在我的心目中，理想的人才培养空间是一座空气中氤氲着咖啡香的图书馆、一个绿茵茵的大操场，加一群白发先生和白衣少年。不论是本科生还是博士生，都要尽可能多地在图书馆停留些时光。不能只读教科书和期刊论文，要多读些经济学、管理学、文学、历史学、哲学、自然科学方面的经典著作。不能只在手机上刷短视频，要多看《人民日报》《光明日报》《经济日报》《经济研究》，才能了解天下事。基础厚实了，眼界开阔了，知道自己将来要成为什么样的人，要为谁服务，浑身就有使不完的力气，用不尽的才华。唯有响应国家需要、时代呼唤和行业需求，才能够经得起旅游者的评价和从业者的审视，并为历史所记忆。

只有经过产业实践和市场竞争而胜出的旅游人才，方能不负时代不负旅游，名至而实归。人才培养的主阵地在综合性大学和职业院校，但景区、度假区、国家公园、酒店、民宿、旅行社和在线旅游平台更是值得关注的社会大学和实践课堂。为落实"三定"规定的高层次新型人才培养任务，中国旅游研究院（文化和旅游部数据中心）持续推进产学研结合的学术共同体建设，通过博士后工作站、重点实验室、专题研修班、会议论坛、行业咨询和专题授课，培养出将教员作为自己终身职业的人才。我们将结合亚太经济合作组织（APEC）的专题资助项目，在峨眉山风景名胜区设立"数字化旅游人才培养基地"，通过实践教学培养行业所需的专门人才。对于真正的人才来说，不能总幻想着戴着学位帽子走出校园，等别人把舞台搭好，观众组织好，自己再范儿十足地出场。没么么回事！绝大多数人，绝大多数时间，在绝大多数地方，都是配角或者群众演员，而不是角儿。要想成角儿，就要在实践中摔打，就要与同龄人竞争，与自己较劲。这么多年来，每当自己被问及"为什么几十年如一日地熬夜，身体还这么好？"，都不知道怎么回答是好，因为真实的答案有些残酷吧——身体不好的人早就被淘汰了。就像热带雨林，地球上最适合植物生长的地方，也是空间竞争最激烈的地方，"高耸入云的巨树高达40米，粗大的树枝四处伸展着抢夺阳光"①。自然界的生物和社会中的人一样，不经过脱胎换骨的蜕变，就不可能有枝繁叶茂的华盖。

旅游业真正需要的人才得有理想，更得有化理想为现实的行动力。人才培养的方式应当是多种多样的，学校教育、家庭教育、社会教育和实践培养，总之需要全身心投入的学习，而不仅仅是大脑的训练。为什么说穷人的孩子早当家？从小就得开始学着煮饭、烧菜、洗衣、照看弟弟妹妹，抓紧一切可能的时光看书学习，没有那么多的工夫去想那么多为什么。反观我们培养出的旅游人才，多是立志读万卷书，做大学问，奔着立功、立言、立德去的。事实上，真正能够成名成家者又有几人，绝大多数还不是活成了柴米油盐和家长里短？这没什么，只要我们尽力了，以所学所思所行助力旅游业品质提升和现代化转型，都是当代中国所需要的旅游人才。人尽其才，则天下皆才。

旅游领军人才需要宽松的环境和包容的心态。中国科学院院士、北京大学副校长张平文说，"北大数学科学学院的天才不是培养出来的，而是保护出来的"。清华大学强调"要为杰出人才营造一个好的环境，让他们在这个环境中自主学习和研究"。②如果把杂草、杂树和杂质都去除了，只剩下横平竖直的人工林，哪怕我们再努力，收获的也可能只是平庸。一种想把什么都安排得妥妥帖帖的父系思维，只能导致什么都要等待安排的婴儿思维。在一个演化的自然科学体系中，提出一个问题往往要比解决一个问题更重要。解决问题也许只是数学演算或者反复实验的事情。而提出新的问题，新的可能性，从新的角度看旧的问题，却需要创造性的想象力，标志着科学的真进步。③从这个意义上说，自然科学、工程技术领域的开创者，社会科学和人文学科的"历史托命之人"，经济学和工商管理等领域的"颠覆性创新"或者"破坏性创造"，都需要自由思想和思想自由的包容，才可能让每个人在任何可能的方向自由地探索，进而提升整个社会人才与人力资源的比率。

说到包容与宽容，我想起在挪威国立美术馆看名画《呐喊》的感受来。伟大的作品是由伟大的艺术家创作的，问题是峡湾城市奥斯陆可以容纳一个抑郁症患者或者精神病

---

① 爱登堡.我们星球的生命[M].林华,译.北京：中信出版集团,2021：78.之所以阅读这本看上去与旅游研究很远的非学术著作，是因为自己对科普著作和传记作品的偏好，也是因为文化自信不能走向自我封闭，而是要以更加开放的心胸欣赏和接纳人类文明的一切先进成果。本书第6页的一段话也让我印象深刻："只有当无数有机个体最充分地利用每一种资源、每个机会的时候，只有当千百万物种的生命相互关联、彼此维持的时候，我们的星球才能有效运行。"

② 赵婀娜,吴月.强基础研究育拔尖人才[N].人民日报,2022-03-18（11）.

③ 爱因斯坦,英费尔德.物理学的进化[M].张卜天,译.北京：商务印书馆,2019：72.在广泛的阅读和求学经历中，自然科学、工程技术和社会科学之间的互通互鉴是常有的事，多数情况下，其有效性仅限于哲学或者原理层面。一旦走向仿生学意义的操作，则需要经过科学和伦理的双重考验，比如达尔文的进化论已经成为人类知识图谱的重要组成，但是社会达尔文主义则很难通过"人是目的而不是手段"的拷问。

人蒙克，就像荷兰和法国可以包容凡·高和高更那样。从这个意义上讲，艺术创作的高度取决于观众的数量和质量，或者更直接地说是市场的厚度。现实呢？我们可能很难容下那些各方面都比自己优秀的人。忌妒是人的天性，也许大家中间的最优秀者可以没有忌妒心，但是平凡如我辈者倒是常有的。问题是如何把忌妒心化作前行和超越的动力，而不是拉高踩低、远交近攻的破坏力。这需要每个人加强自我修养，也需要大环境的制度保障和小环境的机制保护。

三、新时代的旅游人才要到地方基层，到产业一线，到祖国最需要的地方去

旅游管理是实践性很强的学科，旅游人才应当是行动研究的倡导者和践行者。生活丰富多彩，经济有那么多产业，社会有那么多事业，旅游只是其中小小的组成部分。不是为了发论文和评职称，而是为了让这个世界一天天变得更美好，这才是人才该有的样子。19岁就参与"曼哈顿工程"的核物理学家，和丈夫阳早一起将自己的一生献给中国奶牛养殖事业的农业科学家寒春，写下这样的句子：世界上的事，只要下定决心并用心去做，一定会变得有意思，并成为你的专业，我觉得我不属于任何一个专业，我做的任何事情都是我的专业。我的老家蚌埠位于淮河岸边，是一座中等发达城市，而不是典型的旅游城市。在研究蚌埠"十四五"旅游业高质量发展规划时，我反复强调要着眼于300多万城乡居民的文化需求和休闲消费，建设公共文化项目和休闲基础设施，培育当地的旅游市场主体和创业创新者。当地的禾泉山庄和卫食园两个项目之所以给人留下了深刻印象，是因为其带头人和入选"旅游思想者"[①]的企业家一样，都是知行合一的专业人才。

到旅游产业第一线去，广阔天地，大有作为。历史已经证明并将继续证明，只有经过基层的历练和实践的磨炼，才会有专业的尊严和学者的独立性。每年数以万计的旅游管理毕业生，不能总沿着"本科—硕士—博士—发表—基金—教授—博导—大师"这条路子无休止地走下去，也不能总想着从官员那里分些权力，从老板那里打些秋风，以便在同行面前做出高人一等的模样来。不能再内卷了，走出书斋和实验室，外面的天地很是广阔，除了写论文、评职称、做课题，我们还有很多工作可以做。2022年，浙江在全省范围内开展艺术家驻村制度，对于乡村振兴和人才成长都是十分有益的。这么多高

---

① "旅游思想者"由中国旅游研究院创设于2015年4月，在中国旅游科学年会或旅游管理博士后论坛定期发布。该奖项旨在致敬旅游领域知行合一的创业创新者，感谢他们以前瞻思想、卓越才情和不懈努力，持续提升游客、员工和居民的获得感，提升中国在世界旅游业的影响力。首位"旅游思想者"颁于梁建章博士和携程旅行网联合创始团队。

校和科研机构，能不能推出专业志愿者制度？我看是必要的，也是可行的。

到旅游教育第一线去，言高为师，身正为范。 1985—1995十年间，一大批优秀的初中毕业生报考了中等师范学校，学成后充实到县乡中小学的教学第一线。现在看来，他们中的大多数并不比升入高中再上大学的同龄人生活得更好，但他们是一个时代的师资典范，是今天各行各业骨干人才的托举者。① 现在越来越多的旅游院校之所以有名，是因为教员有名而不是毕业生有名，而教员之所以有名，是因为论文发得多而不是教书教得好。这不正常啊！

我们发布过旅游业急需人才的调研报告，其中就有"双师型人才"。不仅旅游教育，旅游科研和产业实践领域都需要类似的复合型人才。复合型人才不是要艺术家、科学家变成企业家或者反之，而是不同领域、不同层级的人才，在旅游需求的牵引下聚集到同一个时空，面向旅游市场，面向基层一线，形成人才复合体。中国旅游研究院出站的一名博士后，"双一流"高校的旅游管理博士，放弃去几所院校和旅游集团的机会，而决定要去南方的某职业院校任教，让我感到由衷的高兴：你们知道了什么是自己真正想要的，你们走向旅游教学第一线的身影，传道授业解惑的样子，真的很美啊！

到旅游科研的第一线去，建设以人民为中心的当代旅游发展理论。 在学位论文开题或者基金申请时，青年学者经常被要求回答理论价值或者说科学问题是什么。结论往往是从文献特别是本领域的知名期刊和知名学者的论著中获得的。我从不反对研究生和青年学者在文献综述上下功夫，相反，这是科班训练的基本功，也是理论著述而非观点表达的分水岭。问题是我们现在只停留在理论对话这个层面，进一步地，只与知名学者发表在期刊上的论文对话。事实上，好的理论是看它对世界的解释力，更好的理论是看对实践的指导性，知行合一的行动研究才能出大成果。现在有些社会科学的文献从现行的评价指标上看很厉害的样子，其实不过是茶杯里的风暴，贡献其实很有限。希望当代旅游学者，也是未来中国旅游发展理论和生产实践、管理实践的领军人才，既要与理论对话，也要与实践对话，通过与本土的实践对话更能够产出原创理论和伟大思想。不要把"学"与"术"分得那么开，尤其不能有"君子不器"的自我精英化。马克思主义理论及其中国化的代表，都是如此，既与现有的理论（广义，不只是学术意义上的理论）对

---

① 我还想致敬乡村教师之外的另一个群体——赤脚医生，他们是活跃于20世纪六七十年代农村的半农半医的基层卫生人员。1965年，毛泽东同志在同身边医务人员谈话时提出："把医疗卫生工作的重点放到农村去。"作为一种制度安排，以王桂珍为代表的成千上万的赤脚医生真正使我国的卫生防疫体系深入到农村，用最经济、最实用的方式解决了农村缺医少药的燃眉之急，使科学的医疗方法开始进入数亿农民和千万自然村落。世界银行和联合国称"赤脚医生的出现是中国第一次卫生革命"。这样的群体还有很多很多，比如乌兰牧骑、大庆油田、铁道兵部队的工程技术人员等，都是旅游人才应当致敬和看齐的。

话，更与丰富多彩的生产和生活实践对话。

很多高校将公开发表C刊论文作为博士论文答辩或者是博士后出站的前置条件，虽然我对此一直就不认同，这相当于把学位授予权变相让渡给了期刊审稿人或者责任编辑，但是也不得不承认这是现阶段必须接受的规则。既然是发表导向，青年学者就必须也只能按学校要求的八股文来写，但是心里要清楚：思想高于理论，理论高于学术。要谨防年纪轻轻的，正是理论创造力最为活跃的时候，即锁进了《肖申克的救赎》揭示的"体制化"：这些围墙很奇怪，刚来的时候，你会恨它，慢慢你就会习惯它，日子久了，你会发现你离不开它，那就是被体制化了。哪怕多年以后自由了，却因为无法适应高墙外的自由而郁郁离世，因为没有人告诉他不可以做什么，也不会有人指引他应该做什么。尽管这是我一刷再刷的经典，每次看到这一段时我还是不由自主地落泪而忧郁起来：这么年轻的面孔，连真正的自由都没有尝试过，就老去了。更令人不安的是，这么多的院长校长和导师，不管看到了还是没有看到这一点，都不得不像电影《狗十三》里的父亲那样，一边流着痛苦的泪水，一边将女儿强行纳入到自己也不认同的规范之中。

到国际交流的第一线去，讲好新时代的中国故事，分享当代中国的旅游经验。告诉世界一个小康社会的旅游梦想照进现实、人民旅游权利日渐彰显的中国，"旧时王谢堂前燕，飞入寻常百姓家"的中国。告诉世界一个旅游企业数字化转型、旅游产业高质量发展的中国，"无边落木萧萧下，不尽长江滚滚来"的中国。告诉世界一个政府统筹疫情防控和企业纾困扶持的中国，"周公吐哺，天下归心"的中国。告诉世界一个习近平生态文明思想指导旅游业和旅游可持续发展的中国，"绿水青山就是金山银山，冰天雪地也是金山银山"的中国。还要告诉世界一个旅游教育繁荣、旅游学术创新和旅游思想进步的中国，"有些鸟儿是注定不会被关在牢笼里的，它们的每一片羽毛都闪耀着自由的光辉"的中国。

前言
PREFACE

党的二十大报告指出："坚持以文塑旅、以旅彰文，推进文化和旅游深度融合发展。"文化和旅游融合，既有历史根源，也是现实所需，更是未来趋向。文化和旅游融合，既是一个理论问题，也是一个实践课题。位于国家历史文化名城湖南省永州市的湖南科技学院，植根地方悠久厚重的历史文化土壤，观照地方蓬勃发展的文旅产业实践，深入开展文旅融合理论研究，不断创新文旅融合人才培养机制，努力服务文旅融合产业发展，着力打造旅游管理、文化产业管理、航空服务艺术与管理等文化和旅游类专业群，取得了显著成效。

习近平总书记在全国教育大会上强调，要提升教育服务经济社会发展能力，着重培养创新型、复合型、应用型人才。作为地方应用型本科院校，如何通过学科、课程、教材建设，完善人才培养体系、创新人才培养模式、提高人才培养质量，如何贯彻落实立德树人根本任务，紧密结合党和国家大政方针，培养一代又一代德智体美劳全面发展的社会主义建设者和接班人，培养一代又一代在社会主义现代化建设中可堪大用、能担重任的栋梁之材，如何通过人才培养、学科建设、专业发展、科学研究、社会服务、文化传承创新积极服务党和国家战略，加快构建中国特色哲学社会科学体系，努力推动经济社会高质量发展，这些仍是需要努力破解的重要理论和现实问题。

在文旅融合的大背景下，文化和旅游类学科成为典型的交叉学科。文化和旅游的理论创新和实践发展为学科专业注入了新的动力。为进一步推进新形势下文旅融合理论创新和实践发展，加强新文科背景下文化和旅游类专业建设和学科建设，助力培养堪当重任的社会主义时代新人，我们组织编写了"新时代文化和旅游融合发展研究丛书·应用型本科院校文化旅游专业丛书"，涉及文旅融合、旅游文化、乡村振兴、乡村旅游、美丽乡村、农旅融合、文化创意、资源普查、研学旅游、会展旅游、航空服务、学科前沿、专业英语、地方文化以及学科竞赛、调研论文和实践报告等方面。丛书除支撑国家和省级一流本科专业建设、一流本科课程建设，助力相关专业教学、教研教改、实训操练、专业认证、新文科建设和人才培养外，还支撑相关应用特色学科和科研平台建设。丛书既突出理论性、学术性和战略性，又紧扣时代主题、实践前沿和产业动态。在贯彻党的路线、方针、政策和国家有关法律、法规的基础上，丛书融入课程思政元素，符合学科发展理论前沿和时代特征。丛书内容新颖生动、案例多样、可读性强，具备较强的理论性、学术性、时代性、实用性、可读性和可操作性。

本丛书得到湖南省普通高等学校"十三五"专业综合改革试点项目"旅游管理"、湖南省一流本科专业建设点"旅游管理"、湖南省"十四五"双一流建设应用特色学科"马克思主义理论"和"中国语言文学"、湖南省一流本科课程"永州旅游文化"和"茶艺与茶道"、国家级一流本科专业建设点"英语"和"日语"、湖南省中国特色社会主义理论体系研究中心湖南科技学院基地、湖南省当代中国马克思主义研究中心湖南科技学院基地、湖南省普通高等学校哲学社会科学重点研究基地"乡村振兴与区域经济发展研究中心""南岭走廊与潇湘文化研究基地""永州地域文化与文化自信研究基地""湘粤优势特色产业协同发展研究基地""思想教育与道德文化研究基地"、湖南省社科研究基地"湖湘文化对外交流传播研究基地""湖南省舜文化研究基地""湖南省濂溪学研究基地""湖南省李达与马克思主义'三化'研究基地"、湘粤社科智库联盟等平台和项目资助。

编者

2023 年 12 月

目录
CONTENTS

第一章 绪 论 ·· 1
   一、研究背景 ·· 1
   二、研究意义 ·· 3
   三、乡村旅游相关研究述评 ·· 9

第二章 乡村旅游重点村（镇）发展现状分析 ······························· 12
   一、乡村旅游重点村（镇）的创建背景 ······································ 12
   二、乡村旅游重点村（镇）的内涵意义 ······································ 13
   三、乡村旅游重点村（镇）的基本概况 ······································ 15
   四、乡村旅游重点村（镇）助推乡村旅游高质量发展的制约因素与突破路径 ······ 16

第三章 乡村旅游重点村（镇）时空分布特征与影响因素分析 ········· 20
   一、引言 ·· 22
   二、我国乡村旅游重点村时空分布特征 ······································ 23
   三、影响乡村旅游重点村镇发展的因素相关性分析 ······················· 25
   四、乡村旅游重点村镇优化发展现存问题 ·································· 27
   五、乡村旅游重点村镇优化发展对策 ·· 28

第四章 乡村旅游重点村（镇）发展政策分析 ······························· 32
   一、从休闲农业与乡村旅游示范县到乡村旅游重点村（镇） ··········· 32
   二、乡村旅游重点村（镇）相关扶持政策 ·································· 35

三、乡村旅游重点村（镇）遴选标准、遴选程序、管理和支持 39

第五章 乡村旅游重点村（镇）融资模式分析 44
  一、国有资金介入下的乡村旅游重点村（镇）的投融资模式 45
  二、社会资本介入下的乡村旅游重点村（镇）的投融资模式 47
  三、政府与社会资本合作下的乡村旅游重点村（镇）的投融资模式 52

第六章 乡村旅游重点村（镇）建设与运营模式分析 56
  一、乡村旅游重点村（镇）建设与运营的 PPP 模式 56
  二、乡村旅游重点村（镇）建设与运营的 IP 模式 59
  三、乡村旅游重点村（镇）的经营模式 61
  四、乡村旅游重点村（镇）规划设计基本原则 66

第七章 乡村旅游重点村（镇）典型案例分析——以湖南省为例 67
  一、怀化市通道侗族自治县坪坦乡皇都村 67
  二、长沙市浏阳市张坊镇田溪村 71
  三、湘潭市岳塘区昭山镇七星村 78
  四、岳阳市屈原管理区河市镇三和村 81
  五、张家界市武陵源区天子山街道泗南峪社区 88

参考文献 96

附　录 98
  附录1：文化和旅游部办公厅　国家发展和改革委员会办公厅关于开展全国乡村旅游重点村名录建设工作的通知 98
  附录2：全国乡村旅游重点村镇名录建设工作方案 102
  附录3：全国乡村旅游重点村申报报告提纲和全国乡村旅游重点镇（乡）申报报告提纲 108
  附录4：湖南省文化和旅游厅　湖南省发展和改革委员会关于开展湖南省乡村旅游重点村名录建设工作的通知 112

附录 5：第一批全国乡村旅游重点村名录乡村名单 …………………… 115
附录 6：第二批全国乡村旅游重点村名录乡村名单 …………………… 126
附录 7：第三批全国乡村旅游重点村名录乡村名单 …………………… 149
附录 8：第四批全国乡村旅游重点村名录乡村名单 …………………… 156
附录 9：第一批全国乡村旅游重点镇（乡）名单 ……………………… 163
附录 10：第二批全国乡村旅游重点镇（乡）名单 …………………… 167

后　　记 ……………………………………………………………………… 171

第一章 绪 论

一、研究背景

（一）政治环境

党的十八大以来，以习近平同志为核心的党中央始终坚持将"三农"问题置于全党工作的核心位置。这一决策足以看出我们党重视农业的基础地位和农村的全面发展，已经将农民对美好生活的向往作为立党执政之要。自古以来，农业、农村和农民问题一直备受关注，"三农"问题是我国社会主义现代化建设的长期性基础性的问题。在中国式现代化建设进程中，全面而深入地解决农业、农村和农民问题，是一种多维度的挑战，需要综合各方面的协同发力和精准施策。在这样的背景下，乡村旅游作为产业发展的重要推动力，为解决"三农"问题提供了新视角。乡村旅游不仅仅有助于促进农村地区的经济发展，还能为提升农民生活质量和促进农村社会的综合进步开辟新方法和新路径。

党的十九大正式提出乡村振兴战略，其中强调乡村旅游的重要作用。乡村旅游作为新业态，可以有效促进乡村经济的增长，显著改善农民的生活质量，近五年来引起了广泛的社会关注和积极讨论。乡村振兴战略是党的十九大做出的重大决策部署，是国家针对现阶段发展现状做出的顶层设计和指导方针，是政府通过一系列政策和举措促进农村经济发展、改善农民生活水平、实现城乡发展协调和农村全面进步的发展战略。乡村振兴战略旨在解决农村发展不平衡不充分的问题，推动实现现代农业、美丽乡村和富裕农民的目标，主要从产业振兴、人才振兴、文化振兴、生态振兴、组织振兴五个方面实施。在乡村振兴背景下，乡村旅游作为乡村振兴战略的重要支撑和切入点为这五个方面的发展发挥出了重要作用，成为实现乡村振兴的重要渠道，同时也促进了乡村振兴和乡村旅游的有机结合，让乡村旅游重回大众视野。

2022年，国务院发布《"十四五"旅游业发展规划》，明确指出旅游业在乡村振兴中扮演着重要角色，成为一股不可忽视的新生力量。各地区在推进脱贫攻坚与乡村振兴衔接过程中，科学利用绿色生态资源与红色文化资源等，通过积极发展乡村旅游，实现乡土文化与乡村旅游的深度融合。这种融合不仅丰富了乡村的文化内涵，也为乡村振兴奠定了坚实的基础，促进了农村地区的经济和社会可持续发展。坚持文旅融合、以文塑旅、以旅彰文是国家对乡村旅游发展做出的战略指示。党的十八大以来，习近平总书记多次强调传承红色基因，坚定文化自信。而作为红色基因的重要载体的红色旅游，依托其自身独有的政治性、良好的教育意义，在传承红色文化、促进革命老区经济社会发展等方面起到了不可或缺的作用。革命老区主要指抗日战争时期和解放战争时期的农村革命根据地，这些根据地蕴藏着巨大的红色文化资源，有着深厚的文化背景等待人们挖掘和传承。党的二十大报告指出，中国式现代化是物质文明和精神文明相协调的现代化。文化和旅游的融合不仅是国家政策的要求，更是人民民心的汇聚、文明和景观的历史再现。在文旅融合背景下催生出的乡村旅游更具有意义。现有的乡村旅游有些是以红色文化为背景的红色旅游，有些是以抗洪精神、抗疫精神等为核心内涵和竞争力的党建引领下的乡村旅游。文化与旅游相结合，使乡村旅游生机勃勃，并为旅游业的可持续发展增添了新的动力。

党的二十大进一步指出要全面推进乡村振兴，促进区域协调发展。在新时代背景下，乡村旅游成为能够携手中国式现代化推进中华民族伟大复兴的重要帮手，原因在于全面建成社会主义现代化强国的繁重任务依然在农村。中国式现代化是全体人民共同富裕的现代化，乡村的全面振兴是实现全面建成社会主义现代化强国的必要条件，是实现全体人民共同富裕的基本前提。在共同富裕的背景下，乡村旅游成为创新乡村产业，激活乡村发展潜力，提升农民福祉的重要利器。此外，在区域协调发展的大环境下，各地区的旅游资源得以合理配置，能够形成更具吸引力的乡村旅游线路，促进乡村旅游和不同产业之间的创新融合，实现资源利用的最大化。

（二）社会环境

当今社会是全面建成的小康社会，人民群众的生活水平日益提高，对户外旅游呈现持续的热情，我国进入大众旅游新时代。虽然疫情对旅游行业造成了巨大的冲击，但是现如今的旅游业展现出旺盛的活力，乡村旅游也得到了蓬勃的发展。然而现有的乡村旅游重点村（镇）并未被大众所熟知。

我国的乡村旅游较国外而言起步稍晚，20世纪末开始兴起，21世纪初进入了一个蓬勃发展时期。随后各地开始加大投入力度，乡村旅游发展各具特色，古文化小镇遍地开花，旅游基础设施建设迅速跟进，村镇不断完善食住行游购娱以满足游客需求。乡村旅游稳步发展改变了乡村原有以农业为主的产业结构，第三产业的发展壮大了乡村的经济结构，拓宽乡村功能赋能乡村振兴。2019年文化和旅游部公布了首批全国乡村旅游重点村，选出了 320 个村庄聚焦产业兴旺、乡风文明、生活富裕，促进乡村旅游提质增效，服务乡村振兴战略[①]。2020 年进行了第二次评选按照文化和旅游资源富集、开发合理、旅游产品体系成熟、经济社会发展效益明显等标准评选出 680 个全国乡村旅游重点村[②]。2021 年第三批全国乡村旅游重点村名单公布共有 199 个乡村入选，同年第一批全国乡村旅游重点镇（乡）名单中有 100 个镇（乡）入选，入选村镇（乡）充分发挥其示范带头作用全面助力乡村振兴战略[③]。2022 年第四批全国乡村旅游重点村共有 200 个乡村入围且第二批全国乡村旅游重点镇（乡）名单中有 98 个镇（乡）入选[④]。

（三）生态环境

人与自然和谐共生是一个永恒的主题。习近平生态文明思想为美丽乡村建设指明了前进方向，其核心理念是"两山理论"，即"绿水青山就是金山银山。"两山"论断是辩证统一论、生态系统论、顺应自然论、民生福祉论和综合治理论的有机结合，是人与自然和谐发展的马克思主义。习近平生态文明思想深入人心，为新时代乡村旅游的发展提供了新视角。在美丽乡村建设中，必须把乡村旅游与生态文明建设结合起来。一方面，生态文明建设是乡村旅游的重要保障；另一方面，发展乡村旅游对生态文明建设具有反作用。这种相互促进的关系不仅有助于资源保护，还推动了经济的可持续发展。可以说，生态文明建设是乡村旅游高质量发展的基石，也是中华民族实现永续发展的战略大计。生态文明建设为乡村旅游创造了良好的条件，改善了乡村的生态环境，完善了乡村的保护政策，为乡村旅游的发展创造了条件，美丽乡村所具有的独特自然风光和民俗文化吸引着越来越多游客到乡村感受乡土人情和人文历史。生态文明建设和乡村旅游相辅相成，相互促进。

二、研究意义

（一）推动产业振兴，促进共同富裕

乡村旅游可以促进农业发展，带动农产品的销售，增加当地特色农产品的需求，促进农业的发展和转型。农民可以通过农家乐、农事体验、农产品销售等多种形式的旅游活动，使农产品的增值能力和市场竞争力得到提升。农民可以根据游客需求调整种植结构，发展特色农产品，提供高品质的农产品，获得更大的经济收益，以解决农民因销售

---

① 关于公示第一批拟入选全国乡村旅游重点村名录乡村名单的公告（mct.gov.cn）。
② 关于公示第二批全国乡村旅游重点村名单的公告（mct.gov.cn）。
③ 关于公示第三批全国乡村旅游重点村名单和第一批全国乡村旅游重点镇（乡）名单的公告（mct.gov.cn）。
④ 关于第四批全国乡村旅游重点村名单和第二批全国乡村旅游重点镇（乡）名单的公示（mct.gov.cn）。

渠道不畅而面临的问题，增加农民收入，提升农业产业发展水平，实现农村经济的共同富裕。

乡村旅游为当地非农产业提供了良好的发展机会。随着乡村旅游的兴起，各种与旅游相关的产业也得到了发展，包括民俗文化传承、手工艺品制作、农副产品加工等产业。乡村旅游创造了众多的就业机会，增添了乡村居民增加收入的途径。当地居民可以从事旅游服务、餐饮、农产品销售、导游等相关行业，通过提供服务和销售产品获得收入。减少农村剩余劳动力，增加就业，带动农民脱贫致富。非农产业的发展，既为当地居民创造了新的工作岗位，又促进了农村产业的发展。这一转变使乡村经济综合竞争能力得到了提高。与此同时，乡村旅游业的迅速发展也为乡村经济注入了新的生机与动能。乡村旅游业不仅增强了乡村的经济实力，还为乡村社区的整体发展开辟了新的路径。新时代乡村旅游正在推动产业结构的升级和转型，显著提高乡村居民的收入水平，为乡村经济的繁荣和可持续发展做出了贡献。同时，乡村旅游发展是文化创意产业发展的重要驱动力。乡村地区在文化创意产业中具有得天独厚的优势，通过乡村旅游的开发和推广，可以激发当地文化创意产业的发展潜力。民族手工艺品、文化节庆活动、乡土剧场等文化产品可以成为吸引游客的独特资源和产品，推动文化创意产业的繁荣。

（二）推动人才振兴，创造就业机会

乡村旅游的大力发展需要培养和教育大批专业人才，包括旅游规划师、导游、民俗专家、文化艺术从业者等。当地政府和相关机构可以通过开设培训课程和培训项目，提供相关领域的专业知识和技能培训，为乡村旅游业务提供优秀的人才。这有助于吸引和培养更多有志于从事乡村旅游的人才，为乡村旅游业的发展提供人力资源支持。同时，随着乡村旅游的兴起，需要大量的人力资源来承担各种职责，例如酒店和住宿管理、餐饮服务、景区导游、活动组织等。这为当地居民提供了创业和就业的机会，吸引年轻人和技术人才留在乡村，促进人才的振兴和流动。

此外，乡村地区通常具有丰富的民俗文化和自然资源，能够成为创意产业的创作灵感和素材，激发人才的创造力和创新意识。乡村旅游活动可以促进文化创意产业的发展，吸引大批优秀的人才参与创意设计、手工艺制作、艺术表演等领域。这不仅为当地居民提供了展示和发展自己才华的机会，也能够吸引更多人才融入乡村发展。

综上所述，乡村旅游通过人才培养和教育、创业和就业机会、文化创意产业的发展可以促进人才的振兴。乡村旅游不仅为人才提供了发展和施展才华的机会，还为乡村地区吸引和留住了人才，促进了乡村的可持续发展。

（三）推动文化振兴，促进文旅融合

乡村地区通常拥有丰富的历史文化和民俗风情，乡村旅游给游客提供了了解和体验当地传统文化的机会，为文化遗产的传承提供了一个重要的平台，满足了游客不断增长的精神文化需求。通过乡村旅游的发展，居民可以向游客分享自己的传统知识、技能，促进传统文化的传承。同时，在这种互动和体验中，游客能够了解和学习当地的文化和遗产，从而扩大文化的覆盖面，对传统文化和红色文化进行更好的保护和传承。

在参加乡村旅游的过程中，游客可以直接感受到当地传统文化，如乡村文化体验活动、文化主题餐饮、参观传统建筑、参与传统手工艺制作、观赏民间表演、亲身体验长征路等，还可以通过各种民俗活动和节日庆典了解当地的民俗风情、传统音乐舞蹈。这些旅游活动不仅有助于传统文化和红色文化的传承和弘扬，也增强了游客对乡村地区文化的了解和认同。通过向游客展示当地的独特文化和风景，当地居民可以更加自信地传承和展示自己的文化遗产，不仅能够保护和传承民俗文化，还能够唤起游客对于传统文化的兴趣和尊重，促进文化的振兴。乡村旅游活动也鼓励居民主动参与，让他们成为文化传承的参与者和推动者，增强他们对乡村文化的认同感和责任感。实际上，乡村旅游提供了一种可持续的经济发展模式，使当地居民可以通过保护和展示自己的文化遗产获得经济回报。当居民发现保护文化遗产可以为他们带来经济利益时，他们会更加积极地参与保护活动，确保文化遗产的可持续发展。

乡村旅游发展能够更好地开发和利用自然景观、历史遗迹、红色文化、传统文化等相关文化资源。通过对乡村文化旅游资源的开发和包装，打造乡村旅游精品路线和产品。这些可以很好地将游客的观光需求与精神文化需求有机结合，实现文旅融合发展，充分发挥历史和红色文化的育人作用，从而不断丰富人民群众的精神文化生活。

乡村旅游的发展能够促进与当地文化机构的交流合作，可以为游客提供丰富多样的文化教育和体验活动。当地博物馆、文化馆、艺术家工作室等可以与乡村旅游相关的企业和组织共同推出文化展览、艺术展示和演出等活动，通过旅游文化活动的互动和解说，为游客提供更为丰富的文化体验，丰富精神需求，增加游客对文化的兴趣和认知，促进文化的传承和弘扬。

总体而言，乡村旅游通过保护和传承传统文化与红色文化、弘扬民俗风情、开发和利用文化资源、提供文化教育和体验活动以及促进乡村旅游产业与文化机构的合作等方面，推动了文化振兴和文旅融合的发展。乡村旅游和文旅融合的相互促进，也使文化资源得以深入挖掘和利用，增强意识和认同感，提升了乡村地区的文化软实力，能够激发乡村文化资源的巨大潜力，实现文化产业与旅游业的融合发展。

（四）推动组织振兴，整合区域资源

乡村旅游发展促使农村地区的组织形式转变和革新。乡村旅游需要各种类型的组织参与，如农民合作社、乡村旅游协会、农家乐经营者等。发展乡村旅游可以激发农民的创业热情，推动农村地区组织的多元化和创新发展。乡村旅游的发展需要组织具备良好的管理和运营能力。乡村组织在推动乡村旅游发展过程中，需要具备市场运作、产品设计、服务质量等方面的能力。为了促进组织振兴，政府可以提供培训和咨询支持，加强对乡村组织的管理和能力提升。同时，组织可以通过培训和引进专业人才等方式，提升内部管理水平，提高组织运作效率。乡村旅游的发展鼓励组织之间的合作与联结，带动农村地区各组织的共同发展。通过组织间的合作与联结，可以形成产业链条、价值链条的完整闭环，实现资源共享和效益最大化。农村地区的农民合作社可以与当地的民宿经营者、农产品加工企业等进行合作，共同开展乡村旅游相关业务，实现优势互补，提高整体竞争力。乡村旅游发展需要整合和充分利用各种资源。组织可以发挥协调作用，促进当地资源的整合和开发。这个时候农村地区组织扮演着重要角色。农村地区组织能够有效协调和整合农民资源、自然景观资源以及文化遗产等多种资源。通过整合，这些组织能够创造出独特的乡村旅游产品和品牌，进而显著提升其整体吸引力和市场竞争力。这不仅有利于吸引更多游客，还能增强乡村旅游的特色和认同感，促进乡村经济的发展和可持续性。

乡村旅游离不开交通、通信、水电等公共服务设施。新时代乡村旅游发展极大地推动了农村基础设施的进一步建设和完善。为了更好地满足现代旅游消费者的需求，各级政府部门通常会加大旅游公共服务基础设施的投资力度，在提升乡村社区的硬件设施水平的同时，也直接改善了当地居民的生活条件。当然基础设施建设同样能带动农村经济的发展，为乡村振兴以及共同富裕打下良好基础。乡村旅游发展也将带动地方财政收入增长。旅游业的繁荣带来了游客的消费支出，如住宿费、餐饮费、购物费等，这些消费以税收和相关费用的形式增加了地方政府的财政收入，为地方经济发展提供了更多资金支持。与此同时，政府部门应制定相关优惠政策，如税收减免、贷款支持和资金补贴等，以解决乡村旅游组织的资金短缺问题，进一步促进其发展。

乡村旅游对整合区域资源具有重要的意义。乡村旅游可以通过展示当地的自然风光、文化遗产和传统生活方式来塑造地区的独特形象。通过整合区域资源，将多元的自然景观、人文历史和特色产业等有机结合，打造出具有吸引力的乡村旅游产品和体验，提升地区形象和知名度，吸引更多游客前来参观。乡村旅游可以促进区域内各种资源的优化配置与协同发展。通过整合农田、山水、村庄、文化、历史遗迹等资源，发展相关

的旅游项目和配套设施，可以实现资源之间的相互补充和转化，使资源得到更有效的利用。可以将农田打造成休闲农庄或农家乐，利用自然景观创建徒步旅游线路，让游客在欣赏美景的同时也了解当地的乡土文化，达到资源优化的目的。乡村旅游将农业、旅游、文化、手工艺等产业结合起来，推动产业融合发展。通过整合区域内的产业资源，可以促进不同产业之间的联动与互补，构建产业链条和产业集群，提升各个产业附加值和市场竞争力。让农民参与农产品的加工和销售，将当地特色农产品转化成为旅游纪念品或特色餐饮，从而增加农产品附加值，推动农业与旅游产业的融合发展。

乡村旅游促进区域协同发展，乡村旅游的发展需要区域内各方的协同推进和合作。通过整合本地区资源优势，增强各地区之间的合作交流，就能达到资源共享、互利共赢的目的。不同乡村之间可以形成旅游路线和联合推广，旅游设施和服务可以共建共享，打造出更完整的旅游产品和体验，提高整个区域的吸引力和竞争力。

乡村旅游对于整合区域资源具有重要的意义。它可以通过增强地区形象、优化资源配置、促进产业融合发展和促进区域协同发展等方面的作用，推动区域资源的充分利用和协调发展，实现经济、社会和环境的可持续发展。乡村旅游发展促使农村地区的农民和村民组织形式进行转变和振兴。乡村旅游依托于农村集体经济组织、农民合作社等组织形式的发展，使农民参与旅游决策和经营管理，提高农民的组织能力和集体经济收益。有助于增强农村地区的自主发展能力，推动乡村地区的组织振兴和社会治理体系的完善。

（五）推动生态振兴，壮大旅游产业

乡村旅游对环境保护和可持续发展具有重要意义。乡村旅游通常发生在自然环境较为原始和保护较好的地区，如山区、湖泊、河流等。发展乡村旅游，需要保护和维护好当地的自然环境和生态资源。为了获得更好的游客体验，乡村旅游业主和经营者通常会采取各种措施保护传统文化和自然生态环境，维护乡村的整体形象，如建立生态保护区、限制建设规模、控制游客数量等。这有助于维护完整和稳定的生态系统，为生态振兴做出贡献。乡村旅游发展可以提高人们对当地文化和自然环境的重视，加强对文化和社区的保护，促进文化的传承和永续发展，让更多人共同受益。

乡村旅游为游客提供了体验自然环境和生态系统的机会。通过参与农耕活动、生态观察、户外探险等，游客能够更直接地接触到自然环境，乡村旅游可以通过推动生态旅游和科普教育，增加人们对生态环境的认识和尊重。通过组织生态导览、自然保护区参观等活动，游客可以深入了解当地的生物多样性、生态系统功能和环境保护的重要性。这有助于增强游客的环境保护意识，引导他们在旅游过程中采取环保行为，同时也促进当地人对生态环境的保护和热爱。乡村旅游能够促进生态农业和有机食品产业的发展。这种发展模式注重生态环境的保护和可持续农业的实施,避免使用过量的化学农药和肥料,保护水源和土壤质量。通过提供有机食品和农产品,乡村旅游不仅满足游客对健康和绿色食品的需求,还为农民创造了增收机会,促进农业的可持续发展。这有助于在生态和经济双重层面实现生态振兴。

发展乡村旅游,是壮大旅游业的关键。乡村旅游为旅游产业带来了多样化的选择,同时也丰富了旅游行业的产品结构。传统的城市旅游常常集中于城市景点和商业区,而乡村旅游提供了一种不同的体验。它将游客引入富有自然风光和独特文化的乡村地区,让游客能够亲近自然、感受乡村生活、参与农业活动等。多元化的旅游产品为旅游产业带来了新的生机,同时也满足了旅游者多元化的需要。

发展乡村旅游能够带动地方经济。乡村往往是经济比较薄弱的地方,而乡村旅游的发展则为其提供了就业机会和经济收益。发展乡村旅游可以激发农村地区的创业精神和服务意识,促进农民转型升级,推动农村经济的多元化和可持续发展,提升乡村地区的知名度和形象。因为在传统意义上,乡村被视为落后和贫困的象征,乡村旅游的出现改变了这一认识。乡村旅游通过展示美丽的自然风光、丰富的文化遗产和独特的乡村生活方式,使乡村地区获得了更多的关注和认可。这有助于改变人们对乡村的刻板印象,塑造积极的区域形象,吸引更多游客和投资。

乡村旅游推动城乡一体化发展,为城乡一体化发展提供了机遇。随着城市化进程的推进,城乡差距日益加大,城市人口对乡村地区的了解和关注相对较少。乡村旅游能够减少城市与乡村之间的壁垒,促进城乡居民的交往。同时,城市人口通过乡村旅游可以了解到乡村的魅力和特色,增进对乡村的认同感和情感纽带,推动城乡融合发展。

总的来看,乡村旅游在多方面促进生态振兴。通过环境保护和可持续发展的协同、生态旅游与科普教育的结合以及生态农业和有机食品的整合等方式,乡村旅游可持续发展进一步夯实了生态保护的基础,形成了生态和经济双重盈利的友好局面,有力推动着乡村地区的生态振兴。乡村旅游能给旅游产业带来更大的活力,使其产品种类更加丰富,从而对地区经济起到推动作用。可以说,乡村旅游与生态保护协同发展不仅提升了乡村地区的形象和知名度,还推动了城乡融合发展的理念,有助于建立更加均衡和谐的城乡关系。通过乡村旅游的推动,旅游产业能够在更广阔的领域发展,为经济发展和社会进步做出积极贡献。

三、乡村旅游相关研究述评

（一）乡村旅游资源开发和空间分布的研究

孙九霞等（2023）在共同富裕的视角下研究我国的乡村旅游资源的开发问题，得出乡村旅游资源的开发对提升旅游资源价值、全面推进乡村振兴具有双重意义，并在此基础上，探索出一条能推动乡村旅游高质量发展的新途径[①]。耿松涛、张伸阳（2023）以乡村振兴为背景研究乡村旅游的高质量发展，并指出乡村旅游高质量发展的内生动力机制包括对本地优势资源的识别和利用[②]。丰晓旭（2023）在共同富裕的视角下，强调乡村旅游资源的开发要实现市场目标和政策目标的辩证统一，积极强化乡村旅游的正向功效，提出统筹优化乡村旅游发展要素配置的多项举措[③]。王秀伟、李晓军（2022）分析了我国1000个乡村旅游重点村的空间分布格局和结构特征，通过分析发现其整体上呈现东多西少的空间分布格局，区域呈现冷点分散、热点集中的空间分异格局，并指出乡村旅游重点村空间分布格局的形成是自然生态、社会经济、交通配套、景区资源、政策环境五大因素共同影响的结果[④]。王淑佳、孙九霞（2022）以全国乡村旅游重点村为例，基于"起点—动力"假说，采用地理分析方法研究不同类型乡村旅游发展路径的外源因素，得出全国乡村旅游发展空间分布及自然地理文化资源存在显著差异，指出乡村旅游不是普适道路，资源的不同决定着不同的发展路径，外援因素的存在有着其必要性和重要性[⑤]。刘佳等（2023）从整体与区域视角分析了我国乡村旅游发展促进农村可持续生计的空间溢出效应及其作用机制。得出我国乡村旅游呈现由东南向西北递减的空间分异格局，强调乡村旅游能够扩大增权效应、增强内源性发展动力实现本地区农村生计可持续发展，并通过空间溢出效应带动邻接地区农村生计可持续发展[⑥]。

（二）乡村旅游面临的现实困境和改革路径研究

申始占、王鹏飞（2023）分析了乡村旅游在助力乡村振兴过程中面临的现实困境，

[①] 孙九霞，张凌媛，罗意林.共同富裕目标下我国乡村旅游资源开发：现状、问题与发展路径[J].自然资源学报，2023，38（02）：318-334.
[②] 耿松涛，张伸阳.乡村振兴视域下乡村旅游高质量发展的理论逻辑与实践路径[J].南京农业大学学报（社会科学版），2023，23（01）：61-69.
[③] 丰晓旭.共同富裕目标下的乡村旅游资源开发逻辑及关键问题分析[J].自然资源学报，2023，38（02）：305-317.
[④] 王秀伟，李晓军.我国乡村旅游重点村的空间特征与影响因素[J].地理学报，2022，77（04）：900-917.
[⑤] 王淑佳，孙九霞.普适道路还是隐形门槛？不同类型乡村旅游发展路径的外源因素[J].自然资源学报，2022，37（03）：662-680.
[⑥] 刘佳，赵青华，王慧.乡村旅游发展促进农村可持续生计的空间效应及机制[J].自然资源学报，2023，38（02）：490-510.

发现了乡村旅游在助力乡村振兴中存在着衔接不顺畅问题，通过在微观、中观、宏观的多层次分析摆脱现实困境，提出相应的改革创新路径①。张圆刚等（2023）认为乡村旅游发展的区域不平衡是制约乡村共同富裕的突出问题，研究更新了乡村旅游发展区域不平衡的内涵，同时指出了共同富裕视域下乡村旅游发展的区域不平衡性关键问题，并从宏观、中观和微观三个层面建构指标体系②。仇叶（2022）认为现有研究过于强调乡村旅游与乡村振兴的耦合性，而忽略了二者内在逻辑的差异性。景观制造既是乡村空间权利结构重组的过程，也是消解乡村实体功能的过程，可能对乡村振兴造成了负面影响。这表明存在两种乡村产业的发展路径，即增加农民权利的包容型发展路径与挤压农民权利的汲取型发展路径。乡村产业要实现乡村振兴效应，必须完成从汲取型发展路径向包容型发展路径的转变③。马晓龙等（2020）认为缺乏外部资金是限制乡村旅游发展和旅游扶贫成效的主要原因，发挥政府作用推动资本落地是实现乡村社会经济发展的重要保障。并将我国乡村旅游投资决策过程中的地方政府划分为主导型和辅助型两种类型，结果表明，我国大部分乡村旅游发展之所以难以受到外界资本市场的青睐，其根本原因不是总的外来资金数量不够或资本市场不活跃，而是在投资阶段，当地政府所传递出的主导性信息还不够充分④。黄细嘉等（2023）通过实证评估乡村旅游发展与城乡收入差距之间的因果关系，得出乡村旅游的大力发展有助于在整体上缩小城乡收入差距，并且该效应在中西部地区更显著，此外乡村旅游促进了农村基础公共品供给、三产融合以及非农就业，缩小了城乡收入的差距⑤。

（三）其他研究

王彩彩等（2023）基于共生视角对乡村旅游促进共同富裕的机制和路径进行研究，得出乡村旅游共生系统在旅游开发促进共同富裕的进程中呈现动态演进特征，对乡村旅游的高质量发展和共同富裕目标的实现有着积极意义⑥。

---

① 申始占,王鹏飞.乡村旅游助力乡村振兴的逻辑机理、现实困境与突破路径[J].西北农林科技大学学报（社会科学版），2022，22（05）：72-81.
② 张圆刚,郝亚梦,郭英之.共同富裕视域下乡村旅游发展的区域不平衡性：理论内涵、关键问题与指标体系[J].自然资源学报，2023，38（02）：403-418.
③ 仇叶.乡村旅游的景观制造逻辑与乡村产业发展路径：基于赣南C县梯田景观开发的实证调研[J].南京农业大学学报（社会科学版），2022，22（02）：10-20.
④ 马晓龙,陈泠静,尹平,等.政府在推动乡村旅游投资中的作用：基于动态博弈的分析[J].旅游科学，2020，34（03）：19-31.
⑤ 黄细嘉,张科,王红建,等.乡村旅游发展能否缩小城乡收入差距？：来自"全国休闲农业与乡村旅游示范县"的经验证据[J].旅游学刊，2023，38（02）：16-29.
⑥ 王彩彩,袭威,徐虹,等.乡村旅游开发促进共同富裕的机制与路径：基于共生视角的分析[J].自然资源学报，2023，38（02）：335-356.

黄祖辉等（2022）认为国内休闲农业与乡村旅游作为推进农村产业融合发展的新载体，是带动农民增收致富的"绿色"驱动力。休闲农业与乡村旅游产业的有机融合能够实现对农民经济的增收。优越的乡村旅游资源和便利的政策条件能够使经济发展水平持续提高、政策增收效应也逐渐增强。此外还得出提高乡村非农就业水平和增加农业技术采用的促进农民增收的重要中介机制①。

李涛等（2022）认为社区化和景区化是实践中乡村社区进行旅游开发的两种重要模式，也是当地乡村旅游发展自然、经济和社会环境的综合反映。社区化与景区化差异的形成是以乡村地域社会综合发展环境为基础，不同乡村旅游投资策略形成不同乡村社区旅游开发路径，并在乡村旅游设施建设、社区参与和空间扩展等方面造成差异化发展特征的结果。为切实解决乡村社区旅游开发路径问题提供理论参考，更好地促进乡村旅游高质量可持续发展②。

史艳荣、谢彦君、曾诗晴（2020）提出了疏离感和亲和力以及院落经济等诸多新范畴，并认为旅游者在乡村旅游中实现了人际关系再造，个人心理能量有所提升，人际和自我的疏离得到纾解。基于乡村聚落和乡村院落发展起来的乡村旅游，可以构成乡村振兴的经济形态③。

张睿、姬长旭（2022）认为知识转移是乡村旅游产业与人才双振兴的有效途径。在所选取的研究案例的演进过程中，得出民族地区乡村旅游职业农民知识转移经历了"萌芽阶段—发展阶段—成熟阶段"三阶段演进过程，强调知识转移推动农民实现了"传统农民—亦农亦旅的'两栖农民'—乡村旅游职业农民"的职业转换④。

---

① 黄祖辉，宋文豪，成威松，等.休闲农业与乡村旅游发展促进农民增收了吗？：来自准自然实验的证据[J].经济地理，2022，42（05）：213-222.
② 李涛，王磊，王钊，等.乡村旅游：社区化与景区化发展的路径差异及机制：以浙江和山西的两个典型村落为例[J].旅游学刊，2022，37（03）：96-107.
③ 史艳荣，谢彦君，曾诗晴.疏离感与亲和力：乡村旅游体验中的院落情结与人际关系再造[J].旅游学刊，2020，35（12）：63-80.
④ 张睿，姬长旭.民族地区乡村旅游职业农民知识转移演进过程研究：基于广西龙脊梯田景区的纵向单案例研究[J].旅游科学，2022，36（01）：50-72.

第二章 乡村旅游重点村（镇）发展现状分析

一、乡村旅游重点村（镇）的创建背景

习近平总书记在党的二十大报告中强调，要全面推进乡村振兴，发展乡村特色产业，拓宽农民增收致富渠道①。乡村旅游，作为乡村特色优势产业的关键部分，利用丰富的生态资源和独特的文化资源，发挥着在经济、社会、文化和生态多个方面的重要功能。这一产业不仅市场需求巨大，还具备强大的产业联动能力和创业就业的推动力，同时对于加强农村社区的经济实力和提升民众生活水平有着显著效果。乡村旅游发展促进消费增长，改善民生状况，并在推动高质量发展方面发挥重要作用。这不仅有助于增强乡村综合竞争力，还为实现城乡均衡发展贡献力量。

我国乡村旅游的发展可以追溯到20世纪80年代，至今已经拥有40多年的历史。我国乡村旅游发展可以从产品形态演变中得到答案。初期，乡村旅游以农家乐为核心，标志着其萌芽阶段的开始。随后，进入以观光型产品为主的发展阶段，最终演化为以多元化和复合型产品为特征的成熟阶段。在这一连串的发展过程中，乡村旅游的重要性和深层价值逐渐得到广泛认识和挖掘。特别是在2010年，农业部和国家旅游局联合发布的《关于开展全国休闲农业与乡村旅游示范县和全国休闲农业示范点创建活动的意见》②，标志着一个重要转折点。这一政策旨在推动农业产业结构的优化调整，促进农业多功能性的拓展，提升农民收入，并助力新农村建设的进程。实施此政策后，取得了显著的成效，不仅增强了乡村旅游的市场活力，也为农村经济发展和农民福祉的提升贡献了力量。此后几年，相关部门又陆续提出了多个关于开展示范创建活动的文件，对我国乡村旅游事业的发展起到了积极的引领作用。根据国家旅游局的统计，2019年，乡村

---

① 习近平：高举中国特色社会主义伟大旗帜　为全面建设社会主义现代化国家而团结奋斗：在中国共产党第二十次全国代表大会上的报告［R/OL］.（2022-10-25）［2024-03-27］. https://www.gov.cn/xinwen/2022/10/25/content_5721685.html.

② 农业部　国家旅游局关于开展全国休闲农业与乡村旅游示范县和全国休闲农业示范点创建活动的意见［EB/OL］.（2010-08-20）［2024-03-27］. http://www.moa.gov.cn/nybgb/2010/dbq/201806/t20180601_6150934.html.

旅游的游客数量已达 30.9 亿[①]，占当年国内游客总量一半以上。

随着我国乡村旅游的高速迅猛发展，其面临的挑战和危机也日渐凸显。尤其是乡村旅游产品和服务同质化问题变得越来越突出，如主题活动缺乏创新、基础设施建设滞后、产业链支撑不足、土地利用存在问题以及资源环境遭受破坏等。这些问题严重阻碍乡村旅游可持续发展，产业的发展方式需要进一步转变。总的而言，乡村旅游发展模式需要在理念、战略和模式等方面进行深刻转变，以高质量发展为主轴，坚持特色化和优质化的发展方向。这意味着各级政府需要以创新思维为原动力，不断补齐基础设施短板，完善产业链结构，合理规划土地利用，采取有力措施保护资源和环境，确保乡村旅游产业可持续健康发展，为现代旅游消费者提供更加丰富、独特和高质量的旅游体验。基于这一背景，2018年10月，国家发展和改革委员会、文化和旅游部等13个部门联合印发《促进乡村旅游发展提质升级行动方案（2018年—2020年）》，提出要以市场为导向，因地制宜推进乡村旅游特色发展[②]。2019年6月，文化和旅游部、国家发展和改革委员会联合发布《关于开展全国乡村旅游重点村名录建设工作的通知》，提出在全国遴选一批符合文化和旅游发展方向、资源开发和产品建设水平高、具有典型示范和带动引领作用的乡村，建立全国乡村旅游重点村名录[③]。同年8月，国务院办公厅印发《关于进一步激发文化和旅游消费潜力的意见》提出，要把重点放在丰富产品供给上，促进乡村旅游的发展，培育出一批休闲农业示范县和乡村旅游重点村[④]。2021年6月，在《关于做好第三批全国乡村旅游重点村镇遴选推荐工作的通知》中，新增了重点镇（乡）遴选标准。截至2022年底，全国共遴选了四批1399个全国乡村旅游重点村、两批198个全国乡村旅游重点镇（乡）[⑤]，并首次以法律形式确立乡村旅游开发和乡村旅游重点村建设在乡村经济社会发展中的地位。

二、乡村旅游重点村（镇）的内涵意义

近年来，我国乡村旅游行业一直处于摸索和创新的阶段，在理论和实践上都取得了

[①] 国新办发布会：让旅游成为小康社会标配、美好生活必备［N/OL］.中国旅游报,（2021-08-30）［2024-03-27］. https://www.mct.gov.cn/whzx/whyw/202108/t20210830_927411.html.

[②] 促进乡村旅游发展提质升级行动方案（2018年—2020年）［EB/OL］.（2018-10-17）［2024-03-27］. https://www.gov.cn/xinwen/2018-10/17/content_5331694.htm.

[③] 文化和旅游部办公厅 国家发展和改革委员会办公厅关于开展全国乡村旅游重点村名录建设工作的通知［EB/OL］.（2019-06-06）［2024-03-27］. https://zwgk.mct.gov.cn/zfxxgkml/zykf/202012/t20201213_919374.html.

[④] 国务院办公厅关于进一步激发文化和旅游消费潜力的意见［EB/OL］.（2019-08-23）［2024-03-27］. https://www.gov.cn/zhengce/content/2019-08/23/content_5423809.htm.

[⑤] 中华人民共和国文化和旅游部.新一批全国乡村旅游重点村镇名单公布［EB/OL］.（2022-12-09）［2024-03-27］. https://zwgk.mct.gov.cn/zfxxgkml/zcfg/zcjd/202212/t20221209_938003.html.

丰硕的成果。"乡村旅游重点村（镇）"这一概念，是响应国家乡村振兴战略、推动乡村旅游与乡村振兴相结合的产物。这一概念旨在将具有特色和潜质的村庄打造成乡村旅游和乡村振兴的样板。

从定义上看，"乡村旅游重点村（镇）"指的是那些拥有丰富的文化和旅游资源、遵循严格的发展规划、具备成熟的旅游产品体系、具有可复制和推广的经验，并且配备完善的基础设施和公共服务的村镇。这些村镇既顺应了文化和旅游业的发展趋势，又符合了旅游市场的现实需要，可以为国家的乡村旅游发展提供一个典型示范和引领作用。

在2021年发布的《关于做好第三批全国乡村旅游重点村镇遴选推荐工作的通知》中，将全国旅游重点村镇分为了全国乡村旅游重点村和全国乡村旅游重点镇（乡），并分别提出了二者的遴选条件[①]。其中，对"全国乡村旅游重点村"的创建、评选提出了以下八项标准：文化和旅游资源富集、开发合理；乡村文化传承保护、转化发展较好；旅游产品体系成熟、品质较高；乡村民宿建设主题突出、规范有序；生态环境优美宜居；基础设施和公共服务较完善；体制机制完善合理、运营高效；带动创业就业、经济社会发展等效益明显。对"全国乡村旅游重点镇（乡）"的创建、评选提出了以下六项标准：乡村旅游规划合理、定位清晰；文化底蕴深厚、生态环境优美；乡村旅游集聚融合发展特色鲜明；乡村旅游促进城乡融合、基本公共服务均等化效果较好；乡村旅游促进政策体系完善；乡村旅游管理协调机制健全高效。显而易见，尽管这两类创建标准在侧重点上存在差异，但它们的共同目标是构建一个以旅游为核心的乡村振兴示范标杆。这一目标旨在成为全国乡村旅游高质量发展的引领者。通过树立这样的标杆，不仅可以促进乡村旅游业的创新和升级，还能推动乡村经济和社会的全面振兴，展示乡村旅游在新时代背景下的无限可能和潜力。

作为推进我国乡村振兴战略的一项重要举措，全国乡村旅游重点村（镇）的创建具有多方面的意义。首先，在新世纪的大背景下，全国乡村旅游重点村（镇）的创建将带动乡村旅游的高质量发展。这些村镇不断创新，推出了一系列品牌路线、精品景点和节庆活动，有效利用了传统村落、历史文化名镇名村、特色民族村寨以及非物质文化遗产等优秀文化资源。这些创新举措不仅丰富了乡村旅游产品的供给，还增强了其市场竞争力，促进了乡村旅游的高质量发展。其次，这一举措还助力于巩固脱贫攻坚成果。乡村旅游的发展不仅是旅游扶贫的主要内容，也是巩固拓展脱贫攻坚成果的有效途径。以全国乡村旅游重点村（镇）的创建为契机，许多村镇如贵州省黔西市化屋村、陕西省榆

---

① 文化和旅游部办公厅 国家发展改革委办公厅关于做好第三批全国乡村旅游重点村镇遴选推荐工作的通知[EB/OL]．（2021-06-09）[2024-03-27]．https://zwgk.mct.gov.cn/zfxxgkml/zykf/202106/t20210615_925208.html．

林市古塔镇赵家峁村和广西壮族自治区百色市德保县城关镇那温村等，实现了由贫困村向旅游示范村的转变，极大地促进了当地经济和社会的发展。再次，全国乡村旅游重点村（镇）的创建促进了全产业链的融合发展。各地依托这些村镇，实现了"旅游＋农业""旅游＋文化""旅游＋体育""旅游＋生态""旅游＋民俗"等多产业的融合，创新了业态模式，极大地带动了当地产业的发展。最后，这些村镇的创建还展示了新时代乡村振兴的成就。2021年，全国旅游重点村的浙江余村和安徽西递村被联合国世界旅游组织评选为"最佳旅游乡村"，向全世界展示了我国乡村振兴战略的伟大成果和建设人与自然和谐共生美丽中国的实践。2022年，中央广播电视总台推出的文旅探访节目《山水间的家》，聚焦了24个全国乡村旅游重点村样本，让观众感受到新时代美丽乡村的风貌、文脉传承和温暖乡愁，见证了近十年来乡村的壮美蝶变和振兴成就。

三、乡村旅游重点村（镇）的基本概况

2019年6月，文化和旅游部以及国家发展和改革委员会联合发布《关于开展全国乡村旅游重点村名录建设工作的通知》。截至2022年底，全国范围内已经遴选了四批共计1399个全国乡村旅游重点村以及两批共计198个全国乡村旅游重点镇（乡）。在各级政府部门的大力支持下，各地的重点村镇充分利用本地独特的自然资源和人文资源，挖掘了乡村多元的功能和价值。他们因地制宜地开发出多种发展模式，充分发挥了示范和引领作用，推动了乡村旅游的高质量发展，满足了人民群众对美好生活的需求。

（一）乡村旅游重点村（镇）的结构类型

根据现有的研究并结合乡村旅游重点村（镇）的结构特征和功能，本文认为其可以划分为农业观光体验型、生态资源依托型、传统村落活化型、产业主题驱动型、景区名胜带动型和风土民俗依托型6个主要类型。其中，农业观光体验型乡村旅游重点村（镇）主要是围绕农业生产、农产品加工发展起来的农事体验、田园风光欣赏的旅游业态，是最为常见和数量最多的一种类型。生态资源依托型乡村旅游重点村（镇）是依托自然地理优势，充分发掘本地区奇山秀水、珍稀生物等特色作为旅游宣传点的村落，这部分村落的开发受制于自身的自然资源条件，空间分布位置相对固定。传统村落活化型乡村旅游重点村（镇）是乡村旅游与我国传统村落保护有机结合的重要产物，其凭借着传统村落遗址、特色风格建筑、深厚历史文化等形成了旅游开发与古村落保护的良性循环，实现了传统村落从静态保护向活态传承转变。产业主题驱动型乡村旅游重点村（镇）是围绕某一特色主题产业集聚形成和发展的村落，特色民宿、红色旅游、研学旅游等主题构成其发展的主要吸引力，是较具代表性的传统乡村旅游与时代发展需要相结

合的产物。景区名胜带动型乡村旅游重点村（镇）是指依托特殊地理区位，享受附近名胜景区优势带来的溢出效应和辐射带动作用而发展起来的村落，其受依靠景区的流量、品牌、等级等因素的影响较大。风土民俗依托型乡村旅游重点村（镇）地域文化特色鲜明，保留着当地完整而独特的民俗风情、乡土文化、民间节庆和宗教活动等系列风土民俗，对民间传统文化和当地非物质遗产文化的保护与传承是其吸引力的来源，也是其发展的关键。这些不同类型的重点村（镇）依托各自的特色旅游资源，因地制宜发展各自乡村旅游模式，激发农村发展的巨大活力，成为全国乡村旅游发展的标杆与典范。

（二）乡村旅游重点村（镇）的发展特点

作为全面推进国家乡村振兴战略的重要抓手，乡村旅游重点村（镇）有着巨大的发展潜力，其发展主要具备以下几个特点：第一，整体呈现为东多西少的集聚型分布。如后文研究结果所示，受东多西少的人口基础和聚落特性影响，乡村旅游重点村整体呈现东密西疏空间分布格局，且空间上表现出显著集聚特征，凸显了乡村旅游集约化发展的潜力。第二，推进乡村旅游高质量发展是关键目的。高质量发展是我们国家在新时代的关键课题，乡村旅游重点村（镇）的创建有助于各地因地制宜保留和彰显其乡村旅游的"乡村性"，避免乡村旅游的升级模式就是简单"景区化""公园化"的陷阱，在保留乡土本味的同时，满足游客对美好生活的需求，推动乡村旅游全面、高质量发展。第三，多产业、多主体融合是重要抓手。面对旅游市场出现的新需求与新变化，乡村旅游产业正在树立系统思维和全局观念，通过"旅游+"模式加快产业融合，辐射带动旅游产业链上相关产业共同发展，政府、旅游企业、村民三方共同发力，力争合作共赢。第四，政策支持、金融扶持是重要动力。为抓住乡村旅游重点村（镇）创建的机遇，各地纷纷在旅游规划、人才培训、宣传推广、投融资等方面出台相应政策，中国农业银行更是提供1000亿元意向性信用额度用于扶持重点村的旅游开发，这些政策与资金为旅游重点村（镇）的创建提供了持续的动力。

四、乡村旅游重点村（镇）助推乡村旅游高质量发展的制约因素与突破路径

2021年中央1号文件明确提出要构建现代乡村产业体系，开发休闲农业和乡村旅游精品线路，打造农业全产业链，推动城乡生产与消费有效对接。乡村振兴的关键在于产业兴旺。乡村旅游产业链关联度强，劳动密集度高，能转化激活乡村特色资源，有效吸引民间社会资本，对促进城乡居民就业、带动城乡居民消费和加速推进乡村振兴具有重要作用。

（一）乡村旅游高质量发展的主要制约因素

调研发现，目前乡村旅游产业链协同优化促进乡村旅游高质量发展还有不少关键问题尚未解决，集中表现在：乡村旅游相关企业品牌影响力小，乡村旅游产业链前后关联不够紧密，乡村旅游产业链共生发展生态体系尚未形成；乡村旅游产品和服务单一，附加值不高，优质旅游产品的数量较少；乡村旅游基础设施建设落后，旅游资源整合难度很大，中高端旅游专业人才缺失，企业介入成本偏高；相关市场机制不完善，规模化效益不明显。如何整合跨区域乡村旅游产业链上下游资源精准对接乡村振兴战略，提升乡村旅游产业链的整体竞争力成为当前乡村旅游高质量发展的重中之重。

（二）旅游产业链优化推动乡村旅游高质量发展的路径

旅游产业链协同优化不仅是推动我国内需与投资的重要动力，也是畅通区域经济循环深化改革的重要途径，已成为新时期破解城乡发展不均衡难题、激发农村一二三产业融合动能以及促进乡村振兴的有力举措。

1. 重构乡村旅游价值链，精准对接乡村振兴战略

新时代乡村旅游价值链的根本目标是识别核心顾客需求，通过提供独特的服务来创造高质量的顾客价值，以实现营利目标，最终促进乡村振兴的实现。乡村旅游价值链的重构，可以精准服务乡村振兴战略。一方面要实现旅游产业链与乡村振兴市场主体之间实现精准对接。利用乡村旅游产业链整合筛选功能，从而实现市场主体之间信息畅通、相互协作和互利共赢。另一方面要实现旅游相关产业发展与乡村产业振兴模式之间的精准定位。通过市场化机制来推进乡村旅游相关产业融合发展，带动乡村产业差异化发展，形成与城市产业合理互补、城乡居民互利互惠的发展新格局。此外，要实现旅游产业链协同优化全面推进乡村振兴的精准管理。通过乡村旅游产业链协同优化全面推进乡村振兴的长期性和连续性，强化乡村旅游产业的过程管理，实现精准服务乡村振兴。

2. 主动优化乡村旅游政策链，精准滴灌乡村旅游产业

乡村旅游产业发展离不开政府宏观政策的引导和扶持。文旅系统要多方调研，形成合力，主动作为，着力推动跨区域乡村旅游供给侧结构性改革方面。一是要形成乡村旅游产业发展的合力，主动推进与农业农村系统、发改系统和林业系统等行政部门的合作，尽可能联合更多的行政力量来开展乡村旅游工作，制定更多更优乡村旅游产业发展政策，科学引导乡村旅游发展，尽量避免政府部门不协同而带来的低效率问题。二是合理引导乡村旅游核心企业进行产业链的整合优化，使不同地区形成立体化乡村旅游产业链条，积极培育示范带动能力强的乡村旅游发展集聚区（如探索跨省域乡村旅游产业示范园建设），提升区域乡村旅游的整体竞争力。三是应鼓励社会资本依法依规利用"互联网+"模式、PPP模式及众筹模式等新型融资模式投资乡村旅游产业，增加乡村旅游市场供给。四是要优化乡村旅游区点布局，健全公共服务体系。对热门乡村旅游目的地，建议开通乡村旅游巴士，进一步完善自驾标识网络、旅游停车场等公共服务体系。五是需要合理引导金融机构在乡村旅游领域创新服务。为了满足乡村旅游产业的特殊需求，可以建立旅游产业再担保机制，以为乡村旅游产业市场主体提供适度的融资担保服务。

3. 科学优化乡村旅游产业链，完善乡村旅游产品体系

结合各地的资源条件，盘点乡村旅游资源，进行整体规划，鼓励跨省份、跨地区、跨行业的企业之间形成联盟，每个县市区内适度扶持2~3家龙头企业全面参与乡村旅游开发，充分发挥产业集聚效应。同时通过科学优化乡村旅游产业链，实现不同时段、不同特色的乡村旅游产品和服务供给，达到不同乡村旅游区点间互联互通，形成多样化乡村旅游线路，便于满足不同旅游消费者需求。此外，乡村旅游产品要注重本土化，也就是要实现文旅融合发展。应合理利用乡村传统民俗活动，让旅游消费者感受传统民俗文化的魅力，以增加乡村旅游的吸引力和独特性，使旅游消费者把注意力从简单的"吃农家饭住农家屋"转移到人文休闲旅游上来。要以限制出境游为契机，不断完善乡村旅游产品体系，在传统采摘、乡村美景、农产品深加工、农事体验、乡村美食、精品民宿等环节上下功夫，不断延长乡村旅游产业链和附加值，做到"春夏秋冬、游兴不减"。同时针对不同消费群体研发多样化乡村旅游产品，如针对年轻消费者推出户外自行车赛、原创音乐会等活动，为乡村游注入新活力。

4. 积极培育乡村旅游人才链，建立乡村旅游人才智库

各级地方政府尤其是文旅行政系统，要多措并举，加快培育乡村旅游人才链建设。人才是最核心的生产要素，乡村旅游发展离不开高素质的人才支撑。为进一步推进乡村旅游发展，建议从省级层面建立省级乡村旅游人才智库，智库人才一般从旅游企业集团、高校、研究所和事业单位遴选。地市级方面，建议每年安排定向资金培育本地乡村旅游人才，如本地人考取导游证的，实行以奖代补政策；本地市籍高校大学生回乡创业的，给予低息贷款和适当补助政策等。在县区级别，建议设立乡村旅游发展集团有限公司，并建立有效的人才引进机制。这一机制可以包括从县外引入乡村旅游管理人员，例如从星级酒店或其他旅游相关企业招聘高级管理人才，以提升本县区旅游管理团队的素质。此外，还可以邀请高校教师和来自知名旅游企业的高级管理人员，为本县区的管理和服务人员提供定制的岗位培训。定期进行全面的考核也是一种有效手段，考核结果可以与职位提升和政策性奖励挂钩，以激励和奖励表现优秀的管理和服务人员。

5. 持续拓展乡村旅游宣传链，打造乡村旅游活动品牌

对于现代产业来说，关注就是印钞机，人气就是生产力。建议根据不同区域特色打造具有差异化的乡村旅游品牌定位。然后通过各类正能量活动不断制造网络宣传热点，将区域乡村旅游品牌打响，逐步带动区域之间乡村旅游可持续发展。其他乡村旅游品牌活动方面，在品牌存量上，建议各省份每 2 年评选一次"最受游客喜爱的乡村旅游区（点）50 强"和"最受网民关注的乡村旅游重点村（镇）50 强"，并纳入各级文旅系统绩效考核体系，并从省市县层面适当安排财政奖补资金。品牌增量方面，建议各省份每 3 年开展一次"十佳精品乡村旅游线路"和"乡村旅游企业 50 强"评选活动。积极鼓励县级融媒体平台、各类网络新媒体、协会等旅游组织参与乡村旅游评选活动，不断制造乡村旅游发展热点，以形成全社会关注乡村旅游发展的良好局面，全面助力乡村旅游高质量发展。

第三章 乡村旅游重点村（镇）时空分布特征与影响因素分析

传统乡村旅游诞生于工业革命后，那时生活在城市的现代人为了逃避工业革命中带来的城市污染和生活方式的急剧变化前往乡村度假、学习并且参与农村劳作[①]。20世纪90年代以来，我国乡村旅游伴随着景区旅游发展而逐渐发展，是跟农村发展紧密结合的一种形式。我国是农耕文明古国，拥有悠久的农耕文化历史，乡村地区地域辽阔，还有相当多的地区保留着原有的自然风貌。各地风格迥异的风土人情独具特色，各村镇不仅保留着大量村庄作坊、古建遗迹、民风民俗，还因地制宜发展特色农业，开发果园、茶园、花园等富有观赏性、可参与性的产业，这些丰富的旅游资源激发着旅游者的乡土情怀。国家交通路网的完善，使得许多乡村拥有了交通区位优势，这有利于开发和利用我国广大农村地区丰富的旅游优势和生态保护；各种生产要素在一些居民点的合理集中，提高了农村地区的旅游服务质量。乡村旅游成为新时代解决农民就业、促进农民增收的富民产业，对促进乡村产业布局优化及城乡融合发展具有深远意义，成为乡村产业振兴的重要途径之一。

为了激发乡村旅游的示范引领作用，文化和旅游部、国家发展和改革委员会在2019年根据《"十三五"旅游业发展规划》和《国务院关于促进乡村产业振兴的指导意见》提出的乡村名单，共同筛选出了1299个全国乡村旅游重点村。本研究以这些乡村旅游重点村镇为研究对象，聚焦于促进乡村旅游的高质量发展和独特化特色，探究了这些乡村旅游地的空间分布状况以及分布差异。同时，针对所发现的问题提出相应的对策建议。这一研究在指导乡村旅游地的布局方向和未来可持续发展方面具有重要的理论创新和实际指导意义。

乡村旅游作为一种独特的旅游形式，其发展与城镇化、资源开发、环境保护等多方面因素密切相关，因此一直受到国内外学者的广泛关注，并引发了各种研究。西方

---

① Lane, Bernard. What is rural tourism? [J]. Journal of Sustainable Tourism, 1994, 2 (1–2), 7–21.

的乡村旅游起源于欧洲，随着铁路和其他交通工具的发展，进入乡村的机会得到改善。因此，欧洲的阿尔卑斯山和北美的落基山脉成为首批开发田园观光的地区之一。国外研究学者开始寻找更多影响乡村旅游这一特殊旅游形式的发展背后的因素、空间分布和演化规律，Wilson（2001）研究认为完整的旅游产品、规划能力、政府支持、资金支持、旅游企业间的协调和合作、信息和技术援助等方面对旅游产业成功发展有重要帮助。① Cawley（2008）在已经建立起旅游区的爱尔兰背景下引入"战略契合度"这一综合乡村旅游模式评估旅游业发展对农村发展的作用，考虑到各种资源（文化、社会、环境、经济）及用途和其他利益相关者起到的作用，得出了旅游业发展对农村发展战略是重要的一环的结论。② Rosales Paredes（2019）对墨西哥普埃布拉州北部四个独特村落展开了研究，这份针对游客样本的50个问题的调查显示，大多数到农村地区的游客是30多岁的年轻人，其中大部分是学生，每月可支配收入低于4000美元，他们主要对人与自然的共存，以及农村食品和手工艺品展现出极大的兴趣。③ 这一研究有利于刻画目标人群的画像，有助于乡村旅游有针对性地进行开发、宣传过程优化。Gunjan Saxena（2010）从乡村旅游参与者的角度探讨社会发展与乡村旅游间的相互作用。④

我国的乡村旅游兴起于20世纪90年代后期，城市化进程日益加快，城市生活方式急剧变化，节奏加快，社会竞争日趋激烈。随着城乡居民收入水平提高，可支配收入增加，加之交通通达性优化，城乡居民返璞归真及寻求田园生活需求被激发。假期大量城市居民拥入城市周边乡村地区游玩观赏、体验农家风情，使得农家乐在乡村地区风靡一时⑤。国内旅游产业起步较晚，以至于乡村旅游研究起步也较晚。从最初的理论探讨⑥、

---

① Wilson S, Fesenmaier D R. Fesenmaier J, et al. Factors for Success in Rural Tourism Development[J]. Journal of Travel Research, 2001, 40（2）, 132–138.

② Mary Cawley, Desmond A Gillmor. Integrated rural tourism: Concepts and Practice[J]. Annals of Tourism Research, 2008, 35（2）, 316–337.

③ Rosales Paredes J C, Salas González J M, Palacios Rangel M I. Trends of tourism in four magic villages of puebla[J]. Journal of Tourism and Heritage Research, 2019, 2（1）, 235–259.

④ Gunjan Saxena, Brian Ilbery. Developing integrated rural tourism: Actor practices in the English/Welsh border, 2010, 26（3）, 0–271.

⑤ 何景明. 成都市"农家乐"演变的案例研究：兼论我国城市郊区乡村旅游发展[J]. 旅游学刊, 2005（06）: 71–74.

⑥ 熊凯. 乡村意象与乡村旅游开发刍议[J]. 地域研究与开发, 1999（03）: 70–73.

概念界定[①]到乡村旅游发展模式的研究[②③]、发展动因[④]、演化规律乡村旅游开发条件评价及旅游感知[⑤]等方面。随着各个学科间的交叉发展,也出现了运用地理空间分析方法综合研究乡村旅游区域分布及相关性因素分析,并针对应用技术手段发现问题,提出对策,如刘龙(2018)通过最近邻指数、地理集中指数法来研究历史文化名村名镇和湖南省特色旅游名村,运用空间数据库综合分析乡村聚落景观的空间分布类型的特征,得出乡村聚落景观发展是有机循环的发展,可以有效拉动乡村旅游经济发展的结论[⑥]。晋秀龙等(2016)采用ArcGIS和Pearson等分析方法,以安徽乡村旅游区为研究对象,考察乡村旅游区的空间分布特征,分析出乡村旅游区与市中心的平均距离与社会经济状况的相关性,进而提出乡村旅游发展的可行路径[⑦]。张馨方(2017)利用统计学定量分析武汉市各区乡村旅游营业收入情况,从时空结构上来研究乡村旅游业的发展趋势和变化波动方向,提出优化发展对策[⑧]。上述研究从乡村旅游布局、优劣势、发展对策等方面进行研究,给人们对于乡村旅游提供清晰而具体的认知。总体来说对乡村旅游空间分布研究范围集中于个别区域,对于乡村旅游发展存在的问题、从整体来看如何优化、提供解决对策方面也有待丰富。鉴于此,本文在乡村振兴背景下,利用ArcGIS10.8等软件,针对文化和旅游部公布的全国乡村旅游重点村镇进行空间分布特征研究和影响因素分析,从中发现我国乡村旅游可以优化完善的地方,对我国乡村发展"质量化""特色化"优化发展提供帮助。

一、引言

乡村旅游是一种旅游形式,发生在农村社区内,以乡村风景、森林景观、农业生产经营、自然生态环境以及社会文化传统为吸引,面向受众主要是城市居民。这些游客希

---

① 王兵.从中外乡村旅游的现状对比看我国乡村旅游的未来[J].旅游学刊,1999(02):38-42+79.
② 肖佑兴,明庆忠,李松志.论乡村旅游的概念和类型[J].旅游科学,2001(03):8-10.DOI:10.16323/j.cnki.lykx.2001.03.003.
③ 邹统钎.我国乡村旅游发展模式研究:成都农家乐与北京民俗村的比较与对策分析[J].旅游学刊,2005(03):63-68.
④ 赵兴国,张东强.特色小镇乡村旅游资源的深度开发:施甸摆榔金布朗风情小镇的实证研究[J].中国农业资源与区划,2018,39(10):164-170.
⑤ 尹立杰,张捷,韩国圣,等.基于地方感视角的乡村居民旅游影响感知研究:以安徽省天堂寨为例[J].地理研究,2012,31(10):1916-1926.
⑥ 刘龙.湖南省乡村聚落景观空间分布特征及评价研究[J].中国农业资源与区划,2020,41(02):284-289.
⑦ 晋秀龙,丁怡力,金泉.安徽中部地区乡村旅游点时空格局及其相关性分析[J].滁州学院学报,2016,18(05):4-8.
⑧ 张馨方.武汉市乡村旅游发展时空结构分析[J].中国环境管理干部学院学报,2017,27(03):30-33+45.DOI:10.13358/j.issn.1008-813x.2017.03.08.

望通过乡村旅游来欣赏乡村美景，了解农业生产和劳动过程，探索当地风土人情，实现与自然亲近融合。乡村旅游可以定义为以下几点：①主要受众群体是城市居民；②旅游吸引物主要包括独特的生产方式、民俗文化、生活方式、乡村风景、农村建筑和地方文化；③发生在农村地区；④游客的动机主要包括观光、探险、参与娱乐、餐饮、购物、学习和度假；⑤游客需求包括对特色、知识和根源的追求；⑥乡村旅游本质上是一种旅游活动。为了推进乡村旅游可持续健康发展，文化和旅游部与国家发展和改革委员会联合开展全国乡村旅游重点村（镇）遴选工作，以期推动乡村旅游向更高质量和更具特色发展发挥示范引领作用，服务于乡村振兴战略。

二、我国乡村旅游重点村时空分布特征

本章主要以文化和旅游部、国家发展和改革委员会于2019年、2020年、2021年公布的三批次全国乡村旅游重点村名单为数据来源，分析我国乡村旅游重点村的空间分布类型、空间分布均衡程度、空间分布密度和时空分布差异。

（一）空间分布类型

从全国角度来研究乡村旅游重点村，可以将这些村抽象为点状要素，并根据它们在空间上的分布进行分析。在这种分析中，通常关注点状要素的空间分布类型，包括均匀分布、随机分布和凝聚分布。我们使用最邻近距离和最邻近指数来确定这些分布类型以及它们的特征。最邻近指数是通过将平均观测距离与预期平均距离相比较得出的。预期平均距离是在假设随机分布的情况下，邻域之间的平均距离。当最邻近指数小于1时，表示点状要素呈现凝聚分布模式；当最邻近指数等于1时，表示点状要素呈现均匀分布模式；当最邻近指数大于1时，表示点状要素呈现离散或竞争分布模式。运用ArcGIS10.8软件空间分析工具（spatial statistic tools）中的平均最近邻距离（average nearest neighbor）进行计算，可得知全国乡村旅游重点村镇空间分布的预期平均距离为57 493.4730m，平均观测距离为28 072.1795m。根据最邻近指数计算公式，可得最邻近指数 $R=0.488\,267 < 1$，并且z得分为 $-35.284\,070$，显著性水平 $P < 0.01$，通过显著性检验而且显著性较强。由此可以说明全国乡村旅游重点村镇呈凝聚分布特征。

（二）空间分布均衡程度

利用Excel软件对三批次各省（市区）乡村旅游重点村镇数据进行处理，得到表3-1，总体来说，根据各省乡村旅游重点村镇个数在全国范围所占百分比来看，乡村旅游重点村镇在各个省市的分布较为均衡。但是新疆、浙江、江苏、湖北、贵州五个省份

就占据了全国总数的 22%，说明存在个别省区乡村旅游资源相较于其他地方较为丰富的情况。

表 3-1 各省（市区）乡村旅游重点村占全国总数比

省份	数量（个）	所占百分比	累计	省份	数量（个）	所占百分比	累计
新疆	73	6%	6%	北京	41	3%	61%
浙江	51	4%	10%	河南	41	3%	64%
江苏	50	4%	14%	甘肃	41	3%	67%
湖北	49	4%	18%	黑龙江	40	3%	70%
贵州	49	4%	22%	辽宁	38	3%	73%
江西	47	4%	26%	重庆	38	3%	76%
福建	46	4%	30%	西藏	38	3%	79%
云南	46	4%	34%	宁夏	37	3%	82%
河北	45	3%	37%	山西	36	3%	85%
四川	45	3%	40%	青海	36	3%	88%
安徽	44	3%	43%	吉林	36	3%	91%
山东	44	3%	46%	内蒙古	33	3%	94%
湖南	44	3%	49%	海南	32	2%	96%
广西	43	3%	52%	天津	26	2%	98%
陕西	43	3%	55%	上海	25	2%	100%
广东	42	3%	58%	总计	1299	100%	100%

（三）空间分布密度

研究要素在区域间空间分布常使用核密度估计方法。[①] 核密度估计法是根据要素密度在空间上的分布特点和变化来反映其分布特征的方法，要素空间分布密度能够直观地反映要素在空间上的分散或凝聚特征，核密度值越大，表明点要素分布越密集，反之，点要素则越分散。运用 ArcGIS10.8 软件中的核密度分析工具（Kernel Density Estimation）对三批次全国乡村旅游重点村落进行分析，保证能取得最优可视化效果情况下，经过多次尝试，选取带宽，选取不同参数，生成得到全国乡村旅游重点村镇核密度分析图。可得的信息有：全国乡村旅游重点村镇整体以胡焕庸线为界，大多数分布在我国东部地区；全国乡村旅游重点村镇呈现明显的核心—边缘型分布特点，形成了两个

---

① Tessa K Anderson. Kernel density estimation and K-means clustering to profile road accident hotspots[J]. Accident Analysis & Prevention，2009，4（3）：359-364. https://doi.org/10.1016/j.aap.2008.12.014.

高密度核心区、一个次密度区以及若干个小核心区。其中高密度核心区域一个以北京为中心，天津西北和河北环北京一带，形成京—津—冀高密度区，并且延伸辐射到陕西东部、河南北部；另一个核心区域以上海为中心，江苏南部和浙江北部，形成沪—苏南—浙北核心区，辐射省域为安徽、江西。一个次级密度核心区为青海东部与甘肃东部。另一些较为密集的有川渝交界处、琼东北、鲁西南。

（四）时空分布差异

针对全国三批次乡村旅游重点村，利用 ArcGIS10.8 软件的空间分析工具（Spatial Statistic Tools）中的标准差椭圆工具分析，可得到方向分布（Directional Distribution）即标准差椭圆图。

表 3-2　全国乡村旅游重点村坐标

重点村镇批次	经度坐标	纬度坐标	旋转角度
第一批	111.450 709	33.181 036	82.6712
第二批	111.337 708	33.156 583	83.032 199
第三批	112.010 408	33.356 863	75.545 336

注：全国重点村镇批次数据来源于中国政府网及文化和旅游部官网所公布名单。

从观察标准差椭圆图和计算表 3-2 三个批次椭圆旋转角度可以得知，两批次间偏离角度最大的第二批次和第三批次偏离角度仅为 7.486 863 度，偏移角度较小，因此从时间维度来看各批次间分布较为均匀，没有明显趋势走向。

三、影响乡村旅游重点村镇发展的因素相关性分析

（一）全国乡村旅游重点村镇分布与河流相关性分析

很大程度上，地域自然条件的好坏直接关系到人文社会产生的客观可能性。一定空间尺度上，自然环境是非常稳定的，作为一项发展因素很难改变。自然环境的丰富，充裕了乡村地域的景观丰富度，同时也是重要的旅游吸引力之一。河流是自然环境构成中不可或缺的重要环节，对乡村景观的形成发展有较大作用。通过使用 ArcGIS10.8 软件，将全国乡村旅游重点村镇坐标转为点要素与全国主要河流进行比较分析，各重点村镇分布在各大河流的干支流流域，如海河、黄河、长江、珠江、雅鲁藏布江、塔里木河等河流流域。我国东部河网密布，所以村落分布较西部的村落分布均匀。西北地区和青藏高原地区因为气候较为干旱，河流分布较为稀疏，与乡村分布结合明显许多，新疆塔里木河、伊犁河、额尔齐斯河流域均有重点村落集中分布；西藏地区雅鲁藏布江周边有重点

村落集中分布。这些地区更能证明乡村发展程度与河流具有相关性，多沿河流、河谷地区平行分布，在三角洲平原地带密集分布。

（二）全国乡村旅游重点村镇分布与海拔相关性分析

在软件中导入我国高程图，它反映的是我国地形分布、海拔分布等地理要素，通过将全国乡村旅游重点村镇点要素进行重合，明显可以看出我国地形三级阶梯上海拔最低的第三级阶梯村镇数量分布最多。东北平原、华北平原、长江中下游平原、珠江三角洲均有密集分布，太行山脉以东重点村镇明显呈线状分布，即沿山麓地带分布；从一级阶梯上更加可以看出与地形的相关性联系，新疆地区重点村镇多分布在盆地边缘山麓地区，青藏高原地区重点村镇集中分布在西藏南部雅鲁藏布江等河流河谷地带，海拔相对较低。前面提到的一个分布的次级密度核心区为青海东部与甘肃东部，这里地处河西走廊，北山—阿拉善高原以南，祁连山以北，地势相对较平，是山脉间绿洲地带。所以重点村镇大多分布在海拔较低地区。

（三）全国乡村旅游重点村镇分布与交通相关性分析

旅游活动具有异地化特征，旅游者往往经过一定旅途前往目的地，而旅游资源的区位交通条件是旅游资源开发可行性和开发效益、开发规模和程度的重要外部条件，所以旅游地通常对旅游交通设施建设提出极大的需求。交通线路能够促进旅游地与外界的物质、能量信息的双向交流。利用ArcGIS10.8将全国主要道路与全国乡村旅游重点村镇进行比对分析，可以发现乡村旅游重点村镇与交通线路相关性较为密切，京津冀、江浙沪等乡村旅游密集分布区也伴随着密集的交通路网。新疆等地区交通线路网比较稀疏的地区更能直观反映出二者相关性，重点村镇基本沿交通线路分布，四川地区更是出现了村镇随着交通线路由中心辐射向外的放射状布局特点，海南岛交通主要由环岛线路和西南—东北方向的一条主要公路构成，而海南岛上所有重点村镇均沿主要公路分布。由此可以证明重点村镇与交通线路具有相关性，交通发达程度对乡村旅游发展具有重大影响。

（四）全国乡村旅游重点村镇分布与人口相关性分析

人口即旅游者作为旅游业活动主体，意味着旅游需求和旅游市场，分析人口分布有助于进行目标旅游人群的定位、划分，便于有针对性地提供细分市场人群的旅游产品和服务，旅游目的地自身也可进行更为清晰的发展方向。利用软件ArcGIS10.8，将人口分布情况与全国乡村旅游重点村镇点要素进行对比分析。从实际分布情况看，可以得出信息有：我国人口分布极不均匀，从东南沿海向西北内陆人口逐渐稀少，呈东南密集西北稀疏的分布特征，重点村镇分布也是沿海向内陆逐渐稀疏；但重点乡村并未与人口密集地区分布完全重合,而是多出现在出入口密集区域边缘地区,如环北京地区有大量重点村镇存在,环上海部分有明显的圈层存在,珠江三角洲城市群周边有重点村镇存在。

(五)全国乡村旅游重点村镇分布与经济条件相关性分析

经济条件是乡村旅游发展的决定性因素,人均可支配水平高地区的居民消费水平高,对旅游需求较大,有足够能力支付旅游支出,形成的旅游市场较大,同样财政收入高的地区也可为乡村地区建设、发展提供更加充足的资金。人均可支配收入在一定程度上可以反映地区经济发展水平,可支配收入的多少也是游客进行旅游行为的旅游动机和基本条件。从各个省、自治区和直辖市的2019年、2020年、2021年国民经济和社会发展统计公报统计各个地区的人均可支配收入,用excel进行初步分析,将人均可支配收入数据图层与乡村旅游重点村镇点要素进行叠置形成新的要素层,这样更加能直观反映出二者的相关性。例北京、天津、江苏、上海、浙江、湖北、福建、广东等经济发达地区其乡村旅游同样发达。

四、乡村旅游重点村镇优化发展现存问题

本文借助计算机ArcGIS10.8软件,以文化和旅游部公布的1299个我国乡村旅游重点村镇为研究对象,应用软件中的最邻近指数、核密度分析、标准差椭圆、缓冲区分析等分析工具和方法,分别得出了乡村旅游发展重点村镇的空间分布类型分析、空间分布均衡程度、空间分布密度、标准差椭圆图等,并与相关乡村旅游发展要素河流、海拔、交通、人口、经济条件等要素进行相关性分析,发现乡村旅游现存问题,得出以下结论。

(一)乡村旅游重点村镇全国分布不均

全国乡村旅游重点村镇地域分布为凝聚分布型空间分布类型,并且呈现明显的"核心—边缘"类型分布特征。从全国来看,重点村镇地域分布不均匀,以胡焕庸线为界,大部分村镇位于我国东部地区,全国乡村旅游重点村镇具有明显的"核心—边缘"类型分布,形成了两个高密度核心区、一个次密度核心区以及若干个小核心区。其中高密度核心区域为京—津—冀高密度核心区,并且延伸辐射到陕西东部、河南北部;另一个高密度核心区域为沪—苏南—浙北高密度核心区,辐射省域为安徽、江西。一个次级密度核心区为青东—陇西区。另一些较为密集的有川渝交界处、琼东北地区、鲁西南地区等。所以东部地区乡村旅游发展水平高于西部地区,有高密度区域和低密度区域。这势必会造成乡村旅游省域、市域、县域发展间的不均匀。

（二）政策导向性过强

从省域均衡分布来看，各省之间乡村旅游重点村镇数量总体相差不大。导致这种情况的原因在于文化和旅游部是通过定向指标分配给各省，政策导向性非常强，所以各省之间数量比较均衡。但是各省间普遍相差不大，未能明显分出全国乡村旅游重点发展省域，不利于其他省份向优秀省份学习、参考。

但是从所占比重相对较大的几个省份来看，新疆、贵州等地民族风俗资源丰富所以乡村旅游发展占有独特优势；浙江、江苏等地因为经济水平较高，可支配收入较其他地区多，更高层次的需求推动旅游全业态发展。此外，经济发达的地区比经济较为落后的地区与外界交流更多，吸收借鉴国外优秀管理模式更多，吸引了更多优秀从业人才。整体上看，沿海地区乡村旅游较为发达。

（三）不注重落后地区乡村旅游发展

主要乡村旅游村的地域形态和发展是由自然环境、文化和旅游资源以及社会经济因素共同决定的。研究表明，主要乡村旅游村的空间分布随着海拔的升高而减少，并趋向于沿河和海边分布。乡村旅游村的空间分布与区域旅游发展规划相一致。人口因素对乡村旅游分布的发展有促进作用，包括客源市场和旅游专业人才；交通是连接游客和目的地的纽带，是影响乡村旅游主体村庄空间分布和发展的重要因素；乡村旅游龙头村的空间密度与经济实力成正比。所以经济不发达地区、基础设施落后地区未能将注意力集中分布在旅游业发展，存在乡村旅游发展落后现象。

（四）短途旅游为主，影响范围不大

乡村旅游重点村镇总体随人口分布特征分布，但并不是完全重合，而是围绕人口最密集地区城市呈现圈层分布现象，在一定程度上反映了乡村旅游以短途旅程市场为主。乡村旅游的对象和目标群体主要为周边大城市的居民，且乡村旅游重点村多位于大城市群周边近郊地区，吸引游客量十分有限。建议在突出特色、打造集聚效应、扩大知名度等方面发力，改善乡村旅游基本服务设施，凝练和总结乡村旅游发展模式，走"特色化""质量化"乡村旅游之路。

五、乡村旅游重点村镇优化发展对策

在对我国乡村旅游重点村镇的空间特征和影响因素分析的基础上，拓展了当前以乡村旅游促进乡村振兴的研究内容和研究视角。但是，由于乡村旅游急切需要升级，乡村旅游重点村镇的辐射带动效应仍需进一步研究，以促进乡村旅游的提质和升级。

（一）完善基础设施建设，提高旅游服务水平

交通作为基础设施建设中最重要的一部分，对乡村旅游发展具有重大影响。所以应完善交通道路等基础设施建设，便于与外界物质传输、信息沟通，也便于乡村旅游过程中旅游线路的设计。乡村地区缺乏旅游专业人才，多数是本地居民在从事旅游行业，从业人员受教育水平比较低，服务意识较弱。针对服务水平不高现象，可以进行集中培训、进修学习，以重点村镇管理水平、服务意识为榜样，提升专业服务水平。

（二）发挥政府引导优势，重视市场主导作用

长期以来，乡村地区在政治、经济、自然和社会方面的概念解释存在差异。在处理旅游行为和乡村传统地域利用时，公共和私人部门之间缺乏一体化的规划，政策协调也经常不够紧密。为此，必须在发展政策、土地和水资源管理规划、人力和财力管理上给予一定程度的干预，为乡村旅游的良性发展创造良好的条件。然而，政府的干预不应该僵化或完全主导，而应该起到良性引导的作用。乡村旅游的发展方向应该以市场需求为导向，这样才能更好地激发乡村旅游的活力与创造力。政府的角色是在确保合规和可持续性的前提下，支持和引导乡村旅游的发展，而不是过度干预。这种方式可以使乡村旅游焕发出更多的生机。

（三）挖掘特色文化内涵，依托独特乡村资源

海拔、河流等自然因素是乡村旅游发展的重要制约因素，海拔低、地势平坦、生态环境稳定良好固然是天然的发展旅业业的优势，但是西北地区、青藏高原地区等独特的水热资源条件和独特水土孕育出来的特殊风土人文习惯与民族风情也是东部平原地区无法比拟的。无论是当地的历史文化还是民俗风情，其形成都有一个历史过程，且具有稳定性、连续性和持久性。立足当地，深入挖掘其潜力，方能彰显出本地特色及魅力。所以各地区应依托特色自然景观资源和独特人文景观资源，挖掘能够突出典型特征的乡村文化资源，更深层次地发展"特色化""高质化"乡村旅游发展模式。在现代娱乐的冲击下，乡村旅游也要保持民族的、地域的、历史的文化特色。

（四）保护原生生态环境，保护农业文化氛围

乡村地区拥有优美和洁净的自然生态系统，这本身就是一种宝贵的旅游资源。因此，只有保护生态系统、呵护绿水青山，乡村地区才能实现可持续的发展。我国以农为本，拥有古老的农耕文明，这是我国的宝贵财富，也是世界的瑰宝。乡村地区与城市最根本的区别在于农业。在这里，有大量的农业人口，人们保持着许多传统的农业生活方式，这形成了乡村地区独特的农业文化氛围。我国地域广阔，不同地区的农业文化也各具特色。我们应该充分展现这些地方特色和丰富的农业文化内涵，因地制宜，合理利用

土地资源，提高土地的利用率。这包括种植景观花卉、农家水果和蔬菜，还有现代化的生态鱼塘等。同时，为游客提供不同季节的农产品采摘等参与性体验活动，以促进乡村旅游产业的发展，实现文旅融合的目标。

（五）推动产业结构优化，提供更多就业岗位

自改革开放以来，经过四十多年的快速经济发展，各地的生产力水平不断提高。这个过程中，大量农村劳动力获得解放，他们纷纷离开家乡，前往经济发达地区寻找工作机会或创业。然而，人口的大规模外流也对乡村地区的发展产生了一定的负面影响，导致了乡村地区的人口空心化现象。所以应该吸引更多优秀人才回乡创业，利用他们在外出就业过程中学习的科学发展模式和创新能力发展乡村旅游产业，这将促进乡村地区产业结构水平的提高及调整，给乡村地区增加收入，促进经济水平提高。发展乡村旅游能增加当地就业机会，其中乡村地区女性就业率问题尤其值得关注，农村女性社会地位较低，长期被传统"男主外，女主内"思想压迫，在乡村地区缺少就业机会，而女性特质能为旅游行业中增加更多良善、温情的细节，所以让赋闲在家的女性参加适度工作，有助于提升乡村环境中的女性地位，让女性拥有更多家庭话语权和社会参与感。

（六）关注热点话题，创新形象定位

传统乡村旅游是一种发生在社区的旅游形式，由乡村景观、森林景观、农林生产和管理、自然生态环境以及乡村社会和文化传统所吸引的，其对象是希望享受乡村景观、了解农业生产和劳动、了解习俗和民俗、回归自然的城市居民。随着消费需求不断发展变化，乡村旅游迸发新生机，为乡村旅游的发展提供了新动力，比如今年大热的露营活动，大量年轻人拥入景色优美景区和郊外，许多乡村地区也成了目的地，带动了许多乡村的露营周边产业发展，直接促进了乡村旅游发展。新奇的经历给旅游者带来与众不同的感受，能形成良好的口碑效应。标新立异要贯穿乡村旅游的定位形象始终，适度而行，不可过度包装和低俗营销。

（七）针对目标人群，适度营销活动

从前文可以得出乡村旅游集中分布在大城市周边，城市是人口最为密集的区域，而乡村旅游重点村镇围绕城市呈圈层分布，距离城市较近，城市旅游者旅游意愿较高。所以目标旅游人群较为清晰，主要针对周末、小长假的城市居民。要针对目标城市人群进行宣传活动，尽量与城市娱乐活动分别开来，避免重复感、无聊感，给游客新奇感、放松感。城市居民群体信息接收速度快、范围广泛，所以营销渠道广泛多样、营销内容紧跟热点是不错的选择。但是在营销过程中要注意一点问题，随着自媒体行业的蓬勃发展，旅游虚假、旅游不实等错误消息严重影响旅游需求，会不断降低游客心理预期，对

乡村旅游目的地造成一定程度的负面影响。

国家公布乡村旅游重点村镇名单，旨在引领促进乡村旅游发展方向，具有很强的引导性，值得各地乡村旅游学习改进，但是仍能从中发现许多问题和优化方向，如全国范围内地区分布不均和各省之间分配过于均匀，都体现了一定的不合理之处。创新引领发展，各个地区的乡村旅游要走出自己的特色发展方向，避免同质化，在文旅融合推动下挖掘农业文化内涵，保护生态环境，发展好乡村旅游。

第四章　乡村旅游重点村（镇）发展政策分析

一、从休闲农业与乡村旅游示范县到乡村旅游重点村（镇）

乡村旅游的发展一直是我国乡村经济发展的重要抓手，在乡村旅游重点村（镇）创建工作开展前，相关部门也进行了其他的一些乡村旅游建设项目的开发，包括了全国休闲农业与乡村旅游示范县和全国休闲农业示范点创建、我国美丽休闲乡村推介等等。

（一）全国休闲农业与乡村旅游示范县和全国休闲农业示范点创建

休闲农业与乡村旅游的发展有助于农村产业结构的调整，增加农民就业渠道与就业收入，推进新农村发展和城乡一体化建设有序开展。

在 2010 年 8 月，农业部和国家旅游局联合发布了《关于开展全国休闲农业与乡村旅游示范县和全国休闲农业示范点创建活动的意见》（以下简称《意见》），宣告了全国休闲农业与乡村旅游示范县和全国休闲农业示范点的创建活动正式拉开帷幕。《意见》提出全国休闲农业与乡村旅游示范县的创建应满足以下基本条件：规划编制科学；政策扶持完善；工作体系健全；行业管理规范基础条件完备；产业优势突出；发展成效显著[1]。全国休闲农业示范点的创建应满足以下基本条件：示范带动作用强；经营管理规范；服务功能完善；基础设施健全；从业人员素质较高；发展成长性好[2]。《意见》中还明确提出，在 2010 年开始的三年时间内，计划培育 100 个全国休闲农业与乡村旅游示范县以及 300 个全国休闲农业示范点。在初期的实施过程中，各级政府积极响应政策，示范县和示范点的创建取得了显著成效。接着，国家旅游局和农业部在 2013 年和 2015 年相继积极推进了全国休闲农业与乡村旅游示范县和示范点的建设，发布了相关通知文件，坚定地维持了在三年内创建 100 个示范县和 300 个示范点的目标。截至 2015 年底，

---

[1] 习近平：高举中国特色社会主义伟大旗帜　为全面建设社会主义现代化国家而团结奋斗：在中国共产党第二十次全国代表大会上的报告［EB/OL］.（2022-10-25）［2024-03-27］. https://www.gov.cn/xinwen/2022-10/25/content_5721685.html.

[2] 农业部　国家旅游局关于开展全国休闲农业与乡村旅游示范县和全国休闲农业示范点创建活动的意见［EB/OL］.（2010-08-20）［2024-03-27］. http://www.moa.gov.cn/nybgb/2010/dbq/201806/t20180601_6150934.htm.

全国已设立了254个示范县和636个示范点，推动了休闲农业与乡村旅游的发展。值得注意的是，2015年发布的通知文件强调了对示范县和示范点创建工作的监督检查力度，并取消了没有实际成效的示范县和示范点的资格。这表明示范县和示范点的创建工作从数量上转向了质量上的提升和升级。截至2017年底，全国共有388个休闲农业和乡村旅游示范县。

（二）美丽休闲乡村建设

通过全国休闲农业与乡村旅游示范县和全国休闲农业示范点创建活动的开展，成功培育了一批生态环境优越、产业优势突出、基础设施完善、发展势头强劲、经营管理规范、具有明显引领作用的示范点和示范县。为了进一步推动这些美丽休闲乡村的发展，农业部于2016年4月发布了《关于开展我国美丽休闲乡村推介工作的通知》。该通知强调以乡村为主体单位，包括那些在休闲农业方面表现出色的乡镇，将它们划分为历史古村、特色民居村、现代新村、特色民俗村等几种类型，以便进行申报和推介。该通知指出，申报乡村应满足以下基本条件，即：优美的生态环境；多元的产业功能；独特的村容景致和良好的精神风貌[①]。

"美丽乡村"的理念源远流长。浙江省安吉县于2008年率先实施了"中国美丽乡村"工程，是我国新农村建设的鲜活典范。随后的发展中，这一概念逐渐在国家层面得到认可和推广。2013年，中央政府首次在正式文件中提出了奋斗目标，强调进一步加强农村生态建设、环境保护和综合整治工作，着力推动美丽乡村的建设。2015年，中央政府强调了"中国要美，农村必须美"的理念，并颁布了《美丽乡村建设指南》。这些政策文件奠定了美丽乡村发展的基础。到了2016年，"美丽休闲乡村"的概念应运而生，将美丽乡村与乡村休闲旅游业有机结合。这一概念强调在保护原有乡村的传统建筑、风俗民情、乡土文化及生态资源等特色基础上，因地制宜发展休闲农业和乡村旅游，具有强大的示范引领作用。它不仅代表着一种新的乡村发展模式，更是贯彻落实乡村振兴战略的重要途径之一。此后，农业农村部通过线上和线下相结合的方式，连续8年开展了"美丽休闲乡村推介活动"。截至2022年底，已经成功推介1697个美丽休闲乡村，进一步树立了一批乡村旅游的示范标杆。这一系列举措不仅促进了乡村发展，也为乡村振兴提供了重要支持。

（三）乡村旅游重点村（镇）创建

在"美丽休闲乡村推介活动"开展的同时，乡村旅游重点村（镇）的创建也逐渐启

---

① 中华人民共和国农业农村部.农业部办公厅关于开展我国美丽休闲乡村推介工作的通知[EB/OL].(2016-04-19)[2024-03-27]. http://www.moa.gov.cn/govpublic/XZQYJ/201604/t20160420_5101603.htm.

动。2016年6月，国务院发布了《关于"十三五"旅游业发展规划的通知》，该通知首次强调大力发展乡村旅游，并引入了"乡村旅游重点村名录"概念。2019年6月，文化和旅游部、国家发展和改革委员会联合发布《关于开展全国乡村旅游重点村名录建设工作的通知》。该通知明确选定一批具备以下六项标准的农村地区，以便建立全国乡村旅游重点村名录：文化和旅游资源富集；自然生态和传统文化保护较好；乡村民宿发展较好；旅游产品体系成熟、质量较高；基础设施和公共服务较完善；就业致富带动效应明显[①]。依据这些准则，文化和旅游部、国家发展和改革委员会发布包括320个重要村庄的清单，并明确列入名录的关键村庄将受益于国家相关支持政策。

2021年6月，文化和旅游部、国家发展和改革委员会联合制定了《全国乡村旅游重点村镇名录建设工作方案》，印发了《关于做好第三批全国乡村旅游重点村镇遴选推荐工作的通知》，将全国乡村旅游重点村名录拓展为全国乡村旅游重点村镇名录，并首次开展了全国乡村旅游重点镇（乡）的遴选推荐工作。具体而言，应该符合以下标准才能创建和评选全国乡村旅游重点村：文化和旅游资源富集且开发合理；乡村文化传承保护、转化发展较好；旅游产品体系成熟、品质较高；乡村民宿建设主题突出、规范有序；生态环境优美宜居；基础设施和公共服务较完善；体制机制完善合理、运营高效；带动创业就业、经济社会发展等效益明显[②]。"全国乡村旅游重点镇（乡）"的创建和评选应符合以下标准：乡村旅游规划合理、定位清晰；文化底蕴深厚、生态环境优美；乡村旅游集聚融合发展特征明显；乡村旅游促进城乡融合、基本公共服务均等化效果较好；乡村旅游促进政策体系完善；乡村旅游管理协调机制健全高效。截至2022年底，全国已经遴选了四批共计1399个全国乡村旅游重点村和两批共计198个全国乡村旅游重点镇（乡）。这些地区已经成为乡村旅游领域具有广泛影响力的品牌，为游客提供了领略乡土之美、感受乡村振兴成就的绝佳去处，同时也充分展示了其示范引领作用。值得注意的是，2021年4月，《中华人民共和国乡村振兴促进法》第十三届全国人民代表大会常务委员会第二十八次会议通过，明确了文化和旅游业的发展方向，并首次将乡村旅游发展和乡村旅游重点村建设纳入了法律条文，从法律层面对乡村旅游的定位进行了明确界定，明确了乡村旅游开发和乡村旅游重点村的建设在乡村经济社会发展中的作用。2022年12月，文化和旅游部资源开发司联合百度公司，在百度地图、百度百科中

[①] 文化和旅游部办公厅　国家发展和改革委员会办公厅关于开展全国乡村旅游重点村名录建设工作的通知［EB/OL］.（2019-06-06）[2024-03-27]. https://zwgk.mct.gov.cn/zfxxgkml/zykf/202012/t20201213_919374.html.

[②] 文化和旅游部办公厅　国家发展和改革委员会办公厅关于做好第三批全国乡村旅游重点村镇遴选推荐工作的通知[EB/OL].（2021-06-09）[2024-03-27] https://zwgk.mct.gov.cn/zfxxgkml/zykf/202106/t20210615_925208.html.

对乡村旅游重点村镇进行全景展示和词条查询。这是数字技术赋能乡村旅游高质量发展的重要举措，让更多优质乡村旅游资源可及可见，截至2022年底，百度地图联合文化和旅游部已完成1000多个全国乡村旅游重点村镇标注，并将持续进行深度合作。

二、乡村旅游重点村（镇）相关扶持政策

自2019年第一批乡村旅游重点村的遴选工作开启后，文化和旅游部、国家发展和改革委员会等联合相关部门共同推出了金融、法律、宣传、人才等多方面的扶持政策，各地政府、文化和旅游部门也纷纷出台相关政策积极响应。

（一）金融支持

乡村旅游的高质量发展必须得到金融支持。无论是培育经营主体、推动业态创新、扩大旅游供给，还是引导需求等方面，都需要优质的金融服务来提供更多支持。

在宏观层面，2019年7月，随着全国乡村旅游重点村名录建设工作的启动，文化和旅游部与中国农业银行联合发布了《关于金融支持全国乡村旅游重点村建设的通知》。这一通知明确了未来五年农业银行将向重点村提供1000亿元人民币的意向性信用额度，并推出了"美丽乡村贷""惠农e贷"等乡村旅游特色信贷产品。此外，对于重点村的融资项目和现代结算设施等，也将按规定享受优惠和倾斜政策。这项重大的金融政策支持常态化了全国乡村旅游重点村的创建活动，并为其提供了持续的金融动力。这一举措强调了金融支持乡村旅游发展的关键方向，有助于实现金融与乡村旅游发展的双向互动。

此外，2023年6月，中国人民银行、农业农村部等多个部门联合发布了《关于金融支持全面推进乡村振兴，加快建设农业强国的指导意见》。该意见强调了加强乡村基础设施建设的支持，尤其是对产业园区、旅游景区以及乡村旅游重点村的一体化建设提供信贷支持的力度。同时，2023年6月，中国银行与文化和旅游部办公厅联合发布了《关于金融支持乡村旅游高质量发展的通知》。通知明确了要在乡村旅游数字升级、艺术提升、餐饮提升等重点领域加大金融支持力度，特别是要支持全国乡村旅游重点村镇和省级乡村旅游重点村镇的创建工作，并建立管理规范、高效运行的乡村旅游项目库。这些政策措施共同为高质量发展乡村旅游提供了强有力的金融支持。

在微观层面，各地政府和相关部门根据本地区的实际发展情况制定了具体的金融支持措施。以福建福州为例，于2020年9月发布了《关于扶持村级集体经济发展十条措施》，其中明确提出对评选为全国乡村旅游重点村的村级集体经济给予市级专项财政奖补10万元的政策支持。类似地，成都市文化广电旅游局于2021年11月颁布了《加强

文旅企业帮扶促进行业恢复的工作措施》，其中包括优化文化和旅游产品供给、创建旅游品牌等措施。对于新评选为全国乡村旅游重点村镇的地区，该政策规定了一次性奖励 100 万元的资金支持。2022 年 2 月，河北省文化和旅游厅与中国农业银行河北省分行合作发布了《关于推动特色金融产品服务文化和旅游企业的通知》，创新推出了"美丽家园建设贷款"，该贷款具有用途广泛、贷款期限长、还款来源渠道多等优点，旨在大力支持全国乡村旅游重点村建设的金融服务工作。2023 年 4 月，福建省委办公厅与省政府办公厅联合发布了《新形势下促进文旅经济高质量发展激励措施》。根据这些措施，县域文旅经济将受到激励，对于获评全国乡村旅游重点镇（乡）的地区，每个地方将获得 30 万元的奖励，而获评全国乡村旅游重点村的地方则将获得 20 万元的奖励。这些地方性政策措施旨在鼓励文旅经济的发展，对全国乡村旅游重点村和重点镇（乡）的创建提供了财政支持，以促进文旅产业的高质量发展。

（二）法律支持

法律的主要支持表现在国家采取法律措施来确保"乡村旅游重点村"的建设。2021 年 4 月，第十三届全国人民代表大会常务委员会第二十八次会议通过了《中华人民共和国乡村振兴促进法》。这部法律明确指出了在新时期如何发挥农村资源和生态优势，并首次将乡村旅游发展以及乡村旅游重点村的建设纳入法律条文之中。法律条文的制定为发展乡村旅游和建设乡村旅游重点村指明了方向，这一法律的通过为乡村旅游及其可持续发展奠定了坚实的法律基础。

（三）宣传支持

乡村旅游重点村（镇）的高质、快速发展离不开有力的宣传支持。作为国内最具权威的官方宣传平台，2022 年 4 月，中央广播电视总台联合文化和旅游部推出老牌节目的"焕新版"——《正大综艺》。节目以多元互动的视听手法推出全国乡村旅游重点村（镇），展现新时代我国乡村新面貌，让很多全国乡村旅游重点镇（乡）从"养在深闺人未识"变成"新晋网红打卡地"，带动当地特色美食、美景、非遗、特产等地方风物走进人们的视线。2022 年 8 月，文化和旅游部再次联合中央广播电视总台策划推出大型乡村文旅探访节目——《山水间的家》。节目聚焦 24 个全国乡村旅游重点村，以主持人探访、体验等形式，鲜活展示新时期乡村发展的新理念、新气象，呈现乡村旅游蓬勃发展的新局面。这些宣传支持政策为全国乡村旅游重点村（镇）迅速进入人民群众视野提供了高效、有力的渠道，促进了创建活动的顺利开展，为这些地区的乡村旅游带来了极大的流量和营收。

（四）人才支持

人才支持主要体现在各种形式的乡村旅游专题培训班的举办。2021年，黑龙江省、青海省等多省陆续举办乡村旅游提升发展专题培训班，邀请乡村旅游重点村镇的负责人参加培训，交流经验，从而提高乡村旅游人才素质，增强业务能力。2022年9月，文化和旅游部在安徽黄山举办2022年全国乡村旅游重点村镇培训班。课程内容包括丰富乡村旅游文化内涵、提升宣传推广能力和视野培养等。同时，设有经验分享、现场教学等环节，还邀请美团、抖音等平台开展路演推广，对接渠道资源，多维度提升学员能力。

（五）政策指导

政策指导主要涵盖了各个部门在官方文件中对乡村旅游重点村（镇）发展提出的具体指导方针。举例来说，2021年8月，交通运输部联合文化和旅游部、国家乡村振兴局等多个部门发布了《关于推动农村客运高质量发展的指导意见》。这份指导意见强调了扩大农村运输在乡村旅游重点村、镇和农村旅游景点的覆盖范围，以建设精品旅游客运线路，确保乡村旅游目的地的便捷高效通达。同时，该意见还明确了政府在专项投资补助方面的承诺，并将其纳入各级政府的工作考核清单中。类似地，2021年10月，农业农村部在《关于推动脱贫地区特色产业可持续发展的指导意见》中，再次强调了乡村旅游重点村（镇）在巩固脱贫攻坚成果方面的重要性。此外，2021年11月，国务院发布了《关于"十四五"推进农业农村现代化规划的通知》，其中强调了优化乡村休闲旅游业，依托资源优势建设一批乡村旅游重点村镇的重要性。国家出台的一系列政策文件对发展乡村旅游具有很好的导向作用。

地方政府也积极响应国家政策，制定了相应的工作指导文件。举例来说，2022年3月，安徽省发展和改革委员会等14个部门发布了《关于安徽省促进服务业领域困难行业恢复发展若干政策措施的通知》，支持旅行社、民宿、乡村旅游重点村等在省内承接疗休养业务，并支持相关运营机构承接研学服务业务。这些地方政策文件也为乡村旅游的发展提供了重要的政策支持。综上所述，政策指导涵盖了国家和地方政府在官方文件中对乡村旅游重点村（镇）发展的具体方针，为乡村旅游的可持续发展提供了重要的政策支持和指导。

政策指导主要是指相关部门在发布的官方文件中对乡村旅游重点村（镇）提出了发展的指导性意见。2021年8月，交通运输部联合文化和旅游部、国家乡村振兴局等多个部门发布了《关于推动农村客运高质量发展的指导意见》。意见明确指出要"扩大农村运输在乡村旅游重点村、镇和农村旅游景点的覆盖范围，打造精品旅游客运线路，保障乡村旅游目的地便捷高效通达"，在加大专项投资补助力度的同时，将其纳入各级政府的工作考察清单。2021年10月，农业农村部在《关于推动脱贫地区特色产业可持续发展的指导意见》中指出，要"拓展农业功能价值，打造一批全国乡村旅游重点村镇和我国美丽休闲乡村"。再次强调了乡村旅游重点村（镇）创建对于脱贫地区在巩固脱贫攻坚成果方面的重要作用。同年10月，农业农村部在《关于推动脱贫地区特色产业可持续发展的指导意见》中指出，要"拓展农业功能价值，打造一批全国乡村旅游重点村镇和我国美丽休闲乡村"。再次强调了乡村旅游重点村（镇）创建对于脱贫地区在巩固脱贫攻坚成果方面的重要作用。2021年11月，国务院下发《关于"十四五"推进农业农村现代化规划的通知》，指出要"优化乡村休闲旅游业，依托优势资源，建设一批乡村旅游重点村镇"。加快农业农村现代化进程是在新时期、新阶段我国对于"三农"工作做出的重要指示，乡村旅游重点村镇的创建是发展乡村新产业新业态的重要抓手，是实现农业发展、农民增收的重要手段。2021年12月，国务院下发《关于"十四五"旅游业发展规划的通知》，通知指出，要"丰富以乡村旅游重点村镇等为代表的优质旅游的供给，规范发展乡村旅游"，对各地因地制宜开展重点村镇建设提供了很好的启示。2023年2月，中共中央、国务院下发《关于做好2023年全面推进乡村振兴重点工作的意见》。意见指出，要"持续加强乡村基础设施建设，推动与沿线配套设施、产业园区、旅游景区、乡村旅游重点村一体化建设"。2023年2月，浙江省政府第三次常务会议审议通过《浙江省乡村旅游促进办法（草案）》，提出要注重集群化发展，支持创建乡村旅游重点村镇、景区村镇、等级乡村民宿等品牌，发挥典型示范和引领带动作用。2023年3月，文化和旅游部下发《"美好乡村等你来"乡村旅游数字提升行动方案》，指导开展乡村旅游重点村镇数字能力建设培训，探索"乡村旅游+数字经济"新路径，为行业复苏、乡村振兴提供新动能。2023年4月，工业和信息化部、文化和旅游部联合下发《关于加强5G+智慧旅游协同创新发展的通知》。通知强调要加快建设5G+智慧旅游样板村镇，重点加强全国乡村旅游重点村镇和乡村旅游资源丰富地区的5G网络覆盖，推进5G乡村旅游资源和产品数字化建设，探索5G+乡村文化、5G+民俗风情等新型表现形式，助力乡村振兴。

地方一级也积极响应国家的宏观政策，纷纷出台相关文件做出工作指示。2022年3月，安徽省发展和改革委员会等14部门下发《关于安徽省促进服务业领域困难行业恢复发展若干政策措施的通知》，支持符合条件的旅行社、民宿、乡村旅游重点村等承接省内疗休养业务。支持符合条件的旅行社及相关运营机构等承接研学服务业务。2022年11月，在党的二十大召开的背景下，广西文化和旅游系统提出将着力推进全国、全区乡村旅游重点村镇建设，推动乡村旅游从资源驱动向创新驱动转变。2023年7月，河北雄安新区印发《关于做好2023年全面推进乡村振兴重点工作的实施方案》，强调要不断发展农村新产业新业态，重点支持国家级、省级乡村旅游重点村发展。

三、乡村旅游重点村（镇）遴选标准、遴选程序、管理和支持

根据文化和旅游部办公厅、国家发展和改革委员会办公厅《关于做好第三批全国乡村旅游重点村镇　遴选推荐工作的通知》附件一《全国乡村旅游重点村镇名录建设工作方案》，全国乡村旅游重点村（镇）遴选标准、遴选程序、管理和支持如下。[①]

（一）遴选标准

1. 全国乡村旅游重点村遴选标准

（1）文化和旅游资源富集、开发合理。有一定规模或独特的文化和旅游资源，资源类型丰富，组合关系良好，观赏游憩价值较高，具有一定的历史价值、文化价值或科学价值。人文资源与自然资源融合度高，能够体现地域特色、民族风情和乡土风貌。乡村旅游开发主题定位明确，走特色化、差异化发展之路。

（2）乡村文化传承保护、转化发展较好。文物古迹、传统村落、民族村寨、传统建筑、农业遗迹等文化遗产得到科学、妥善的保护，有非物质文化遗产项目的，应有完备的非物质文化遗产保护工作制度和措施。有文化展示体验空间，能够提供村史展示、文化展览、主题讲座、互动项目等丰富的文化展示体验内容。能够保持乡村原有建筑风貌和村落格局，把民族民间文化元素融入乡村建筑、景观设计，新建建筑与原有风貌协调统一，重塑诗意闲适的人文环境。乡村旅游助力乡村文化振兴成效显著，群众文化活动丰富多彩，农民精神风貌较好，展现文明乡风、良好家风、淳朴民风。

（3）旅游产品体系成熟、品质较高。已开发出观光度假、农事体验、民俗文化、休闲游憩、乡村民宿、特色美食、节庆活动等类型多样、具有独特风格的成熟旅游产品，以旅游开发带动乡村产业振兴。旅游产品开发与乡村特色产业、特色文化资源结合紧密，弘扬社会主义核心价值观，具有较强的参与性、互动性和体验性。能够深入挖掘乡村文化的价值内涵和符号元素，开发艺术性和实用性有机统一、适应现代生活需求的文化创意产品和旅游商品。

（4）乡村民宿建设主题突出、规范有序。能够依托当地自然和文化资源禀赋发展特

[①] 文化和旅游部办公厅　国家发展和改革委员会办公厅关于做好第三批全国乡村旅游重点村镇遴选推荐工作的通知[EB/OL].（2021-06-09）[2023-12-20］. https://zwgk.mct.gov.cn/zfxxgkml/zykf/202106/t20210615_925208.html.

色乡村民宿，注重创意设计，凸显地域、民族文化特色。尊重原住居民生活形态和传统习惯，防止大拆大建、千村一面和城市化翻版、简单化复制。环境整洁舒适、设施设备完善、服务接待规范。

（5）生态环境优美宜居。严格规划建设管控，有自然生态系统保护制度或具体措施。村内各项设施设备符合国家关于环境保护的要求，不造成环境污染、自然资源破坏和其他公害。乡村建设与地形地貌有机结合，融入山水林田湖草等自然要素，彰显优美的山水格局和自然景观特色。人居环境良好，村容村貌整洁，有必要的垃圾、污水处理设施，通过发展乡村旅游带动乡村生态振兴。

（6）基础设施和公共服务较完善。外部交通通畅，进出便捷或具有旅游专线，交通标志、路灯、停车场等交通设施完备，内部游览线路设计合理，与景观环境相协调。有信息咨询、智慧旅游、旅游投诉、宣传展示、公共休息、便民服务等公共服务设施。村内公共厕所布局合理，数量能够满足需求，标识醒目美观，环境干净卫生。公共服务设施管理有序，经营场所服务规范，服务人员文明礼貌、仪容得体。

（7）体制机制完善合理、运营高效。基层党组织在乡村旅游发展中发挥领导核心作用，能够整合村民委员会、集体经济组织、农民合作社、企业、行业协会等力量统筹推进乡村旅游发展，促进乡村组织振兴。村民能够以土地、林权、资金、劳动、技术、产品等要素参与乡村旅游发展，收益分配机制科学，能够有效保障村民合理收益，巩固脱贫成效、带动增收致富效果较好。

（8）带动创业就业、经济社会发展等效益明显。能够较好吸纳本地村民就业，开展乡村旅游培训，提升村民综合素质。采取积极措施，吸引大学生、返乡农民工、专业艺术人才、青年创业团队等能人创客返乡创业，带动乡村人才振兴。利用多种媒体和渠道开展宣传推广和营销，打造乡村旅游品牌，提升乡村整体形象。能够在宣传营销、预订交易、管理服务等方面充分利用互联网等高新技术，发展智慧乡村旅游，助力数字乡村建设。

2. 全国乡村旅游重点镇（乡）遴选标准

（1）乡村旅游规划合理、定位清晰。有单独制定的乡村旅游发展规划，或在旅游规划中有完整独立的乡村旅游内容。规划符合当地实际，尊重村民发展意愿，统筹生产、生活、生态布局。乡村旅游发展规划与国土空间规划、村庄规划、土地利用总体规划等相衔接，落实生态保护红线、永久基本农田、城镇开发边界以及各类海域保护线。乡村旅游发展定位明确合理，文化内涵丰富、主题特色突出、品牌形象鲜明，镇村旅游产品互为补充，能够发挥乡镇连城带村的衔接功能和工商资本强、设施配套好、人才储备足的要素优势，服务带动乡村旅游发展，实现乡村旅游"规划在镇、建设在村、增收在户"。

（2）文化底蕴深厚、生态环境优美。区域内有传统村落、文物保护单位、历史文化街区、历史文化名村名镇、传统建筑、非物质文化遗产等文化资源，传承保护有序、开发利用合理。有节庆活动、文化场馆、文化景观等文化传承载体，形成独特的文化形象。践行"绿水青山就是金山银山"理念，生态环境保护较好，山水林田湖草有机协调，城乡环境卫生整洁、村容村貌优美宜居。乡村旅游发展能够挖掘文化内涵、彰显乡愁特色，保留乡村独特景观特色和历史文化脉络，新建建筑与原有风貌协调统一，避免大拆大建和破坏生态环境。

（3）乡村旅游集聚融合发展特征明显。乡村旅游年接待人次高于省内平均水平。有至少1个全国乡村旅游重点村和2个省级乡村旅游重点村，有2条以上乡村旅游主题线路，有10家以上乡村民宿，有夜间游览体验项目。有体现地方产业和文化特色的文化创意产品和旅游商品，有经营规范的旅游购物场所。乡村旅游业态类型丰富、特色鲜明、品质优良，能够满足游客多样化、品质化需求。乡村旅游与当地特色产业结合紧密，能够带动当地特色种养业、农产品加工业、特色文化产业、商贸服务业等一二三产业融合发展。

（4）乡村旅游促进城乡融合、基本公共服务均等化效果较好。交通基础设施布局合理，外部通达性较好，乡镇、交通干道与乡村旅游景区（点）之间道路联通较好。有步行、骑行等慢行系统，与公共交通系统衔接较好，交通标识系统设计美观、统一规范，具有地方特色。智慧乡村旅游发展水平较高，行政村宽带网络、4G信号实现全覆盖，能够有效运用互联网提供信息资讯、宣传推广、预订交易等服务。水、电、气、公共照明、广播电视、旅游厕所、垃圾污水集中处理等公共基础设施能够有效向乡村地区延伸覆盖。电子商务物流、仓储、配送体系健全，能够满足游客购物需求。乡镇应设有位置合理、设施完善、服务齐全、彰显特色的游客服务中心，或有其他提供旅游公共服务的场所。统筹考虑城乡居民、旅游发展和返乡创业需要，合理布局教育、医疗卫生、文化体育等公共服务设施，在基本公共服务均等化方面发挥乡镇连接城市、服务乡村的作用。

（5）乡村旅游促进政策体系完善。有保障乡村旅游用地的相关政策，能够通过乡村全域土地综合整治，集体经营性建设用地入市，盘活闲置建设用地、宅基地和农房，开发未利用和再利用土地等方式支持建设乡村旅游设施和项目。有支持乡村旅游发展的财政资金政策，通过设立旅游发展专项资金或统筹整合涉农资金支持乡村旅游发展。有优化乡村旅游发展营商环境，鼓励乡村旅游投资创业的政策措施，能够有效激发乡村旅游创业活力和就业潜力。在乡村民宿证照办理方面有便捷高效的准入机制，有较为完善的乡村民宿事中事后监管机制和发展引导政策。乡镇政府近两年有实施乡村旅游消费惠民活动、人才培训项目、宣传推广活动等配套举措，有效塑造乡村旅游品牌形象。

（6）乡村旅游管理协调机制健全高效。乡镇党委、政府在人力、物力、财力投入方面为乡村旅游发展提供保障。乡镇旅游主管部门职责分明、制度健全，能够有效协调旅游发展与社会治理之间的关系，推动形成共建共享、和谐相处的社区和乡村治理格局。旅游市场秩序良好，有较为健全的旅游安全责任制度和应急管理预案。能够指导乡村旅游经营主体建立健全多元利益联结机制，保障农民收益。在财政资金或旅游发展收益中能够拿出一定比例投入自然和文化资源保护，实现可持续发展。

（二）遴选程序

申报全国乡村旅游重点村镇应当提交以下材料：

（1）申报表。

（2）申报报告。

（3）宣传图片或视频。

提交的宣传图片和视频将视为授权主管部门在宣传推广工作中使用，请申报单位协调解决好版权问题。

申报单位组织村镇编制申报材料，报地市级文化和旅游、发展和改革部门确定。

地市级文化和旅游行政部门会同同级发展和改革部门根据遴选标准择优确定后，向各省（区、市）文化和旅游厅（局）、发展和改革委员会提出申请。各省（区、市）文化和旅游厅（局）、发展和改革委员会择优确定省级乡村旅游重点村镇名录。

各省（区、市）文化和旅游厅（局）会同同级发展和改革委员会从省级乡村旅游重点村镇名录中择优确定全国乡村旅游重点村镇推荐名单，以适当方式进行公示后联合推荐至文化和旅游部、国家发展和改革委员会。

文化和旅游部会同国家发展和改革委员会通过组织专家评审等方式对各省推荐的村镇进行复核，经公示后确定列入全国乡村旅游重点村镇名录的名单。

列入名录的全国乡村旅游重点村镇，由文化和旅游部、国家发展和改革委员会联合发文确认，并由文化和旅游部授予全国乡村旅游重点村和全国乡村旅游重点镇（乡）标识牌。

各级报送推荐名单应适度向乡村振兴重点帮扶县、革命老区、边境地区、民族地区倾斜。

(三) 管理和支持

文化和旅游部建立全国乡村旅游重点村镇信息报送平台和监测工作体系，对全国乡村旅游重点村镇发展情况进行监测。各省（区、市）文化和旅游厅（局）指导全国乡村旅游重点村镇按时如实填报有关数据，并对报送的数据和信息进行审核。

文化和旅游部会同国家发展和改革委员会，通过实地调查、第三方机构评估、社会监督等方式，适时对全国乡村旅游重点村镇开展考核评估，建立"有进有出"的动态管理机制。经调查核实有下列情形之一的，由文化和旅游部、国家发展和改革委员会撤销"全国乡村旅游重点村镇"称号，并收回标识牌：

（1）旅游产品内容违背社会主义核心价值观。
（2）因管理不善造成自然和文化资源破坏、生态环境退化。
（3）旅游市场失范，造成严重不良影响。
（4）发生重大旅游安全事故。
（5）侵犯农民合法权益，造成严重不良影响。
（6）在遴选过程中弄虚作假，违反遴选程序和工作纪律。
（7）连续两年未按时报送数据信息。
（8）其他经主管部门确认不符合标准的情形。

文化和旅游部、国家发展和改革委员会协调相关部门，积极优化整合现有资源，在旅游规划、创意下乡、人才培训、宣传推广、金融支持、项目对接等方面对全国乡村旅游重点村镇予以支持。鼓励各地利用各类资金渠道对全国和省级乡村旅游重点村镇进行支持。

第五章 乡村旅游重点村（镇）融资模式分析

乡村旅游的蓬勃发展在很大程度上取决于不断优化和升级的投融资模式。然而，由于乡村的天然地理位置劣势，乡村旅游的投融资面临一定的限制，这对乡村旅游产业的健康发展产生了影响。因此，采用因地制宜的投融资方式对于乡村旅游的发展至关重要，它可以为乡村旅游的可持续发展提供坚实的基础和保障。乡村旅游的投融资模式是其发展的关键。研究乡村旅游的投融资问题能够有效化解乡村旅游中所牵涉的各种利益关系，妥善处理各利益主体间的博弈与争端，实现乡村旅游利益更加透明、公平、高效地分配，从而推动乡村旅游的可持续发展。

目前我国乡村旅游投融资方式主体多元化、形式多样化。就投融资主体而言，政府部门在乡村旅游的投融资过程中扮演着主导角色，其能够在最大限度上推动乡村规划和基础设施建设，因而始终处于主导地位。政府牵头中国银行、中国农业银行等为乡村旅游提供资金。旅游公司在乡村旅游的投融资过程中充当主体地位，对乡村旅游发展有着关键作用。第一种是与国有企业、政府部门合作衍生出的旅游企业，该类企业在乡村旅游发展中遵循可持续发展原则，以合理、长远开发为导向可以有效确保乡村在发展旅游过程中环境不被破坏、风俗不被侵蚀。第二种是外来投资商所成立运营的旅游公司，这类企业在乡村旅游的运营过程中过分追求眼前利益，忽视生态环境保护和当地习俗的传承，对乡村旅游目的地产生不利影响。第三种是社区居民或村集体开办的个体户或者集体所有制的旅游企业，该类企业由当地人承办，既能保证当地就业以及经济的发展，又能为游客提供更加原真的乡村旅游体验，但资金筹集方面不如上述两种类型的企业。社区居民作为乡村旅游的主要参与者，尽管有较高的积极性但处在弱势地位，拥有资金少，发言权小，抵御风险的能力弱，社区居民参与乡村旅游投融资方式单一。而以上三种主要乡村旅游投融资参与主体都无法独立有效地承担乡村旅游的开发建设。

基于以上分析，本文将乡村旅游重点村（镇）的融资模式分为三个方面进行讨论：一是政府直接参与、国有资金介入的投融资模式；二是社会资本参与的投融资模式；三是政府与社会资本合作的投融资模式。

一、国有资金介入下的乡村旅游重点村（镇）的投融资模式

拥有得天独厚自然资源的乡村自然风光保存完好、人文风俗独具特色的乡村基础设施条件较为落后，缺乏外来投资者的支持，存在投资难度大、回报期长、市场效益低等问题，此时国有资金的介入极大缓解了当地基础设施落后无法吸引资金进入的困局，为乡村旅游发展按下"总开关"。

（一）政府直接参与

政府直接参与是指地方政府对乡村旅游进行直接投资，并主导乡村旅游的发展。政府几乎包揽所有方面，不仅在基础设施建设方面有所投资，而且在宣传、规划、事后维护等方面投入大量资金。政府投资分为当地政府投资和上级政府投资。上级政府投资主要集中在基础设施建设上如交通、供电、排水、环保等方面，属于非经营性的投资，主要是政策扶持。当地政府多投资于经营性项目，比如建设一些民俗馆、打造一些特色民俗活动体验等，依靠旅游景区门票收入和部分的经营项目收入。

政府直接投资多发生在经济欠发达地区的乡村，这些地区居民生活大多贫困，不仅没有经营性的建设项目，甚至一些日常活动的基础设施的需求都无法得到满足。而基础设施条件的改善是发展乡村旅游的重要保障，没有基础设施条件的完善后续乡村旅游活动将无法开展。此外，乡村基础设施的建设并不会带来直接的经济效益，因此社会资本没有动力进行基础设施的改善，此项任务只能由政府来承担。所以对于欠发达地区的乡村来说要发展乡村旅游，政府投融资是乡村经济腾飞的第一步。

政府直接参与投融资具有以下优势：首先是对当地基础设施的优化，改善居民的生活环境，提高当地居民对于开展乡村旅游的热情并促使其参与乡村旅游建设的过程，助推乡村旅游的进一步发展。其次，政府直接投资是一种政策风向，可以在一定程度上吸引外来资本的投入。政府投资的带动性强、辐射面广，政策风向起到表率作用，让外部投资商们看见投资的机遇，从而降低投资商们对于其他可供选择的项目产生投资兴趣。最后，政府直接投资乡村旅游有利于克服某些私人投资为追逐利益最大化所产生的对乡村生态以及人文的不利因素和发展障碍。

政府直接参与投融资具有以下弊端：首先，政府直接投资的资金来源于当地财政收入，各地政府的财政实力不同且乡村旅游投资数额巨大，政府财政紧缩不仅不利于当地经济发展，而且对于乡村旅游的发展难以形成规模化的影响。其次，政府投资多用于基础设施建设，资金回报期长且依靠单一的门票收入难以为继，政府在乡村旅游方面的投

资具有较大的市场风险[①]，一旦资金长期无法看到收益，那么政府在其他公共事业方面的投入将会减少，可能影响到当地民生。除此之外，若采用政府投资方式，对政府资金依赖性强，融资形式单一且有限。最后，政府投资的效益明显不如社会资本的投资效益，且政府投资需要经过层层审核，手续繁杂、市场化运作水平低。

总之，由于资源的国家属性，政府在乡村旅游发展过程中要充分发挥其管制、规范和引导作用。政府直接加大投资乡村旅游，从好的方面看，可以有效控制乡村生态环境被破坏等问题；从不利的方面看，单一的政府投资无法形成合力扩大乡村旅游的规模和市场化。因此，公益项目可以由政府直接投资，而商业化项目需要放手给社会资本去运营。二者形成合力，方能确保乡村旅游的迅速发展。

（二）国有企业参与

国有企业参与主要是指国有金融机构对乡村旅游进行政策性金融、商业信贷和保险支持的金融服务。国有金融机构的参与分为两种：一种是为企业、社区居民以及村集体等提供诸如信贷、保险等金融服务；另一种是国有金融机构直接参与乡村旅游的开发建设，投资于乡村旅游业。对于第一种情况而言，一方面，乡村旅游由于自身实力较弱，发展的条件较差，市场竞争力不强，往往不符合银行的业务准则，因此难以获得贷款的支持。另一方面，银行在实行资产负债比例管理之后，为规避风险，对于风险较高的项目很难发放贷款，而旅游业具有高度不确定性，受到季节、天气、政治等因素的干扰较大。因而银行在评估风险之后往往不愿意在乡村旅游上投入资金，这使得乡村旅游发展获得资金更加困难，同时层层审批、烦琐的流程、较长的时间等也无形中增加了成本，影响贷款的发放。

国有企业参与可以有效解决上述问题，为乡村旅游的发展按下"加速键"。首先是政策性金融支持，政府牵头例如中国银行、中国农业银行、中国建设银行等围绕乡村旅游制定一系列的优惠措施。如建立乡村旅游专项建设资金用于旅游开发项目的贷款担保、贷款利息补贴等；农村信用社和农业发展银行发放利率低周期长的优惠贷款；放宽门槛增加额度，向"老少边穷"地区倾斜。其次是保险支持，旅游业的脆弱性在乡村旅游上更加凸显，受限于自然环境风险较高的乡村旅游需要保险的支持。保险对乡村旅游的支持主要有两种方式：第一种是为乡村旅游的开发者提供保险[②]，开发者多为当地中小型旅游企业和农户，项目前期的投入大、资金回收期长，预期收益具有很大不确定性，传统的保险没有相关的此类业务，因此国有金融机构可以积极应对建立专项保险基

---

① 黄郁成，张国平，李金波. 乡村旅游投资主体关系研究［J］. 旅游学刊，2007（06）：75-79.
② 谢欣. 乡村旅游的金融支持分析［J］. 江西金融职工大学学报，2008（01）：56-57.

金用于对一些高风险项目的开发担保和补偿；此外，建立环境保险制度也可以为乡村旅游在发展过程中造成的不可避免的环境伤害做出事后补偿。乡村旅游因其所在地远离城市，环境问题遭到忽视，所以建立环境保险制度能够确保在环境承载力范围内进行乡村旅游的开发和运作，实现乡村旅游的可持续发展，在顾及经济效益的同时保障了社会效益和环境效益。

对于国有企业直接参与乡村旅游开发与政府介入乡村旅游发展之间存在一些共通要点。它们在以下方面发挥着重要作用：首先，它们都具备示范作用，引导商业性信贷的积极支持，从而为乡村旅游的可持续发展提供坚实基础。这有助于确保乡村旅游在经济回报和生态文化保护之间取得平衡，避免了过度追求经济利益最大化可能对当地生态和文化造成不可逆转的损害。其次，国有金融机构的介入，不仅提供了可靠的资金来源，还支持了一系列资金需求巨大、回报周期较长的项目。最后，金融机构在财务管理方面具备专业知识和经验，使得项目投资收益的预测更为科学和合理。如中国旅游集团旗下的银行焦作中旅银行在河南省围绕观光农业、乡村精品民宿如花间堂、途窝、趣住、青芒果等项目共给予 4.5 亿元的授信；利用行业优势联动驴妈妈、海昌集团、腾邦国际等多家旅游核心企业不断让乡村绿水青山创造价值；利用银行自身公信力强、客户群体较为优质等天然优势，积极运用线上、线下渠道宣传手段带动银行客户到乡村旅游消费，既能有效降低乡村目的地营销宣传成本，又能扩大宣传的覆盖面，为乡村旅游目的地拓宽引流渠道。同样地，建设银行浙江绍兴市分行也一直以来都在积极参与绍兴旅游业的发展。三年来，总投资额逾十亿元，项目涉及旅游景区、交通、通信、宾馆饭店、娱乐等领域，其中，对绍兴柯岩风景区的投资就是一个很好的例子。

二、社会资本介入下的乡村旅游重点村（镇）的投融资模式

（一）企业直接投资

企业直接投资是一种较为传统的由社会资本参与的投融资方式，主要是通过政府招商引资实现的，其中，企业投资是最主要的投资支撑。一般而言社会资本具有逐利性的特征，我国乡村旅游资源分布不均衡，投资布局也存在一定的地域性，东部地区的投资规模较大，企业投资存在盲目性和短视性。此外，西部地区由于受到人为干扰较少，目前西部大部分地区旅游资源充沛且具有得天独厚的优势，社会资金流向乡村地区有利于旅游产业的均衡和全面发展。

在乡村旅游开发和经营中，参与的企业通常可分为三类：首先，与资源管理部门合并或由其派生的旅游企业；其次，外部投资者投资和经营的企业；最后，由当地社区居

民开办的个体户或集体所有制的旅游企业。鉴于本文的分类原则，我们将专门讨论最后一类，即社会资本介入下形成的旅游合作社和社区居民个体参与乡村旅游投资。这些不同类型的企业在参与经营过程中拥有的资源、服务和利益都各不相同。总体而言，它们处在一个不公平的竞争环境，最大限度追求经济利益是旅游企业的首要目的。在这一驱动下，它们通常不会将当地社区居民的利益、生态环境、文化传统等方面置于首要考虑之列。根据我国当前的政治经济体制，乡村旅游资源通常归属于国有。企业可以通过两种方式获得乡村旅游资源的使用权：一是购买经营权，二是与当地政府、村集体、社区居民以资金、资源、劳动力等方式合作，采用股份制开发。在这种合作模式下，企业与社区居民按照股权比例共享资源的占有权、使用权、处置权和收益权等。

买断经营权又称"经营权转让"，是通过有偿的方式将景区经营权在一定年限内转让给景区开发经营者进行有序开发和建设的一种旅游业经营制度[①]，如马来西亚一家公司通过该种方式获得了武陵源风景名胜区宝峰湖60年的经营权、国家AAAA级旅游区"大金湖"将30年经营权转让给福建新恒基集团和福建省煤炭工业有限公司等。在该种制度下，企业的收益与客流量成正比。随着未来游客流量的增加，企业将获得更多收益，这将对企业形成激励。通过专业化的经营管理，企业迅速提高了景区的知名度、市场影响力和旅游产业规模，带来了积极的社会、经济和生态效益。这在一定程度上缓解了旅游项目投资回报周期较长的问题，激励企业将资金投入乡村旅游开发，同时避免了当地政府财政紧张、社区居民资金短缺以及经营管理水平低下的困境。然而，一些投融资企业在进入乡村旅游行业后迅速进行了房地产方面的投资，与以旅游带动经济发展的初衷背道而驰。

股份制是指两个或两个以上的利害关系人通过自愿结合的方式而形成的一种企业组织形式。采用股份制的形式经营乡村旅游景区是目前比较常见的方式，一种是多种不同利益诉求的主体结合在一起相互协助，组成股权结构。如当地政府—企业—社区居民股权结构，当地政府将土地使用权、文物保护单位等入股，企业投入资金以及管理、运营模式，社区居民则以劳动力、特有的风俗、民俗活动等入股，由于这种类型涉及多个主体，是非单一形式投融资，由此在本部分不做详细介绍。另一种是具有同种利益诉求的利益相关群体结合在一起，如不同的企业以股份制的形式经营，根据出资多少决定股权的分配。在这种制度下多个民营企业的资金结合起来具备大型项目建设的能力，为实现利润的最大化，各个企业在筹集资金、广告宣传等方面借力可实现政府投资所无法企及

---

① 鲁明勇.乡村旅游投融资及利益分配研究[D].长沙：湖南农业大学，2011.

的效果，对乡村以及景区的知名度得到极大的提升。但是民营企业的投资存在盲目性、低水平建设、过度竞争以及行为短视等问题。此外，粗放式的经营开发、漠视环境的破坏性、过度开发将加剧资源浪费问题，过度包装损坏文化的原生性与真实性，严重影响文化的发展和传承。

（二）居民自主投资

居民经营制度是一种乡村旅游资源充足且独特的制度，它涉及村民自主融资、主动投资、自我经营管理以及自行承担风险。例如，在乡村地区，农家乐和民宿通常由社区居民自主经营。近年来，居民自筹资金投资模式迅速发展，因为社区居民看到了旅游业带来的经济效益，因此他们更积极地参与旅游开发投资。这种投资方式类似于企业投资，社区居民在其中扮演自主创业者的角色。与企业投资不同的是，这种模式没有改变旅游资源和产品的产权关系，旅游资源的所有权、处置权和收益权基本保持不变，即使有一些内部调整也不会改变旅游产权的本质。此外，社区居民不仅是乡村旅游地形象的传播者，也是形象的创造者，其态度和行为与游客的旅游体验、旅游质量以及旅游目的地的感知和印象有着直接的关系。

社区居民自主投资乡村旅游首先可以提高当地的就业率，许多在外务农的乡村居民可以回到自己的家乡参与景区的开发经营，或者在景区附近开设一家餐厅、一家民宿等。其次，乡村旅游带动了乡村收入的增加，极大改善了乡村福利，农家乐、民俗情加快了乡村脱贫致富的步伐，进入建设和美乡村的快车道。最后，当地群众在自家门口吃上旅游饭，主人翁意识增强，自我投入和保护意识也随之增强，在自我意识和利益驱动的双重因素驱使下村容村貌不仅没有遭到破坏，还对一些历史文化积淀深厚的乡村民俗文化进行了二次创新，将自然景观同民族特色文化有机结合起来展现新时代的新风采，对乡村旅游的发展起到积极助推作用。

应当指出的是，虽然人们积极性得到了激发，但是社区居民并没有参与更高层次的旅游活动，比如参与旅游开发与规划、参与旅游决策和旅游企业的经营与管理等。社区居民仍处于被剥夺了土地和资源的相对劣势地位，他们的生活环境被入侵而自己本身很少在这个过程中获益，没有得到应有的尊重和重视，这种相对剥夺感可能造成当地居民对于开发乡村旅游的不配合，对政府失去信任、出现不满甚至是排斥，对游客的态度也从一开始的热情转化为厌恶和反感。此外，一方面社区居民自主经营下，由于居民缺乏专业知识和技能，更缺乏资金，所以只能开发一些小投资、小规模、低品质的旅游景点，在资本市场上缺乏同大企业同台竞争的实力。另一方面社区居民自主投资不注重人才的培养、管理水平的落后等使得经营的项目难以为继。最后，受到市场经济和现代文明的冲击，原本纯朴善良、热情好客的乡村居民变得商业化"唯利是图"，当地向导发出："经济是你们（游客）带动的，人（当地居民）也是你们教坏的"的感慨。向老乡讨口水喝收费、在大门口拍一张独具风情的照片收费，甚至和小朋友交流也会被伸手索要费用，市场化的运作与民俗文化的原生态之间产生冲突。

（三）集体出资形成乡村旅游合作社

集体出资形成乡村旅游合作社是企业投资的另外一种形式。由于社区居民自主型的投融资活动是在自然状态下单户出资、个体经营的形式，这种无序竞争的状态下，居民之间存在着恶性价格竞争、口角甚至斗殴现象。同时"宰客"行为频频发生、服务质量不高，所有种种导致经营主体的营利水平不高，资本积累和扩大规模难度很大，抵御风险的能力也不强。此外，旅游资源的使用往往会走向"公地悲剧"，所以单户出资、个体经营的方式不利于乡村旅游产业的长远发展，在这种情况下，乡村旅游合作社是一种相对比较好的选择。

乡村旅游合作社是指由村民根据相关法律法规，以本地旅游资源为基础，共同所有、民主管理的，进行旅游服务和其他有关活动的一种经济组织[①]。这种模式下的乡村旅游投资克服了单个居民投融资下的无组织性，使得分散的资金聚集起来，克服了一家一户的小农经济弱点，产生良好的经济效益和社会效益。首先，乡村旅游合作社把社区居民聚集在一起，进行资源的整合，既能促进产业的规模化发展，又可以丰富经营项目，拓展产业链条，为社区居民提供更多收入来源。其次，成立乡村旅游合作社可以通过建立统一的服务规范，培育当地居民的服务意识，提升他们的服务品质，从而有助于打造出一个独具当地特色的品牌。乡村旅游合作社牵头人为居民信任、尊敬或在村中有威望的人担任，这样一来合作社的整体行动比较一致，当地的资源可以有效利用，避免了居民单打独斗、互相之间恶性竞争、对资源的"划地占有"破坏生态完整性的现象发生。再次，乡村旅游合作社把社区居民团结起来，一方面增强了居民在产业链中的地位，另一方面也增强了社区居民相对于政府、金融机构的谈判能力，提高了居民在重大决策中的影响力和可信度。最后，建立乡村旅游合作社增强了居民的民主监督、管理制度、居民权利的意识，有利于建立我国的继承民主制度[②]。同时，"面对面社会"中亲缘关系、邻里关系等乡土人情的影响，合作社往往会帮扶老弱病残孕等弱势群体，这不仅能有效宣传乡村旅游的人文情怀，还可以积极响应社会主义核心价值观。

---

① 阳宁东，邓文.农民专业合作社在乡村社区旅游中的运用[J].农村经济，2012（03）：125-128.
② 周永广，姜佳将，王晓平.基于社区主导的乡村旅游内生式开发模式研究[J].旅游科学，2009，23（04）：36-41.

然而，乡村旅游合作社在实施过程中存在着许多问题。第一，很多村民在筹建乡村旅游合作社时，仅仅是想拿到政府补助的资金，合作社只是徒有其表，并没有发挥任何实际的效果①。第二，乡村旅游的投资本身的不确定性让自有资金不足的居民望而却步，且居民的短视行为也会影响到投资的积极性，所以合作社筹集到的资金有限，营利能力和抗风险能力有限。同时不少居民并不信任合作社或对于合作社的领头人、合作社的管理模式、利润分配方式、统一制定的规范不满，依旧选择用自己的方式来赚取或合理或不合理的乡村旅游收益。第三，乡村旅游合作社在成立后，小农意识的消极作用十分明显，居民把产业的发展全部推给合作社而在利润分配的时候又要尽可能地分配更多而不愿意进行公共积累，盈余资金的不足导致公共设施难以建立，不利于行业竞争，乡村旅游发展滞后。第四，有些合作社的控制权完全被村民委员会主任、村支书等控制，任人唯亲且居民误以为就是此种行政化机构缺乏主人公意识，合作社的利润及项目的建设可能被个别人中饱私囊。第五，合作社成员的来源单一化虽然避免了外来资本攫取当地人利益，但也在一定程度上限制了整个组织的发展，成员的受教育水平较低、观念落后，因此在产品开发、宣传推广、品牌打造等专业化方面不具备优势，整体效益较低，以至于部分居民看不到收益而退出合作社，从而造成恶性循环。第六，当地政府在财政、税收、信贷等方面没有足够的支持力度，很难让乡村旅游合作社顺利发展起来②。

（四）外商投资

我国旅游投资主体基本上实现了多元化。就乡村旅游投融资方面，外商资本注入较少，外资在我国旅游投资中占有重要的份额，其资金流向由沿海向内地延伸，档次结构全面均衡③。外商的投资来源呈现多样化的趋势，以港澳、美国、新加坡、日本、韩国等投资为主。

外商投资对我国旅游业产生了积极影响。一方面，我国拥有广阔的国土、丰富的资源和壮丽的自然景观，吸引着全球关注；另一方面，我国综合实力不断增强，吸引了资本的积极注入，促进了我国经济的发展。例如，一家美国公司在2014年投资50亿元兴建了重庆市黔江区的黔江大峡谷，他们致力于设计旅游景点，遵循生态保护、宜居环境、低碳休闲的理念。这一项目吸引了大量游客前来参观。此外，庐山被联合国教科文组织评定为文化遗产和世界地质公园，同时也是国家AAAAA级旅游景区和文明旅游风景区。曾经，英国人在庐山建造了众多欧式风格的别墅，如今，这些别墅代表了不同国

---

① 孟铁鑫.我国乡村旅游合作社建设存在的问题及发展对策[J].江苏农业科学，2014，42（03）：421-422.
② 柏杨.农民专业合作社：发展农村地区旅游业的必然选择[J].临沂大学学报，2011，33（04）：20-25.
③ 钟海生.旅游业的投资需求与对策研究[J].旅游学刊，2001（03）：9-14.

家的建筑风格，使庐山成为一个充满异域风情的旅游胜地，吸引着来自全球的游客。

外商投资首先利用了国际资金，弥补了国内民营企业资金短缺的问题，缓解了投资热情与投资回报背离的挫败感，与资本市场有机联系起来。其次，不论投资企业所属哪个国家，其投资的景点在该国就具备了一定的知名度，是我国境内投资者无法达到的宣传效果。再次，外商投资者具备不同的投资视角、对景区的规划与发展有不同的看法与见解，可以有效避免国内景区千篇一律的景区规划设计，同时引入不同的审美理念和生态理念为我国旅游业注入新鲜的血液。最后，外商投资者对我国境内的景区进行投资有利于我国旅游事业与国际接轨，扩大进口旅游游客数量，推动我国经济发展，避免旅游业的进出口逆差。当然需要注意的是外商投资也会带来一些问题。首先，乡村具有的独特文化与民俗在外商投资过程中可能被破坏、侵入甚至对当地的意识形态造成摧毁。有些乡村地区可能地处偏远，外商投资借用旅游投资之名对我们领土安全造成危险。其次，外商投资可能对乡村旅游理解不深、认识不全，造成投资国原有旅游规划在我国水土不服。且当地居民出于淳朴的爱国主义情怀对于外商投资有天然的抵触心理，外来资本在开发乡村旅游时举步维艰。最后，外商投资会部分抢夺我国企业的市场，使得资金外流，且外商投资者可能缺乏主人翁的情怀，对当地习俗、文化、环境、生态等造成不可逆的伤害。

三、政府与社会资本合作下的乡村旅游重点村（镇）的投融资模式

（一）BOT 模式

BOT 模式是指"建设—经营—移交"，是私营企业参与基础设施建设，向社会提供公共服务的一种方式。BOT 模式在我国又被称为"特许经营权"，是指政府将"特许经营权"下放给私营企业，允许私营企业参与建设和运营公共设施项目，并通过经营和管理获得利润回报的一种营销运作模式[①]。典型的 BOT 模式是：政府和项目公司签订合同，由该项目公司负责设计、筹资和承建某项旅游基础设施，项目公司在协议期间拥有、运营和维护这项设施，并通过收取使用费和服务费，收回投资，获得合理收益，并于协议到期时，将该设施免费转让给当地政府。BOT 模式是一种非常适合我国目前发展的生态旅游项目的方式，可以有效缓解乡村旅游项目融资难、提升项目管理水平，并可以充分调动社会资本参与的积极性。

---

① 赵艳.BOT 模式运作下乡村生态旅游项目的发展路径研究：以重庆市为例［J］.中国农业资源与区划，2016，37（10）：39-44.

(二) BTO 模式

BTO 模式，即"建设—移交—经营"，是一种旅游基础设施融资和建设的方式。在这种模式下，私营企业负责融资和设施建设，并在完成后将设施所有权（尽管实体资产仍由私营企业持有）移交给地方政府。随后，政府将长期经营合同授予私营企业，允许其通过向用户收费来收回投资并获得合理的回报。典型的 BTO 模式是：由出资单位或个人出资兴建的项目，竣工后移交给运营公司，由运营公司进行经营管理。在一定期限内投资公司与私人企业按比例分享利润或以其他方式分成[1]。该模式与 BOT 模式的不同之处在于经营和转让的顺序。在 BOT 模式中，首先进行经营，然后在收回投资并获得合理回报之后进行设施移交。而在 BTO 模式中，首先进行设施移交，然后签订合同以获得使用权力，在合同期间收回投资并获得合理利润。它是中外企业及个人经常在基础行业领域进行投资的一种方法，也是在世界范围内普遍使用的一种融资方式。在我国酒店业已经有成功的案例可供参考。将其应用于我国乡村旅游开发过程中，有助于实现"节约成本、高效办事、推动实际项目、实现重大目标"的目标。

(三) TOT 模式

TOT 模式，即"移交—经营—移交"，是一种融资方式，涉及政府部门或国有企业将已建成项目的一定期限的产权或经营权，以一定费用转让给投资者，由投资者进行运营和管理。投资者在协议期间通过业务活动收回所有投资并得到合理的回报。合同到期后，投资者再将项目交还给政府部门或原企业。在移交给外商或私营企业时，建设单位将获得资金用于其他项目的再建设。在旅游基础设施建设方面，可以由政府整体规划和建设，采取 TOT 模式吸引私营企业竞购已建成的基础设施的部分或全部产权和经营权。这种方式既能快速见效，又能将部分资金收回，投入其他的基础设施工程，使基础设施的数量和质量得到进一步的提升，从而有效地缓解了我国乡村旅游基础设施发展的瓶颈。一般来讲，无论是 TOT 模式还是 BOT 模式的项目，都是由政府"打包"运营，以利于项目的顺利执行。

(四) PPP 模式

PPP 模式是指"Private—Public—Partnership"，是政府与私人合作建设旅游项目的形式。在该种模式下，鼓励私营企业和政府进行合作，参与公共基础设施建设。通过这样一种协作方式，合作双方可以取得比预期独自行动更好的成果。当所有合作方共同参与某个项目时，政府不是把所有的责任都转嫁给私营企业，而是要让所有的参与方共担

---

[1] 钱益春. 旅游基础设施融资模式初探[J]. 特区经济, 2006(09): 241-242.

责任和分担资金的风险①。该模式最大的特点是：项目所在地政府或相关部门与投资方和经营者之间的多方协作及其所发挥的作用，减少投资风险。

以上几种模式均有国有资本和社会资本的参与，它们相互协调共同配合，拓宽了融资渠道的多样性、增加了适用范围、提高了资金的使用效率，为乡村旅游的发展提供了新的思路和指导。首先，主体多元化的筹资模式可以有效地调动社会资本对公共服务设施的投入，提高了企业的融资能力与参与社会建设的积极性。在地方财政吃紧的乡村旅游基础设施较弱地区，BOT、BTO、PPP等模式可以很好地发挥作用，可以有效调动文旅企业的积极性。相对于其他商业项目，BOT、BTO、PPP等项目由政府提出，整体风险要小，融资门槛相对也更低，这对企业尤其是中小型的文旅企业融资起到了一定的缓解作用。政府项目转交私营企业后，还可以有效地规避因行政程序而造成的低效问题，加快项目的进度与效率。其次，有效地调动民间资本，盘活存量。加强社会资本参与政府公共设施建设的规模，要盘活账上资金，充分利用资金在市场经济发展的流动性，才能让乡村旅游项目建设中的资金问题得到最大程度的解决，更好地将现有资产进行盘活，为农业及旅游经济发展做出自己的贡献。最后，提升项目操作水平和收益。在市场经济中，企业作为一种经济实体，能够根据价格和供需的变化对经营发展的方向进行适时的调整，能够很好地掌握并指导消费者的偏好，这一点是政府行政权力所不能实现的。政府在乡村旅游项目中通常不会有沉没成本的投入，也有助于改善财政资金的使用效率，为其他领域的经济发展提供更好的支撑。

以上模式进行实践的过程中风险同样存在。首先是决策风险。无论采用何种模式乡村旅游项目归根结底都是旅游项目，虽由政府规划但是也不可避免地存在一定的风险。对项目自身的发展方向与市场前景判断不准确、群众意见不充分，甚至是"拍脑门"决策，对乡村旅游市场的发展前景抱太大的希望，都会给项目带来决策风险。其次是道德风险。政府在乡村旅游建设发展过程中居主导地位，并利用自身优势地位给企业以高于市场实际预期的承诺，使企业产生一种错觉，认为参与乡村旅游项目就能获得巨大的超额利润，高估收益而低估风险，双方存在信息不对称，私营企业或社区居民易被现有信息迷惑导致决策失误，对企业投资造成损失。最后，企业借助与政府合作模式进行圈地，以开展乡村旅游为名进行收益更高的房地产开发，改变原有土地规划，而政府以及当地居民仅仅关注是否能得到足额的利润，对于企业的一些行为不加制止选择漠视，对乡村旅游发展造成负面影响。

---

① 陈俊杰，侯志茹.我国乡村旅游产业投融资研究综述［J］.吉林工程技术师范学院学报，2017，33（09）：35-38.

综上所述，乡村旅游投融资是一个涉及多个自然、经济和社会复杂因素的系统[①]，要以整体观点看待问题分析问题，明确各主体在乡村旅游发展中的作用。整体运行机制上，找到发展动力所在，确定乡村旅游合适的投融资策略。厘清国有资本和社会资本在各自功能上的差异，政府作为一个投资主体既可以直接注资也可以对企业进行监督和引导；企业在旅游投资体系中是相对自由、活跃的投资主体，一方面可以利用市场导向力来投资乡村旅游，另一方面还可以通过投资的方式来弥补市场机制的弊端；社区居民在乡村旅游发展过程中既是参与者又是受益者，既可以作为投资者进行投融资活动又可以作为消费者在乡村旅游项目中进行消费。因此，在乡村旅游投融资模式上的选择要厘清乡村旅游的利益相关者，全面投资各类投入要素，立足于乡村旅游实际情况、全面把握乡村旅游投资环境，明确使用的投融资方式以创造乡村旅游发展的"金钥匙"。

---

① 邢雅楠.旅游投资研究［D］.天津：天津大学，2011.

第六章　乡村旅游重点村（镇）建设与运营模式分析

一、乡村旅游重点村（镇）建设与运营的 PPP 模式

PPP 是一种合作模式，它涉及政府、营利企业和非营利企业在特定项目上的协同合作。在这种模式下，政府与企业可以实现互利共赢、共担风险，建立长期合作关系，以提升公共产品和服务供给能力，提高供给效率。我国关于政府和社会资本合作（PPP）模式的概念是在 2014 年 12 月 2 日由国家发展和改革委员会发布的《关于开展政府和社会资本合作的指导意见》中明确定义并指出："政府和社会资本合作（PPP）模式指政府为增强公共产品和服务供给能力、提高供给效率，通过特许经营、购买服务、股权合作等方式，与社会资本建立的利益共享、风险分担及长期合作关系。"① （发改投资〔2014〕2724 号）这一模式的运行具有三个重要特征，即伙伴关系、利益共享和风险分担。

根据指导意见的规定，政府与社会资本合作被定义为一种创新的投融资机制，对于扩大社会资本的投资途径、促进投资主体的多样化、推动混合所有制经济的发展，以及加速政府职能的改革转型，具有重要的意义。PPP 模式结合政府和社会资本的力量，通过实现利益共享和风险共担的伙伴关系，拓宽了项目融资的途径，提高了基础设施和公共服务建设的质量，有助于更快速、更优质地推进和完成项目。这一合作模式在乡村旅游发展方面具备良好的条件。在 2022 年《关于进一步推动政府与社会资本合作（PPP）规范发展、阳光运行的通知》一文中，便就地方财政部门应会同有关方面如何科学把握 PPP 模式的适用范围做出指导：对于属于公共服务领域、需求长期稳定、回报机制清晰、收益水平合理、具有运营内容的项目，可采用 PPP 模式实施，优先实施

---

① 国家发展和改革委员会.关于开展政府和社会资本合作的指导意见［EB/OL］.（2014-12-02）［2024-03-27］. https://www.gov.cn/zhengce/2016-05/22/content_5075602.htm.

具有强运营属性、具有长期稳定经营性收益的项目[①]。

乡村旅游是指发生在乡村地域，以乡村田园风情、农业生产活动、农家生活和民俗文化等自然和人文景观为旅游吸引物的休闲、观光、游览及度假活动[②]。乡村旅游的发展依托自然景观、社会古迹等公共资源，发展成效牵涉乡村居民与旅游者各方。乡村旅游为乡村振兴提供了有力的产业支持，它推动乡风文明的传承与建设，使得乡村地区的生态文明、村容乡貌向好发展，乡村旅游使得更多乡村居民收入增加、生活水平提高，使得乡村建设向快向好发展，有利于推动城乡一体化建设与共同富裕。乡村旅游具有集发展公共利益与发挥商业价值于一身的特性，在运用PPP模式进行发展的方面具有先天的优势，乡村旅游类属公共服务与基础设施建设的活动良多。随着人民生活水平的提高与城乡一体化的发展，乡村旅游越来越受到广大群众的喜爱，有着广大的市场与极高的潜力。乡村旅游的发展，离不开各方的合力支持，公私合作推进乡村旅游发展前进，是乡村旅游发展的新动向。PPP模式与乡村旅游的实际情况相契合，能够汇聚各方资源，扩大融资渠道，激发市场活力和社会创新力，进一步推动我国乡村旅游的可持续发展，为乡村振兴事业注入新动力。这一模式有助于应对近年来乡村旅游面临的问题，包括产品单一、同质竞争激烈、品牌标准化不高等挑战。因此，推广采用PPP模式发展乡村旅游是一种合理且有益的选择。

为了在乡村旅游中推广和落实PPP模式，以更加高效地为乡村旅游提供服务，相关部门已出台一系列政策来促进乡村旅游PPP模式的发展。2017年5月31日，农业部办公厅发布了《关于促进休闲农业和乡村旅游发展的政策通知》，其中明确提出支持以PPP模式来引导社会资本投入休闲农业和乡村旅游领域。此外，还有一项重要举措，即文化和旅游部与财政部联合发布了指导意见，该文件编号为文旅发〔2018〕3号，旨在更好地激励采用政府和社会资本合作（PPP）模式，以提升旅游公共服务供应水平。2019年，国务院发布了《关于推动乡村产业振兴的指导意见》，其中强调了优化乡村休闲旅游业和培育多元融合主体的重要性。另外，《金融支持全国乡村旅游重点村建设通知》进一步强调了鼓励和引导民间资本参与乡村旅游基础设施建设和运营，采用PPP、公建民营、政府信用增强、产业基金等多种方式。

乡村旅游的发展势头也逐渐加速。2019年，文化和旅游部办公厅与国家发展和改

[①] 财政部.关于进一步推动政府与社会资本合作（PPP）规范发展、阳光运行的通知[EB/OL].(2022-11-11)[2024-03-27]. https://www.gov.cn/zhengce/zhengceku/2022-11/18/content_5727758.htm.

[②] 林刚，石培基.关于乡村旅游概念的认识：基于对20个乡村旅游概念的定量分析[J].开发研究，2006(06)：72-74.

革委员会办公厅合作发布了《关于全面推进全国乡村旅游重点村名录建设的通知》，旨在快速推动该名录的建设工作。该目录的选择准则涵盖了多个方面：包括文化与旅游资源的丰富度、自然生态与传统文化保持的现状、农村客栈的发展程度、旅游产品系列的成熟和品质、基本设施及公共服务的完整性，还有乡村职业机会和经济收益的提升等元素，被录入名录的村镇必须具备这些特征。此外，全国旅游重点镇（乡）也需要满足一系列要求，包括乡村旅游规划的合理性和明确性、深厚的文化底蕴和优美的生态环境、乡村旅游集聚和融合发展的特点、促进城乡融合和基本公共服务均等化的效果、完善的乡村旅游政策体系，以及高效健全的乡村旅游管理协调机制。截至2023年，第四批全国乡村旅游重点村名录和第二批全国乡村旅游重点镇（乡）名单已经公布，这些名单的发布为乡村旅游建设提供了重要示范和引领。

PPP模式在促进乡村旅游发展方面发挥了积极作用。在全国乡村旅游重点村（镇）建设过程中，PPP模式得到了广泛应用，例如湖南省长沙县金井镇就采用了PPP模式，成功打造了茶香小镇，实现了村镇发展模式的升级与转型。具体来说，2022年11月，金龙村被列入了第二批湖南省乡村旅游重点镇（乡）名单，这个村镇以"长沙绿茶"而闻名，拥有"湘丰""金茶"两个我国驰名商标。早在2013年，金井镇政府就制定了总体规划，明确了要"建设湖湘风情的乡村都市，打造独具魅力的茶乡小镇"的总体定位。2014年初，他们启动了金井"茶乡小镇"城镇建设及旅游开发的第一期PPP项目，与社会资本方（包括湖南湘丰茶业有限公司、长沙金龙铸造实业有限公司、湖南洪山建筑有限公司等）合作，推进了金龙路改扩建、污水主管道、金脱河风光带、两型产业园基础设施、东环线扩建、东八线快速连接线、老金井景区基础设施、石壁湖公园、金井文体中心、旅游专线公共设施等多个建设项目。通过这些基础设施和旅游配套设施的建设，金井镇提升了公共服务质量，极大推动了以茶产业为特色的乡村休闲旅游业的发展，进一步推动了"特色鲜明、和谐宜居、充满活力"的特色小镇建设。此外，金井镇金龙村还积极实施"村企共建，共同富裕"的策略，发展了茶叶种植产业，借助得天独厚的自然环境和发达的茶产业，吸引了金井茶业集团、金龙智造等知名企业在金龙村投资发展，进一步促进了该地区的经济繁荣。金龙村开发了农旅和红色文化两条线路，依托本地资源打造研学基地、生态体验园与旅游接待中心、游客接待点等旅游设施，充分发挥长沙县"茶旅游线路"内在势能，进一步推动长沙县全域旅游战略的发展。2022年，金龙村被列入第四批湖南省乡村旅游重点村名单。

二、乡村旅游重点村（镇）建设与运营的 IP 模式

IP（Intellectual Property）原意为知识产权，即独特识别物，具有稀缺性价值，自带传播属性，能进行多维度价值延伸，并且具有长期生命力和巨大的商业价值[1]。旅游 IP 是指旅游业中具有知识产权特征、高辨识度及商业开发价值的各种品牌、符号、形象以及设计创意等的统称[2]。信息技术革命引起了知识产权的生产与表达方式的巨大变革，旅游 IP 是旅游知识产权在互联网时代背景下的新范式；基于知识产权客体"信息说"的观点，旅游 IP 应被界定为一种信息产品，其内涵包括产品开发、业态融合和营销传播三种基本类型。

对于乡村旅游，各研究都有不同的诠释。从所依赖的资源来看，乡村旅游就是一种以具有乡村特色的自然和人文事物作为旅游吸引力的旅游活动[3][4]。而乡村性则具体包括了各种与乡村、农业农事等相关的自然和人文资源，如乡村自然风光、乡村人文历史与民俗风情、乡村地道风物等。乡村性的开发与运用是打造乡村旅游吸引力的关键所在，要想提高乡村旅游的吸引力，乡村旅游开发运营主体需要在突出乡村性上下功夫。这就包括对乡村性进行发掘与塑造，科学运用知识与创意，加强营销与推广，赢得市场的青睐与喜爱。已有很多地区发掘出优质的创意型内容，且不同地域、不同文化背景的乡村旅游各有特点，这些乡村在不同的运营与推广方式之下，孕育出了不同的、各具特色的乡村旅游 IP。

在发展和建设乡村旅游 IP 时，应注重 IP 内容的代表性。从乡村特色的自然景观、物产、节日活动、人物传说、民间艺术、建筑特色等多个方面发掘具有乡村代表性的内容，挖掘乡村旅游记忆点，避免旅游开发的同质化，形成个性化的形象。同时，要注意挖掘乡村旅游 IP 的内涵。乡村旅游涉及物质空间与场景感知，其本身更是一种地方文化的展示和体验空间[5]。所以可以通过"情感化设计"形成乡村文化叙事的场域空间，打动游客心灵。乡村旅游可以把传统文化、精神气节或是和谐风貌等作为内核，同时丰富旅游产品的形式与内容，增强旅游活动体验感，通过乡村旅游 IP，提高区域文化认

---

[1] 吴莹，林晓岚. 文旅 IP 视角下旅游小镇和乡村旅游发展对策研究：以汕头濠江为例[J]. 科技创新与生产力，2021（05）：58-61.
[2] 中国旅游研究院，驴妈妈旅游网. 中国旅游业创新和 IP 发展年度报告（2018）[M]. 北京：中国旅游出版社，2018：48-49.
[3] 何景明. 国外乡村旅游研究述评[J]. 旅游学刊，2003（1）：76-80.
[4] 林巧，戴维奇. 乡村旅游与乡村发展的互动关系[J]. 经济地理，2006，26（S2）：31-34.
[5] 施爱芹，董海奇，郭剑英. IP 创意视阈下乡村旅游文创的设计价值及互动体验[J]. 社会科学家，2022（03）：50-55.

同与文化自信,向广大游客传达优秀的文化、精神、理念。

打造乡村IP,首先要塑造核心,确定定位,找准地方特色,将乡村IP的人文价值与客户群体相衔接,对主题IP进行核心提炼,打造属于自身品牌IP记忆点,同时要注意完善IP的生态链,将旅游与当地文化习俗、农业、手工业以及其他衍生产品相结合,推动文旅IP的积极影响。

陕西省咸阳市袁家村在第三批全国乡村旅游重点村榜上有名,它便是一个发掘自身特色、打造文旅IP的典型。在其发展建设的过程中,打造鲜明形象,吸引游客进入,推动了乡村旅游的有效发展。袁家村有着两千多年的历史,是陕西省重点文物保护单位和国家AAAA级旅游景区。袁家村因地制宜以关中民俗作为发展主题和基点,反映地地道道的关中乡村生活,不断深化乡村旅游发展,打造关中印象体验地。从"关中民俗"的基点出发,袁家村历经民俗文化旅游期(2007—2010)、"餐饮+旅游"规模爆发期(2011—2016)以及品牌价值彰显期(2017年至今)的三大发展阶段。十余年的沉淀与发展奠定了袁家村"乡村旅游第一村"的地位。袁家村建筑为典型的关中民居,建筑物以清朝风格为主,整体的建筑布局是聚集模式,建筑的装饰也讲求乡土情结和精神内涵,如门前拴马桩、抱鼓石,窗上雕刻。古朴的建筑与天然的美景相得益彰,陶瓷、木雕、织锦、画扇等各色手工艺术展示着古老的工艺和非物质文化遗产的魅力,古庙祭拜、茶酒对饮、秦腔绕耳。宁静与活力、古朴与现代,交错织结在袁家村,别有意趣,其风格突出了观众特色。袁家村的弦板腔皮影戏、木版年画、剪纸等民俗文化被很好地保护起来,独具地方特色的文化艺术也成为游客体验袁家村关中民俗的重要部分。袁家村烙面、城固热面皮、袁家村酸辣粉,袁家村的美食努力把餐饮做到最多样、最好吃,同时最大限度保留关中民俗小吃的特色,袁家村美食为袁家村IP烙下了深深的印记。在袁家村健康餐饮产业发展的过程中,极度重视诚信建设,经营店家敢于承诺食品质量、接受监督,公示原材料和监督联系电话等,赢得了广大消费者的信任与口碑,丰富了"袁家村"IP的品牌内涵与品牌价值。

袁家村的乡村旅游依靠当地的农民,同时也最大限度地惠及当地百姓。在"乡村振兴"国家战略的全面推进的背景之下,袁家村通过对陕西关中文化的挖掘,为游客品味关中自然与人文风情,体验特色美食、关中风俗与艺术提供了原真的空间场所,塑造了"袁家村"这个超级文旅大IP。如今,袁家村日流高峰可超10万人次,年接待游客达600万人次以上,年营业规模达10亿,袁家村IP正不断为其旅游创造价值。

袁家村从乡村旅游地的特点与特色出发,进行合理开发,面向目标市场进行营销推广,创设属于自己的乡村旅游IP,不断提升品牌效益与价值,推动乡村振兴与共同富裕，乡村旅游 IP 模式是全国乡村旅游重点村镇建设与运营的可取道路。

三、乡村旅游重点村（镇）的经营模式

经营模式是指通过组织、管理等方式，将各种生产要素结合起来，从而以实现收益或达到某种特定目标的方式或途径。具体到乡村旅游的经营模式主要包括这几方面：由谁来经营，通过何种方式来经营，各利益主体的责、权、利如何分配[①]。

从经营的角度来看，参与主体多元化，不仅包括乡村社区、政府机构、旅游企业，还有其他利益相关方，如游客、社会公众、非政府组织、合作伙伴和竞争对手。乡村社区可被分为社区居民和社区组织，而社区组织代表着社区居民的利益。社区居民又可以分为旅游居民和非旅游居民。这些各方围绕如何增加游客流量和提高旅游收入做出决策和采取行动。他们之间可能存在合作关系，以共同参与乡村旅游的开发、建设和经营。因此，乡村旅游经营模式具有多样性和多元化的特点。本文对相关文献和实际情况进行了总结和思考，以下列出了乡村旅游经营模式的一些示例。从已有文献来看，关于乡村旅游的经营模式，已有不少学者进行了详细的探讨。例如，李德明等（2005）在研究乡村旅游对我国农村经济发展的影响以及乡村旅游与农村经济互动的基本条件时，提出了六种乡村旅游经营模式，包括政府主导发展模式、旅—农—工—贸联动发展模式、农旅模式、股份制收益分配模式、"公司＋农户"经营模式和资源环境—社区参与—经济发展—管理监控持续调控模式[②]。另一位学者卢杨（2005）提出了五种乡村旅游开发模式，包括以个体农民为经营主体的模式、政府投资开发的公有模式、政府主导协调旅游企业独资模式、政府主导旅游企业与当地农民合作合股模式、当地村委会与外来投资商合股开发模式，并深入探讨了它们的运行机制和存在的问题[③]。此外，彭燕平（2007）从乡村社区、政府机构、旅游企业、旅游者、社会公众、非政府组织、合作者和竞争对手等方面入手，系统地研究了乡村旅游所涉及的主体和经营模式。他提出了多种典型的乡村旅游经营模式，如分散、自主经营模式、"公司＋业户"模式、"社区＋公司＋业户"模式、整体租赁模式、村办企业开发模式、"农户＋农户"模式、"政府＋公司＋农村旅游协会＋旅行社"模式、"政府＋公司＋业户"模式和个体农庄模式[④]。赵承华（2012）总结了乡村旅游发展模式的基本类型，对"公司＋农户"模式、"社区＋公司＋农户"模式、整体租赁模式、"村办企业开发"模式、循环经济新乡村旅游发展模式各

---

①④ 彭燕平. 乡村旅游经营模式研究［D］. 济南：山东大学，2007.
② 李德明，程久苗. 乡村旅游与农村经济互动持续发展模式与对策探析［J］. 人文地理，2005（03）：84-87.
③ 卢杨. 乡村旅游运营机制研究［D］. 大连：东北财经大学，2007.

种模式进行了比较及简要的评论,提出了以地方政府为主导,以发展乡村旅游为重点的循环经济模式两点建议[①]。

根据参与乡村旅游开发的利害关系人可以划分为三个层面:核心层、支持层和边缘层。核心层包括旅游者、乡村社区、政府和旅游企业,而对于乡村旅游的经营而言,我们主要考虑政府、旅游企业以及乡村社区三大主体,对乡村旅游经营模式进行了大致的举例。

政府主导模式。政府主导模式是指乡村旅游在政府的规划指导之下进行开发建设,政府同时起到建设、引导、支持与监督控制调节的主导作用。以政府为主导的乡村旅游发展模式,在政策制定、资金支持、人才培养和全程指导等方面做出行动,再因地制宜做好乡村旅游规划,同时资金或者政策保障乡村旅游建设资金充足,并为乡村旅游建设选聘、培养优质人才,为乡村旅游建设提供动力保障。同时,注意动员群众、引导群众,采取启发、开导、典型建设的方式,鼓励村民自身积极投入乡村旅游环境建设,加入休闲农业与乡村旅游的产业发展中来。通过政府主导乡村旅游模式,政府力求达到乡村旅游蓬勃发展,农村经济水平不断提升的效果。四川成都三圣花乡,"五朵金花"的规划设计是乡村旅游发展的典型,在三圣乡东郊处,红砂、幸福、万福、驸马、江家堰、大安桥六个行政村。

根据其不同的产业基础,规划打造了特色休闲产业和设施配套,形成了"花香农居""幸福梅林""江家菜地""东篱菊园""荷塘月色"为主题的 5 个休闲观光农业区。以休闲农业观光、古镇旅游、农家乐、乡村酒店民宿、节庆活动等为代表的乡村旅游正在蓬勃发展。魏微等在对四川省"五朵金花"的调研活动中,将政府主导模式总结为以政府为主导,产业驱动、公司运作、农户参与的发展模式[②]。政府主导模式在经济发展落后乡村及旅游业未开发的地区较为适用[③]。

村民自主开发模式。乡村社区居民作为乡村旅游的重要主体,直接从事农业活动,并且持有部分农业与旅游资源,具备自主开发经营乡村旅游的条件。以农家乐等为代表的乡村旅游经营模式,是最为直接和常见的一种村民自主开发模式。村民自主开发模式也包括了个体农户的方式、"农户+农户"的方式。在个体农户经营模式中,农民利用自己经营的房田屋舍、农副产品以及其他手艺,发展乡村民宿、餐饮、农业体验与农业

---

① 赵承华.乡村旅游开发模式及其影响因素分析[J].农业经济,2012(01):13-15.
② 魏薇,王金叶.乡村旅游发展模式与运行机制研究:以成都五朵金花为例[J].乡镇经济,2009,25(07):80-83.
③ 陈桂林,吴炳全.泉州市乡村旅游经营模式:以南安市为例[J].乡村科技,2019(34):51-53+55.

观光、表演与手工艺及地方特色文化遗产传承等,通常呈现规模小、功能单一、产品初级的特点。农户之间可能产生示范效应,其他农户观望之后可能也进行开发。同时农户与农户之间也会为了共同利益进行合作,共同经营乡村旅游产品,以求效益最大化。该经营模式下农户自主开发经营乡村旅游产品,自己对产品质量与营收负责,其生产经营农旅结合的性质较强。这种模式能够促进农户自主保护乡村生态环境、保护传承乡村人文风俗,加强农户生产动力,增加村民收入。在一定程度上,乡村旅游可能面临同质化竞争的问题,这可能是因为村民的经营素质不高,或者由于经营不善、资金不足等原因而导致无法长期盈利。郑群明(2004)提出了在乡村旅游开发中有多种经营模式可供选择,但强调注重社区和居民参与的开发模式是最佳选择。只有通过教育、培训和管理社区和居民,增强他们的旅游服务意识和水平,建立良好的营销观念,才能保证参与式乡村旅游的可持续发展。

乡村组织开发模式。除了村民自主开发,乡村组织开发模式也是乡村社区经营乡村旅游的重要组织方式。乡村组织型模式是指由乡政府、办事处或村委会按照统一规划和建设的需要,对农民进行组织和引导,成立农民旅游协会或合作社、服务中心,为其提供旅游接待设施及支持服务,使他们共享旅游收益,从而推动乡村旅游的发展[1]。村民通过乡村旅游的组织、协会或者其他联合方式共同商议决策本地乡村旅游的相关事宜,以集体合作的方式共谋乡村旅游发展的利益,进行集体的权责利益分配。乡村旅游发展专业合作社能够为乡村旅游的发展规范价格、监督生产服务质量,为农民乡村旅游从业教育培训提供最直接方便的平台,为吸引外来投资争取更多机会,为共同维护乡村旅游自然文化环境提供组织规范,是村民发展乡村旅游规范管理、自我教育、监督协调、综合服务、共谋发展的组织经营形式。罗永常以黔东南朗德村为例,通过调研发现该村的旅游活动安排和效益分配是采用乡村组织型模式,村民为游客提供食宿、民俗表演等服务,而农民合作社则采用"按劳分配"来激励村民积极发展乡村旅游,保障每位村民的利益[2][3]。

"村办企业"模式。由村委会主持,乡镇政府规划筹建村一级的企业,开发经营本地的乡村旅游,这属于村办旅游企业的模式。其组建的资金可以在村民之间筹措,村民也可以将自己的物产作价出资。村办企业可以在村民中招聘人员参与乡村旅游接待服务等合适的工作。村民对村属集体产业的信任度与参与意愿更高,村办企业通常通过分红

---

[1][3] 陈桂林,吴炳全.泉州市乡村旅游经营模式:以南安市为例[J].乡村科技,2019(34):51-53+55.
[2] 罗永常.乡村旅游社区参与研究:以黔东南苗族侗族自治州雷山县郎德村为例[J].贵州师范大学学报(自然科学版),2005(04):112-115.

方式切实保障村民利益。农村集体经济与合作经济的发展,为企业反哺农村加速度、拓道路。

"公司+农户"经营模式。在这一模式之下,旅游公司承担技术、资金、人力等方面的成本,农民投入旅游资源与劳动力,双方共同发展乡村旅游业[①]。不同于村办企业模式,这类模式所涉及的企业通常是外来的。相比于村办企业,专业公司在资金上更加充足,在经营理念与管理水平上更为先进,选择合适的旅游企业,能够有效丰富乡村旅游形式与内涵,优化乡村旅游运营管理,加快提升乡村旅游从业人员素质,加强对乡村旅游业的支持,提高乡村旅游产品和服务的水平,建立一个更高质量的乡村旅游系统。在这一模式之中,企业和农户是乡村旅游的经营主体,但是企业与村民之间可能存在利益分配冲突,也可能存在商业运行对生态环境与人文环境的破坏,造成原住村民的利益损失。所以在这类运营模式之中,要尤其注意保护村民合理利益,逐步建立利益分享机制、风险补偿机制,避免或者妥善处理这些冲突。

综合运用模式。随着乡村旅游的成熟发展,其经营模式正从单一逐渐演变为多元化,并更加强调社区的积极参与,以及对整个乡村旅游产业链的综合关注。邹再进(2006)研究了欠发达地区乡村旅游的发展模式,他认为从乡村旅游开发的主体角度来看,欠发达地区适宜采用"政府+公司+农村旅游协会+旅行社+农户"的综合开发模式[②]。刘丽梅等(2012)对社区参与的乡村旅游发展模式进行了研究,总结出了社区参与乡村旅游的七种模式,指出我国乡村旅游发展模式的方向,即经营模式的多元化、多层次化。她指出,加强社区的参与对未来乡村旅游发展至关重要,并提出了加强社区参与的具体措施[③]。综合开发模式包括多种形式,例如:"公司+社区+农户"模式、"政府+公司+农户"模式、"政府+旅游企业+乡村社区"模式、"政府+公司+农村旅游协会+旅行社+农户"模式等。一个成功的案例是贵州平坝区天龙镇,该地采用了"政府+公司+农村旅游协会+农户"的经营模式,社区和社区居民通过参与旅游经营、产权转让、股金收益等多种途径和方式获得了收益。同样,长沙县金龙村的成功实践也离不开政府的指导、集体经济的壮大以及村民的努力。在长沙县金井镇金龙村的案例中,该村在村委的领导下,深入调研并发掘了茶品牌的优势,成功开发了旅游和研学领域。这些案例凸显多元化经营模式和社区参与的重要性,这将是未来乡村旅游发展的趋势。这些经验表明,政府、企业、社区和居民之间的协作是推动乡村旅游发展的关键要

---

① 张耀一. 乡村旅游社区参与开发模式与利益分配机制研究[J]. 农业经济, 2017(03): 65-66.
② 邹再进. 欠发达地区乡村旅游发展模式探讨[J]. 调研世界, 2006(12): 17-20.
③ 刘丽梅, 吕君. 我国社区参与旅游发展研究述评[J]. 地理科学进展, 2010, 29(08): 1018-1024.

素。2022年，金龙村牵头组建金茶文化旅游开发有限公司等三家公司，采取"政府引领+平台运作+企业聚力+全民参与"的发展新模式，发挥文旅潜力，深化了乡村旅游发展。

乡村旅游经营模式逐渐表现出多元主体、社区参与、多层次、全链条发展等趋势特点。在我国目前乡村旅游发展经营模式下，政府、社区居民与组织、企业与其他相关第三方都是乡村旅游经营的重要主体，成为乡村旅游建设的重要一环。同时，可以发现越来越强调社区参与、社区主导。乡村旅游的核心是乡村性，而社区居民和代表社区居民的社区组织是乡村性的重要载体与传播者、建设者，将原住居民赶出乡村，留下乡村建筑与田间乡野，这样的旅游不叫乡村旅游。在经营乡村旅游的过程中，要注意传承发扬社区文化、依靠社区力量、民主收集社区意见，造福社区群众，乡村旅游经营上强调社区参与，打造符合社区文化的旅游乡村。通过拉动乡村旅游的社区参与，借助有限的资产和丰富的农村劳动力及农事活动，带动了乡村旅游业的发展。有利于规范旅游接待服务活动、保护本土文化，提高居民就业率，增加农村社区居民收益，提升农业生产附加值、减小城乡差异，并推动了利益的合理分配，真正做到"就业致富带动效益明显"。所以社区参与是乡村旅游发展、重点乡村旅游村镇建设的重点。同时乡村旅游经营模式涉及乡村旅游的多个环节，并逐步覆盖乡村旅游的整个过程。从自然、人文等空间景观设计，基础设施和旅游配套设施设计，旅游商品与服务、旅游景区与线路、旅游活动等旅游产品和旅游服务设计，到融资、分配制度设计以及就业安排，再到智慧平台与数字化设计、乡村旅游形象IP设计等多方面，都可以被包括在不同的乡村旅游经营模式之下。随着相关制度与法律的完善，乡村旅游经营也逐渐呈现出制度化标准化的趋势。不同村镇的乡村旅游建设基础、条件和环境各不相同，因此，经营模式应该根据具体情况进行选择和调整。无论选择哪种经营方式作为乡村旅游的主要开发模式，都应该根据地方实际情况，切实提高当地农户和社区在乡村旅游开发中的参与度，以促进当地乡村旅游的可持续发展。在确定经营模式时，应遵循以下原则：政府引导和扶持原则、社区居民参与原则、利益分配公平原则、可持续发展原则和乡村性原则、因地制宜与创新原则。在建设乡村旅游重点村镇时，需要整合并充分利用文化和旅游资源，同时保护这些资源，实现开发与保护的平衡。此外，还需要加强基础设施和配套设施的建设，改善公共服务，以推动乡村居民的就业机会和收入。这些原则和措施将有助于实现乡村旅游的可持续发展。

四、乡村旅游重点村（镇）规划设计基本原则

在"共同富裕""乡村振兴"等政策之下，乡村旅游的建设发展成为热潮，乡村旅游重点村镇建设的号召更是引起了各村镇努力的热情。要建设、设计乡村旅游重点村（镇），应当从以下几个方面进行规划与设计。

坚定不移地贯彻党的领导和方针政策。要在乡村旅游建设和乡村振兴中充分发挥基层党组织的战斗堡垒作用。加强基层组织建设，地方村民委员会应当在党的领导下，规范乡村旅游组织领导，有序推进乡村旅游建设工作，对标乡村旅游重点村镇建设要求，积极推进乡村旅游村镇建设。

保护开发村镇文旅资源，做好乡村旅游吸引物创建工作。各村镇应当从当地乡村自然与人文背景出发，发掘文化与旅游资源，做好乡村文化的传承保护与转化发展，做好生态环境的可持续性保护，推动乡村居民生活与乡村旅游的和谐发展。

合理规划，做好基础设施、配套设施与公共服务设计。要对乡村旅游吸引力做出合理规划，做好基础设施与公共服务设施以及旅游配套设施设计，保证乡村旅游游客的基本体验感。对于产品和服务，不仅要丰富内容和形式，还要保证产品与服务的高质量。在发展乡村旅游的同时，也让村民同时享受乡村旅游带来的便利。除此之外，要做好乡村旅游主体形象设计。要根据乡村旅游吸引物特点，发掘主题、创造主题。如衡阳南岳骑行主题村落红星村、篁岭晒秋崖上古村、精准扶贫十八洞村、贵州"村超"榕江系列乡村。

多元主体，社区参与。积极运用各方力量，明确各方乡村旅游建设权责关系，采取科学合理的投资融资制度、风险补偿制度、利益分配制度等多方协作机制，让村民切实享受到乡村旅游重点村镇建设的福利。鼓励与引导广大社区居民参与乡村旅游建设和发展，形成一种"全民参与"的乡村旅游模式。要积极推动一体化建设，对标乡村旅游重点村镇建设要求，要以乡村旅游促进城乡融合。乡村旅游是全域旅游的重要一环，乡村旅游的建设发展，能够加强地域关联，推动地区全方位、系统化优化提升。乡村旅游的发展，能够带来城乡人员的流动以及产业资金的流动，能够推动乡村居民居住环境与产业环境的进一步发展，增加村民收入，推动乡村振兴，减小城乡差距。

推进产业融合发展，农旅融合推动乡村旅游建设。农业发展可以为乡村旅游的发展提供独特的乡村环境，为农业体验、旅游餐饮、旅游商品等提供条件，乡村旅游所获收入也能够盘活农闲时乡村的空闲劳动力，推动当地居民就地就业，乡村旅游带来的收入也能够反哺乡村农业发展。此外，积极盘活乡村各种资源，推动一二三产业融合发展，打造乡村全产业链条，将进一步为乡村建设注入活力，为乡村旅游加强动力。

第七章　乡村旅游重点村（镇）典型案例分析
——以湖南省为例

一、怀化市通道侗族自治县坪坦乡皇都村[①]

（一）基本概况

皇都侗文化村位于湖南省怀化市通道侗族自治县的坪坦乡，距县城10千米，由头寨、盘寨、尾寨、新寨四村组成，现有654户村民，共3273人。皇都侗文化村是典型的侗族聚居村落，村庄四面青山环绕，错落有致的侗族古建民居依山而建，坪坦河犹如一根飘带蜿蜒而过，通道至广西三江旅游公路穿越南北，极目远眺，俨然一幅绝美的田园风情画卷。景区民族文化底蕴深厚，民风民俗古朴淳雅，有"侗族文化活态博物馆"之美誉。

2010年，皇都村引入企业化经营管理理念，对其进行整体开发后，该村旅游业逐渐形成规模。2014年，县委、县政府提出了以旅游促进贫困地区脱贫致富的发展思路，皇都村幸运地搭上了这趟发展快车。2015年被评为国家AAAA级旅游景区，全村共672位村民摘掉了"贫困帽"，到2019年实现整体脱贫，顺利通过国家脱贫攻坚普查。

皇都侗文化村融合民俗体验、康养度假、文化创意、山水休闲、农业旅游和户外运动等功能，打造中国侗族文化深度体验旅游度假目的地、中国一流的原生态侗医药养生度假区、大湘西"中国步道"的第一道、百里侗文化长廊旅游的核心景区和集散地。先后获得了全国先进基层党组织、国家AAAA级旅游景区、全国乡村治理示范区、湖南省农业旅游示范点、全国文明村等荣誉。

（二）发展规划
1. 规划范围

本规划范围为头寨、尾寨、盘寨、新寨四个村寨核心区及周边农田，以及坪坦河、

[①] 根据怀化市通道侗族自治县坪坦乡皇都村村民委员会提供素材进行整合修改而形成案例。

高盘溪局部河段,面积约 3.17 平方千米。

2. 规划期限

本规划期限为 2016—2030 年,共 15 年,具体分为近期、中期和远期三个阶段。近期为 2016—2020 年,共 5 年,开发建设期;中期为 2021—2025 年,共 5 年,品牌塑造期;远期为 2026—2030 年,共 5 年,提升完善期。

3. 规划目标

文化传承。以文化为魂,通过深入挖掘皇都侗族文化,打造系列侗族文化体验项目,促进文化的传播与交流,从而实现弘扬和保护侗族文化的使命。

生态优化。以生态为本,通过河道治理工程、生态景观工程、生态旅游项目打造,从而优化皇都侗文化村的生态环境,达到旅游发展与生态保护的平衡。

精准扶贫。以旅游扶贫为使命,通过旅游带动当地居民就业,实现"农民、农业、农村"三位一体发展,促进旅游精准扶贫,突出皇都侗文化村乡村旅游示范效应和旅游扶贫的样板作用。

(三)振兴实践

1. 旅游产品开发

(1)歌舞皇都——民俗体验区。皇都侗文化村核心聚居区面积约为 0.4 平方千米,是深度侗民俗文化体验区、世界文化遗产保护区、特色民宿客栈聚集区,主要开发观光和深度民俗体验旅游。通过深入挖掘侗族的饮食、服饰、民间文艺、工艺等民俗,提升目前的文化旅游项目。保留原来的歌舞演绎表演活动,基本保持每天一场歌舞表演,还可以举行萨岁祈福仪式,吸引人们参与体验。

(2)风情皇都——风情展示区。风情展示区包括皇都侗文化村旅游综合服务区、皇都侗特色旅游商品展销区、皇都侗农村综合服务平台,与此同时,将新开辟东大门,建立恢宏大气、古香古色的寨门和新的游客服务中心。此外,在东大门与核心区之间沿着坪坦河建设一个集旅游度假、文化体验、特色美食、民俗手工艺品和土特产展销于一身的皇都民俗风情街。游客一进入寨门,就能体验到浓浓的侗族民俗文化,产生良好的第一印象。

(3)田园侗歌——农耕体验区。依托皇都村新寨农田景观,打造一个融田园采摘、农事体验、动植物认养、创意制作等活动为一体的农耕文化体验园,提高游客游兴,增加当地农民收入,形成农业旅游的标志性项目。

(4)艺术侗乡——文创休闲区。规划该区域重点打造一个侗锦文化产业生态园以及一个自驾车营地,营造侗族传统文化创意和户外休闲相互交融的空间。

2. 生态环境保护

皇都侗文化村自然环境保存完好，生物品种多样，空气质量能达到《环境空气质量标准》(GB3095—2012)一级标准要求。皇都侗文化村内幽静迷人，远离城市喧嚣，这里禁止使用喇叭或其他电子设备进行商品叫卖，并且不受外部噪声干扰，参照国家相关测评标准，噪声指标可达到《城市区域环境噪声标准》(GB3096—2008) I 级标准要求。皇都侗文化村内水体源自山谷和山地，没有任何生活用水、工业废水污染，水质清澈纯净，完全符合国家标准对景区水质的要求。根据测评，地表水质量能达到《地表水环境质量标准》(GB3838—2002) I—II类标准。皇都侗文化村注重环保生态意识，给游客提供了整洁、优美、一流的环境，充分展示出景区的精神文明建设风貌。

3. 公共服务设施

游客服务中心的建筑面积约900平方米，功能配置齐全，完全满足游客需求，并按照侗族吊脚楼风貌建造，造型景观化，能够烘托景观环境。景区内大大小小的标识系统约200块，包括景区导览图、景点介绍牌、方向导引牌、温馨提示牌等，布局合理，数量充分，涵盖整个景区。标识牌采用不锈钢折弯焊接、图文丝纹印刷、防紫外线处理等技术，景区专人看管、维护，无脱落、无毛刺、无腐蚀等。公厕分布于景区各主要场所及景点，位置合理，到达方便。厕位数共86个，每个公厕共设有残疾人厕位2个，设备较齐全，并用壁画、花卉等作为装饰、点缀，所有公厕都根据所处位置、景观特点以及周边环境设计出不同的造型，游客较为集中的公厕都派人专门管理、清扫，并且采用水冲和生态处理技术，洁具均采用质量上乘的产品。

4. 体制机制建设

（1）党建引领，加强社会治理，提升旅游扶贫综合效益。强化党建总揽，将农村党建贯穿旅游发展、精准扶贫的始终，以党建引领旅游促扶贫，实现党建工作与旅游发展、精准扶贫"互促共进"。

（2）核心景区带动其他村寨发展。通过核心景区带动，拓宽及延长产业链。根据游客需求，皇都侗文化村农户建立了4个旅游生态基地，生态果农种植面积超过0.4平方千米，品种包括猕猴桃、提子、草莓等。同时，还发展了3家旅游民俗客栈、50个家庭旅馆，57家农家乐、手工艺品商店等。73户特色养殖户养殖了生态稻田鱼、土鸡、土鸭、兔子、竹鼠等，这些养殖户最终实现了农产品向旅游商品转型，有效提升了农产品附加值。此外，他们还运用了"旅游+公司+农户""旅游+农业""旅游+手工艺商品开发"等扶贫开发模式，让许多农户走上了脱贫致富道路，有效破解了产业结构调整瓶颈的问题。

（3）通过利益分红获得收入。在个体农户生产管理基础上，合理制定利益分配制度，通过资源入股分红和积分评比分红，实现利益联结、景区发展和农户受益。资源入股分红方面，将合拢宴、风情街等资源分到农户经营，老百姓以资源入股旅游公司或合作社等，每年村集体提留后，按股分红给老百姓，连续五年每人每年固定分红520元。群众参与旅游景区开发的积极性高涨，形成了"人人皆是景区主人，个个参与景区开发，家家变成民俗博物馆，户户充当文化保护场所"的浓厚氛围，村民自觉承担起皇都侗寨景区的参与、建设和保护责任。

（四）取得成效

该景区围绕旅游服务，引导农户做好农旅结合产品，做好种养文章，做长、做宽旅游产业链。现已建成种养大户73家，采摘基地12个，养殖基地6个，养殖畜禽8000羽，为景区合拢宴、农家餐馆、写生基地、旅游者等提供果蔬以及土特产。因此，当地农户用足用好了生产资源来加大种养殖业的规模，切实增加收入，共享旅游发展成果。

通过出台政策，鼓励农户参与景区业态建设。迄今为止，农家客栈54家，新增12家，餐饮店37家，新增10家，230名外出务工人员返乡创业。通道耶啰耶侗锦公司主动参与旅游扶贫工作，举办织锦技艺18期，培训了3000多名侗锦爱好者，并为全县300多名优秀织锦妇女提供了足不出户的就业门路。销售侗锦1000余幅（件），带动贫困人口增收20万元。

通过旅游开发为当地人民创造了更多的就业岗位，并且就业岗位重点向贫困户倾斜，提供票务、演员、保安、保洁等就业岗位66个，实现就地就业增收脱贫。

在传承侗文化的同时成立了民间艺术团、芦笙队、侗戏团三支队伍，共87人，其中固定演员31人，群众演员56人，其中贫困户25人，月平均工资3000元，让群众生活更"富"。

皇都侗文化村2022年共接待游客80万余人次，实现旅游总收入1.8亿元，村集体经济收入达80余万元，有力地夯实了乡村振兴基础。2023年五一期间皇都景区接待游客6.7万人次，同比增长198.2%，营业收入167万元，同比增长209%，该旅游产业实现强势复苏。

（五）经验启示

近年来，皇都侗文化村凭借文化生态优势，着力打造侗族风情世界旅游目的地，将脱贫攻坚与旅游开发进行同步规划、部署与推进，坚持以旅游引领、党建总览、项目开发来推进旅游与扶贫融合发展、创业富民与就业富民共生共赢。

1. 党建引领，强化治理

强化党建总揽，将农村党建贯穿旅游发展、精准扶贫的始终，以党建引领旅游促扶贫，实现党建工作与旅游发展、精准扶贫"互促共进"。

2015年9月，在景区内建立了联合党支部：四村联合党总支——皇都侗文化村党总支。探索党建带动景区发展新模式，把支部建在旅游产业链上，将党总支作为旅游管委会的主体，下设党员示范岗、便民服务岗等办公室以及党员服务热线，以便游客在游览过程中及时解决遇到的问题。此举措赢得了广大党员和群众的高度肯定。

2. 量身定制，精准扶贫

结合旅游扶贫政策和"一进二访"工作，为每个贫困建立旅游扶贫账本，因人因事施策，推进扶贫工作，使各类个体贫困户都能从参与旅游开发中获得收益。目前，皇都侗文化村围绕旅游产业进行种植、养殖、加工和经营客栈、农家乐等方式，有超过130户的居民投入旅游行业，全村超过90%的农户已经找到脱贫致富的途径。

3. 产业联动，全民参与

村民参与旅游经营的积极性不断增加，"参与式"旅游发展取得明显成绩。为核心景区36户建档立卡贫困户改造他们的自有房，建成了农家乐、民俗客栈、青年旅馆，年接待游客数达43 200人，收入达到170万元；此外，贫困户帮扶资金入股，直接参与经营了民俗宾馆和合拢宴等项目，并安排了36人就近上岗。

二、长沙市浏阳市张坊镇田溪村[①]

（一）基本概况

田溪村东邻上洪村，南依富溪村，西靠张家坊社区，北至大围山镇。村庄紧邻张坊镇镇区，距离浏阳市区约65千米，距长沙市区约120千米。田溪村西溪片区向东、向西分别可至大围山森林公园东大门、南大门，向北有规划道路可直接进入大围山森林公园，南侧紧邻东西向红色旅游交通干线，区位条件优越。张坊镇有田溪、富溪、陈桥三个省级贫困村，共有763户贫困人口。田溪村是浏阳市贫困人口最多的乡村，2014年被评为省级贫困村，2015年随着扶贫政策的实施迎来了发展的春天，经过几年的创业和建设，实现了从"省级贫困村"到"长沙市十大最具魅力旅游乡村"和"全国乡村旅游重点村"的转变。

西溪片区位于田溪村北部，规划面积19.5平方千米。随着大浏高速和大围山旅游

---

① 根据长沙市浏阳市张坊镇田溪村村民委员会提供素材进行整合修改而形成案例。

干线的建成通车，田溪村抢抓发展机遇，积极探索以土地入股、众筹共建旅游项目，将村民闲置农房整合、打造后经营，以集体土地"点状"入市和宅基地"三权"分置等方式发展田溪村乡村旅游和民宿产业，通过系列举措打造了"西溪磐石大峡谷风景区"，走出了一条以土地制度改革助推乡村振兴的脱贫致富之路。

（二）发展规划

1. 旅游产品规划

规划建构"大区域下的大旅游"，挖掘西溪片区旅游特色，与大围山旅游形成差异互补格局。有效利用西溪旅游资源，提升地域文化品牌；开发个性化生态体验旅游，采用"全域旅游"理念，以生态资源、客家文化、农耕文化为旅游发展的核心引擎，重点打造西溪"八景"。西溪"八景"分别为：

（1）西溪寻风（入口广场＋土特产街）。

（2）农夫荷锄（设施农业＋农田超市）。

（3）客家观园（客家广场＋服务中心）。

（4）雅径幽居（乡村酒店＋生态餐厅）。

（5）围山真趣（民宿＋艺术师之家）。

（6）花海闹春（四季花海＋摄影基地）。

（7）磐石探秘（峡谷探秘＋民宿）。

（8）桐竹山居（峡谷探秘＋民宿）。

2. 用地布局规划

（1）规划思路。保持规划建设用地规模，原则上不突破现有建设用地规模，保持基本农田规模不减少；可用建设用地最大可能盘活，限制新增建设用地规模。

（2）用地构成。西溪片区总用地面积1949.82公顷[①]，规划非建设用地1900.32公顷，其中水域10.60公顷，耕地118.07公顷，林地1771.65公顷；规划村庄建设用地49.50公顷，其中商业服务设施用地13.03公顷，公共服务设施与公共管理用地0.98公顷，居住用地18.43公顷，交通设施与道路用地14.50公顷，供应设施用地0.07公顷，广场与绿地用地2.49公顷。

与现状用地的比较：适当减小村民住宅用地比重，扩大村集体产业用地比重。

---

① 1公顷=0.01平方千米。

用地代码		用地名称	用地面积（hm²）	占建设用地比例（%）
大类	中类			
R		居住用地	18.43	37.23
	R1	一类居住用地	18.43	37.23
A		公共管理与公共服务设施用地	0.98	1.98
	A1	行政办公用地	0.29	0.59
	A3	教育科研用地	0.69	1.39
B		商业服务业设施用地	13.03	26.32
	B1	商业用地	10.49	21.19
	B3	娱乐康体用地	2.54	5.13
S		道路与交通设施用地	14.50	29.29
	S1	道路用地	14.50	29.29
U		公共设施用地	0.07	0.14
	U1	供应设施用地	0.05	0.10
	U2	环境设施用地	0.02	0.04
G		绿地与广场用地	2.49	5.03
	G1	公园绿地	1.19	2.40
	G2	防护绿地	0.03	0.06
	G3	广场用地	1.27	2.57
		建设用地	49.50	100.00

规划与现状用地对比分析：西溪片区现状共有可建设用地 25.76 公顷，规划可建设用地 35.00 公顷，规划增加可建设用地 6.63 公顷，其中含退出建设用地面积 -2.61 公顷，规划新增建设用地面积约 9.24 公顷。

规划与现状用地对比分析一览表

	现状可建设用地（公顷）	规划可建设用地（公顷）	规划增加面积（公顷）
退出建设用地	2.61	0.00	-2.61
保留建设用地	25.76	25.76	0.00
新增建设用地	0.00	9.24	9.24
小计	28.37	35.00	6.63

注：以上可建设用地面积不包括道路用地，仅指广场与绿地用地实际可建建筑的用地面积。

3. 产业结构规划

西溪村产业结构不合理，表现在产业结构形式单一，农民主要依靠外出务工、种植和养殖业来获取收入。本次规划立足自身资源，融入区域差异发展，打造"农业+"乡村农旅产业体系，重点发展养生养老+休闲度假+现代农业三大产业。利用西溪村特有的峡谷资源、森林资源、水系资源以及土地资源，大力发展民宿产业、生态旅游产业、体验旅游产业、有机农业及观光农业，将一产与三产融合发展，既丰富旅游产品又提升农业生产水平，实现资源利用效率的最大化。

4. 总体规划目标

泛大围山旅游拓展服务区：依托大围山国家森林公园，极化西溪自身资源，走差异发展道路。

省级乡村振兴样板区：以"三农"问题为导向，以产村一体化建设为抓手，以旅游发展为动力，以土地制度改革为契机，探索一条以产业带动就业，以产业利民富农，打造乡村振兴新路子。

农村土地制度改革示范区：以市场为导向，灵活运用农村三块地改革试点的相关政策，提供确保产业发展的土地保障，增加项目建设融资来源。

5. 服务设施规划

（1）布局原则。

村民生活需要：为不断提高村民生活水平，规划增加相应公共服务设施。

游客服务需要：随着乡村旅游发展，大量游客涌入，相应的配套服务设施也需增加。

整体布局上应体现均衡与公平，将居民点、游客集中区紧密结合，使公共设施效益最大化。

（2）设施布局。

片区内公共服务设施主要分布在村庄南部区域——综合服务区内，考虑游客服务的需要，在片区内增加了相关配套设施。

村委会：保留现状村委大楼并在其内新增文化活动室、老年活动中心等设施。

乡村振兴学院：规划在客家文化广场西侧建设一个乡村振兴学院，为脱贫攻坚和乡村振兴的实现提供智力支持。

小学：田溪希望小学位于村委会南侧的街头组内，可满足学生入学需要，片区内不再新建。

卫生室：位于村委大楼后面，基本满足村民需要，因此保持现状。

游客服务中心：村口作为进入片区的第一道门，代表了整个片区的形象，因此规划将游客服务中心设置于村口处并新建一处生态停车场。

文化广场：规划对现有的客家文化广场进行提升改造并在其对岸新建一个杏花广场，兼有健身场地，可供游客观赏游玩及村民休憩锻炼。

集贸市场：为满足游客购物需求，促进片区内产业升级，规划新建一个客家集市。

污水处理设施：位于村部旁的樱花塘建造了一处污水处理设施，使片区内的污水能有效处理并达到排放标准。

公共厕所：建设了七座公厕，满足游客的需要。

（三）振兴实践

1. 旅游产品开发

观光度假：已建成西溪磐石大峡谷景区（探险、溯溪、观景、拓展）、跑马游乐园、滑草游乐园、玻璃水滑道、清吧、露营基地等项目。

农事体验：已建有小水果采摘基地0.3平方千米、客家农耕文化展览馆、四季花海、田园摄影基地、小竹笋采摘基地。

乡村民宿：田溪村西溪景区通过四年打造，现在民宿达到59家，能接待住宿游客上千人次。

乡土美食：客家米酒、清炖黑山羊、酱爆牛脚骨、客家血浆鸭、糯米丸子、客家豆腐、薯粉包丸、高山石蛙（养殖）、山泉水鱼、客家年糕、芝麻月饼、客家米糖、客家果饭。

文化创意：整合西溪片区客家民俗文化资源、历史文化资源、自然资源，开发多元化的具有休闲、体验、研学等功能的产品，发展具有地域特色的客家民俗文化旅游。

2. 生态环境保护

田溪村通过规范签订村规民约、出示保护警告告示宣传牌、成立村民自治保护协会等形式来保护生态环境。为保护临灭迹的棘胸蛙和当地生态，村民自发组织成立保护野生动物协会，自筹资金10万余元，采购大小种蛙10万余增殖放养。2015年6月5日举行挂牌仪式，并投放10个生养点，保护覆盖面达49平方千米。该活动得到当地政府高度重视，也得到当地村民认可。活动当天，200余名村民代表参加揭牌仪式以及放养活动。为使这一活动能长期有效，协会决定将成立巡防队，定期进行巡逻监督。至此，田溪村棘胸蛙自然保护区成为继江西大沩山棘胸蛙自然保护区之后的第二全国棘胸蛙自然保护区。

3. 公共服务设施

西溪大峡谷景区内建有游客中心、文化广场各一个，停车场七个，可停980余辆车，休息亭廊八个，旅游厕所七个，游步道更是长达五千米。建设景观水坝十一座和绘以社会主义核心价值观、民俗、风景等墙画的粉刷民宿外立面二十八栋，利用闲置房屋开办了农家书屋、农耕文化园、道德讲堂、乡村振兴大课堂、垃圾分类分拣中心，在绿化带添置廊亭和亲水平台、特色石屋等景观。安装了大型电子显示屏、直饮水机和旅游导游标识等设施。

4. 体制机制建设

（1）重视基层治理，发挥党员带头作用。田溪村以党建引领、支部主导、党员带头的模式发展田溪旅游业，众筹成立湖南西溪旅游发展有限公司。《西溪磐石大峡谷风景区建设方案》中，采取资金众筹、收益共享的模式，鼓励农民以土地山林流转、现金入股，并规定旅游公司经营收益的70%、15%、10%、5%分别作为乡风文明奖励和按股金分配收益、自然资源分红、村民共同享有，作为村集体经济收入用于解决临界户扶困济贫基金和环境保护。《西溪磐石大峡谷风景区建设方案》既保障土地所有权益又兼顾全体村民投入能力，得到全体村民认可和支持。

（2）利益联结模式。西溪磐石大峡谷景区是湖南西溪旅游发展有限公司的直属项目，门票归公司所有。滑草游乐园、跑马游乐园、玻璃桥、玻璃水滑道、露营基地是公司统一管理联合营销、套票分成的模式。公司和各项目都是村民众筹，选举管理人员参与管理。景区带动了民宿、餐饮、游乐项目的发展，为村民带来了3倍以上的收入。

（四）取得成效

1. 乡村民宿

田溪村西溪景区通过四年努力，现有民宿59家，能够接待住宿游客上千人次。

2. 观光度假

已建成西溪磐石大峡谷景区（探险、溯溪、观景、拓展）、跑马游乐园、滑草游乐园、玻璃水滑道、清吧、露营基地等项目。西溪磐石大峡谷景区日接待游客能达到一万人以上，滑草游乐园日接待游客能达四千人以上，并且滑草游乐园已经收回投资成本，跑马游乐园比滑草游乐园后建设十个月，日接待游客能达到一千人以上，已经收回50%成本，玻璃桥投资一千万，开业满一年，收回成本80%，玻璃水滑道开业半年，收回成本30%。各个项目采取由湖南西溪旅游公司统一管理、单独核算、门票分成的模式。

3. 农事体验

已建有小水果采摘基地0.3平方千米、客家农耕文化展览馆、四季花海、田园摄影基地、小竹笋采摘基地；村民把自家的土地种上小水果，亩产值达五千元以上。

2018年7月22日景区试营业到2024年4月10日为止，景区和游乐项目门票收入近600万元，带动餐饮、农副产品、民宿销售等收入1200余万元，村集体经济收入达12万元以上，59户农户发展民宿行业，直接带动贫困人口利用旅游产业和就业增收40万元以上。

（五）经验启示

1. 强化组织建设

2015年8月经群众推荐，组建了西溪旅游开发筹备领导小组，并注册成立了浏阳市西溪生态农林综合开发有限公司，下设西坑种养专业合作社、西溪林业专业合作社、西溪旅游开发有限公司、西溪野生动植物保护协会。

2. 实现众筹启动

为了解决项目开发启动资金，发动群众众筹，明确将众筹资金作为今后发展旅游的股金，按照1000元一股、每户二股起，鼓励农民以土地山林流转租金、现金入股，并规定旅游公司经营收益的15%作为自然资源分红，10%作为村民共同享有，5%作为村集体经济收入，剩下的70%用于解决临界户扶贫济贫基金、环境保护与乡风文明奖励以及按股金分配收益三项用途。

3. 完善基础设施

以美丽乡村建设为契机，把精准扶贫、美丽乡村与旅游开发建设结合起来，在扶贫后盾单位、镇村和各部门支持下，不断完善各项基础设施。两年来，建设景观水坝11座，绘以社会主义核心价值观、民俗、风景等墙画的粉刷民宿外立面28栋，利用闲置房屋开办了农家书屋、农耕文化园、道德讲堂、乡村振兴大课堂、垃圾分类分拣中心，拓宽和白改黑主干道1.8千米，铺设沿河观光步行道1.5千米。建设了客家文化广场、直饮水机、停车场、游客服务中心和全域旅游厕所等公共服务设施和基础设施。

4. 进行环境整治

全体村民共投入义务工2000多个，出动清运挖机、车辆80余车次，拆除影响村容村貌的残余破屋20余间，共600多平方米，拆除私搭乱建雨棚800多平方米，清理河道1.5千米，并制定村规民约，要求村民房前屋后清洁整洁，水沟干净通畅，鼓励农户美化庭院、栽种盆景。景区公共区域保洁、垃圾收集清运做到专人负责，严禁毒鱼、炸鱼、电鱼和捕猎、盗伐等不法行为。

5. 实现土地流转

为确保公共设施建设用地和项目用地，景区严格按政策流转使用土地，鼓励农民参与项目建设，带地入股，既缓解了公司与农户用地矛盾，又确保了农民切身利益。至今为止，已流转土地0.33平方千米，其中荒芜坡地0.07平方千米。

三、湘潭市岳塘区昭山镇七星村[①]

（一）基本概况

七星村山清水秀、景色宜人，坐落于湘潭市东偏北45度，东与长沙接壤，南毗邻株洲，位于湘潭、株洲、长沙三地交界地带，11.69千米的新屏线途经七星村，连接附近的各个村落，方便了游客及当地居民的往来。2016年7月七星村由两个村落整合而成，分别是马安村和立新村。七星村由13个村民小集体整合而成，全村共476户，全部人口约为1600人，党员约为全部人口的1/20。2015年，昭山示范区开始对七星村实施美丽乡村建设，与普通民居改造有所不同的是，七星村的民居改造每户补贴6万，按照"一户一宅一设计"的原则，将湘中传统民居建筑元素融入民居改造设计中，将湖南民居的特点体现得淋漓尽致，既有村落的整体特点，又不失每一户的特色。同时，自来水管道、LED路灯、柏油路在七星村内实现了全覆盖，村庄全面实现了硬化、绿化、亮化、美化。

七星村建筑风格独特、文化底蕴丰富、自然景色秀丽以及独具魅力的民俗文化，让游客心旷神怡。为了保护好这一方绿水青山，七星村从提高环境质量、完善基础设施、传承民俗文化、发展特色产业等多方面入手，建设美丽乡村。先后荣获国家森林乡村、第一批湖南省乡村旅游重点村、湖南省文明村镇等称号。

（二）发展规划与思路

1. 农耕文明

站在长株潭三个城市地来界定项目区的发展方向和功能，做足乡村感，在工业文明和城镇化快速发展阶段，七星村逆城市化的方向发展才能更好体现其价值。尽量恢复传统的乡村元素，村里到处能看到店、铺、亭，这是农耕文明中极其重要的元素，设计一些庙、亭、桥、铺，村里外出创业有能力的人来认捐，我们带头认捐。中国农村的这些设施都不是政府建，而是村民捐助的，慢慢恢复农村当中好的传统和文化，当前这个社会缺文化，只要往文化艺术上靠，就一定有市场。七星村本身就特别具有陶渊明田园诗的那种感觉，未来会吸引摄影师、艺术家等文化工作者。文化引导市场，农耕文明是文化的源头，站在地区文化复兴的高度，文化艺术就是项目的引爆点。

---

① 根据湘潭市岳塘区昭山镇七星村村民委员会提供素材进行整合修改而形成案例。

2. 景观建设

景观建设首先做足水的文章，水是这个地方的灵魂，以水为核心，把桥、堰、亭、廊、农耕文明、残垣断壁、菜园、鱼塘这些元素融入进来，要大面积恢复建设湿地，让鸟回来，全力以赴保住农耕文明，拿出 0.02 平方千米左右土地种植适合本地的花卉，其余保留常态的农村、农业。另外在村里增加 40~50 棵直径 40 厘米的大树，重点是村口、村尾和村委会等村民聚集的地方。目前苗圃太多，就是缺大树，苗圃要去掉一部分，大树多了苗圃就不像苗圃了，引入 30~40 棵枯树、1000~2000 棵藤蔓，藤爬枯树。

（三）振兴实践

1. 旅游产品开发

"价值莲城"产业发展状态势不可当，以盘龙大观园为基础，建成规模大、花卉种类丰富的现代农业示范园，推动绿色产业发展。创新生态休闲农业，打造以樱花为主题的生态休闲精品旅游地。利用好"水塘子"，打造特色水产业，开发黑斑蛙、甲鱼、湘莲等特色水产品。同时利用好七星村的良好自然环境，因地制宜，开发适宜当地环境的花卉产品，进入花卉市场。

2. 民居环境改造与旅游活动

七星村住宅改造以竹子云、蚁穴、秋千船、风车、浮桥、茅草屋等艺术节点，通过巧妙的设计使其与景观农田恰到好处地融合。（在记忆馆内陈列了许多的早期农具，像打谷机、风车、插秧工具、斗笠、瓷罐、煤油灯等。）

利用村部阵地建设和乡村记忆馆以及村内民居改造、各个艺术节点、旅游节点等，向广大游客们宣传农耕文化。整合乡村旅游资源，策划传统旅游活动与新型旅游活动的高效融合，传统农业与高新技术融合，开发 5G 智慧园区、"创建国家森林城市"专题笔会等系列活动成功举办。

3. 独特的民宿和经营管理方式

"飞檐翘角，青瓦泥砖"，一座座青砖碧瓦，颇具江南民居特色，花木林立、一步一景，以民居展现它所蕴含的农耕文化和乡愁记忆。七星村采用湘中传统民居建筑元素，改造民宿 5 家，房间达 40 余间，主要分布在村主干道两旁和栋金坝。

在经营和管理模式上以散户型自主经营为主，追求崇尚自然、追寻记忆、返璞归真。采用"亲情式服务"，营造一种"由你做主"的氛围，吸引了大批旅客。

4. 生态环境保护

七星村美丽乡村片区共建 5 个集中处理池实施就地分散处理污水，1 个处理池大约可覆盖 30 户人家，同时适当增设亲水平台、桥、堰等，切实提升乡村环境水平。对河道进行清淤改造，确保河畅、水清、岸绿、景美。治垃圾，推行农村垃圾分类试点，增设多个垃圾桶，配备一辆垃圾清运车上户收集垃圾。积极运用本村太阳能垃圾处理房有效处理垃圾，实现垃圾可持续利用率的高度转化。

5. 体制机制建设

（1）党员的先锋模范作用

"村子富不富，关键看支部，发展快不快，全靠组织带"，七星村以"党建领航工程"为抓手，统筹推进乡村发展。始终把党员队伍建设作为重点来抓，取得了较好的成效。七星村通过发挥当地党员的先锋模范作用充当"排头兵"，同时结合当前七星村"美丽乡村"建设的实际和"因地制宜发展农村经济"的发展思路，让党员率先垂范，打通群众思路，带领农民群众积极发展特色农业。

（2）共赢发展

随着七星村打造美丽乡村进程的推进，农村流动人口的增加，为确保美丽乡村良好的旅游市场环境，保障游客的相关权益，村委会经常组织所有产业户进行培训及交流座谈，针对市场环境的维护建言献策。大家一致同意村内依托合作社成立旅游协会，统一管理、规范经营。2018年初招商引资引进了湖南樱皇农业有限公司打造风格各异的园区和摄影区等，还引进了绿加源农业公司。

（四）取得成效

为了提高农家乐的接待服务质量和运营开发能力，村委和项目企业积极配合，开展了多层面、多形式的服务技能培训。2016年，七星村代表到北京绿十字"中国好农妇"培训基地进行为期5天的培训，实地参观和考察了餐饮和花卉基地，并参加专业技术培训。此外，为了鼓励有想法、有能力的村民创业，带动村域经济发展，每年还推荐优秀人士参加SIYB培训学习创业专业知识。

成功打造智慧乡村，大力推进两型入乡村，建设投入约50万，在全村美丽乡村范围内实现网络全覆盖，设立美丽乡村微信公众号并已正式启用；投入约30万，增设30余块两型宣传标语宣传牌、15块村务宣传栏等，并将门店招牌统一风格，为美丽乡村整体形象增彩添色。

七星村加强旅游地理地标建设，取得良好成效，荣获"湘潭市生态文化示范村""湘潭市放心消费示范单位"并成功通过了省级两型村庄认证。七星村在党的引领下，在党的十九大精神的指导下，因地制宜发展乡村旅游。在七星村全体村民的齐心协力下，引进光伏发电，满足了七星村的用电需求，提高了网络通信能力。引进七星樱悦田园、绿加源农耕果园、七星湘采花园等项目发展效益农业，目前项目发展形势良好。

举办樱花旅游文化节，吸引众多游客前来打卡。美丽的乡村建设蓬勃发展，住宅风格独特，道路、庭院美丽新颖，景点如雨后春笋般出现，村民热情参与行业发展。村"两委"团结一心，带领村民踏上党的十九大春风沐浴的康庄大道，美丽七星正张开双臂迎接八方来客。

（五）经验启示

1. 合作经营

七星村采取合作的方式，把分散的自发经营户组织起来，形成整体发展，统一经营、规范经营，不"单打独斗"，达到改变乡村旅游原有的个体化经营，转向规模化、集约化经营发展，带领经营户有组织有目的地开发和深层次地有效建设，利于生态的可持续发展。同时，乡村旅游协会为有效解决经营过程中出现的问题，如产品单一化、服务标准不统一和恶性竞争，采取了强有力的改变措施。工作人员培训合格上岗、制定规范化的服务标准和积极鼓励经营户的合作经营，联合生产创作，实现产品多样化发展，满足消费者的消费需求，实现三方共赢。

2. 充分利用当地资源

盘活当地丰富的资源，实现旅游产品与资源的有效结合，促进乡村传统手工艺的复苏和高效利用，让游客有一个沉浸式的体验，满足游客来此地的追求。同时让村民的钱袋子鼓起来，实现绿水青山就是金山银山。

四、岳阳市屈原管理区河市镇三和村[①]

（一）基本概况

屈原管理区河市镇三和村总面积 3.6 平方千米，拥有得天独厚的地理位置，形成了丰富的自然禀赋与别具一格的湖湘文化汇聚而成的水乡。它位于汨罗江国家湿地公园南部，东邻汨罗城区，距京广高铁不到 20 千米，村内有许广高速入口，是国保单位古罗子国的国都所在地，中国第一个以太后身份执掌国政的秦朝宣太后芈月在此生活八年，有着"古罗子国""芈月故里"的文化标签。一直以来，由于白水峡谷的阻隔，三和村对外交通极其不便，经济条件十分落后，是湖南省级贫困村。三和村共有 20 个村民小组，总人口1680人，其中建档立卡贫困户已于2018年全部脱贫，成功实现了整村脱贫。最开始民房改造完成后，只有 2 到 4 户村民做农家乐，现在，村民自主开设的农家乐、民宿、茶吧等普遍存在。三和村内已有建成项目惠众农庄以及在建项目芈月旅游度假

---

① 根据岳阳市屈原管理区河市镇三和村村民委员会提供素材进行整合修改而形成案例。

村。以惠众农庄、芈月旅游度假村为支点建设秀美乡村，打造四星级旅游景区，助力乡村振兴，促进旅游发展，使游客充分体验"吃江河湖鲜、喝栀子香茗、玩水上草原、住农家民宿、购屈原特产"的生活方式，依托屈原管理区自然资源，构建一个以游乐、文化、养生、休闲为中心的旅游目的地。先后入选第一批湖南省乡村旅游重点村和第二批全国乡村旅游重点村名单。

（二）发展规划与思路

三和村将"和"文化融入乡村治理，赋能美丽乡村建设，全力以赴打造具有屈原特色的乡村振兴示范村。提高规划能力，从实际出发，重塑具有江南水乡特色的旅游形象。各级部门要增强使命感，村镇两级作为责任主体，切实落实措施，确保三和村乡村振兴建设能取得成效。以"芈月故里·水上草原"为主题，以湖湘楚韵文化遗存为依托，以惠众农庄、芈月旅游度假村为支点，以栀子小镇建设为先导，以水乡文化和居民文旅的组合为特色，大力支持农村发展，打造一个融"农村民宿、旅游观光、农耕体验、乡村美食"等功能为一体的田园综合体。

（三）振兴实践

1. 旅游产品开发

（1）观光度假类。村庄的东北部建设一个拥有居住、观光、体验、养生、娱乐等多种功能的休憩区，提供吃饭、住宿、交通、娱乐等多方面的养生服务，让游客在这里可以迈得开腿、吃得下饭、叫得出声，与大自然拥抱，玩得舒心尽兴、吃得健康放心。配套项目包括森林木屋、食道馆、医道馆、林间欢歌、林荫步道、亲水游道、骑行游道、足道馆、茶道馆、游泳馆、棋牌馆、艺训馆等。

（2）农事体验类。农事体验区面积50亩，位于惠众农庄西北部，内设优质彩色水稻种植及传统农耕体验项目。在这里，可欣赏彩色水稻绘制的田园风情图画，也可亲身参与车水扶犁、插秧割稻等传统农事操作，是良好的社会实践和田园生活体验场所。通过活动，可从中感受现代农业发展的神奇魅力，激发人们感怀传统、情系农村、实践社会、献身梦想的力量。

（3）民俗文化类。田园文创区位于三和村西部，可观赏四万亩湿地草原，将洞庭美景尽收眼底。该区是一个融生产、旅游观光、研学为一体的综合性创意产业园区，为游客带来可参观、可休闲、可体验、有收获的文化深度创意之旅。配套项目有三和良品酒吧、文创中心、三和良品艺术馆。区域分为室内和室外两个区，室内陈列田园文创区制作的一些手工小品，室外陈列以秸秆、稻草、树枝等制作的一些田园艺术品。三和良品酒吧属于休闲娱乐区，结合三和良品民宿的风格特点，打造一个具有独特风格的田园酒吧，游客可在酒吧喝酒聊天、休闲娱乐。

（4）休闲休憩类。休闲娱乐区主要分布在惠众农庄的东南部，以游玩体验为主，区内布置各类素拓基地、幻影星空 VR 主题乐园等体验项目，充分激发孩子的好学心，提高孩子们的动手能力。同时还设有七彩滑草场、草地音乐广场、花海公园、帐篷营地、房车营地等游览休闲项目，拉近家长与孩子之间的情感交流，为游客提供放松的休闲驿站。

（5）乡村民宿类。民宿区位于惠众农庄中部，面积 20 亩，由 19 栋风格相同的民宿组成，总建筑面积为 5000 平方米。主体建筑"修远楼"，取自屈原《离骚》，为庄园旅游服务中心；房舍也各有名号，均来源于《楚辞》。建筑采用汉唐风格，素净雅致，总体布局犬牙相错，格调雅致大方；庭院有曲径通幽，无喧嚣嘈杂；佳树名木，分列其间，奇花异草，各吐芬芳；舍内装饰淡雅，陈设温馨。

（6）乡村美食类。村内餐馆提供地道且丰富的乡村美食，包括河市土八道、大洲湖小龙虾、皮粉、土鸡蛋、菜籽油、香米、湘莲、莲藕等。

（7）节庆活动类。每年的重大节日村庄内都会举行相应的活动来吸引游客，如端午节村庄内会举行包角黍品角黍比赛，元宵节会举行猜文虎赏灯活动，让游客在村庄内体验具有当地特色的节日氛围。此外，还会举办农民丰收节、广场舞大赛，充实村民精神生活，也展示村民们的新时代风貌。

2. 保护文化遗产

罗子国城遗址是全国重点文物保护单位之一，对研究春秋战国文化有着十分重要的意义。管委会聘请中国社会科学院考古研究所编制罗子国城遗址保护利用规划，2019 年已通过国家文物局批复，本体保护范围约 50 万平方米。针对生态环境和传统文化保护工作，屈原管理区文化旅游广电局联合文物、园林、公安、工商、交通运输部门联合执法，有效协调各部门的协同工作，更好促进全区域旅游发展。并对罗子国城遗址进行了城墙保护加固、排水防渗、护城河及城址内河道疏浚、城址内外道路遗迹保护、植物清理、回填保护、遮护设施修建、日常维护、科技监测、标志保护、管理用房、文物库房修建等工作。同时对其单位的职能与管辖范围做出了明确的划分，使旅游规划、规定的实施、传统文化的保护工作、各单位间的沟通更加协调，使旅游业的发展更加科学化，总体管理能力具有较快的改进。

3. 民宿创意

村庄内民宿主题多样，比如亲子主题的民宿，从小的方面到大的方面，小到一支画笔，大到屋内的家具陈设，都是满满的亲子元素。屋内的小黑板可以让小朋友在上面画出在村子里面看到的一切新奇的事物，院子里面的簸箕里晒着的梨子干更是吸引了小朋友们的目光。再如花卉主题的民宿，则建设在池塘边，池塘中种满荷花，未进入民宿内部就可以感受到花卉的主题，民宿院子中则种植各种树木，窗台摆满多肉，让游客徜徉在绿树红花的天地中。

4. 环境保护

（1）环境保护设施。

1）污水处理厂。位于屈原管理区芈月旅游度假村西侧，由区城市执法局牵头成立工程指挥部，旨在为景区及周边地区实现污水处理。项目于2019年启动，同年12月完成招标，招标金额1583万元，目前已顺利竣工。景区内产生的生活污水和工业废水经统一收集后集中进厂处理，建成后可实现每天200吨的污水处理及净化。

2）排水系统。村内建有较为完备的污水废水排放沟渠，种植农作物产生废水通过菜园旁的凹槽排放入池；生活污水则通过管道流入下水道；废水污水经由分离系统分别处理、分别排放。

3）垃圾设施。住房点前配备有垃圾桶等卫生设备，设有固定的垃圾收集点，整村较为干净卫生。

4）家畜养殖设施。家庭牲畜在特定区域放养，设有绿色金属围栏，产生污染物定期处理。

（2）环境保护措施。

1）施工废水处理。施工场地修建截排沟渠和沉沙池。施工前制定施工举措，做到排水有序，并采取措施进行治理，确保排水达标。在土方开挖施工过程中，要保护好周边建筑物及确保边坡开挖时的稳定性。施工机械、车辆集中定时清洗。清洗后的水通过集水池沉淀处理后再向外排放。经处理后排出的施工废水要符合《污水综合排放标准》（GB8978—1996）或地方环保部门的有关规定。污水排放前要委托有资质的单位进行废水水质检测，并提供相应的污水检测报告。发现排放污水超标，或排污造成水域功能受到实质性影响，立即采取必要治理措施进行纠正处理。

2）生活污水处理。生活污水先经化粪池发酵灭菌后，再由专用管道输送到无危害水域或者按照规定集中处理。化粪池的有效容积满足生活污水停留一天以上，并进入污水处理厂进行处理，以确保治理效果。

3）废弃物处理。施工废弃渣料和固体废弃物处理前要以国家《固体废弃物污染环境防治法》为依据，按设计和合同文件要求送至指定弃渣场。做好废弃渣土场的综合治理工作，按照设计要求采取工程防护措施，以免边坡失稳、弃渣流失现象发生。维护施工区和生活区的环境卫生,在施工区和生活营地设置足够数量的垃圾临时存放设施,防止垃圾流失,并按要求定期将垃圾送至指定垃圾场进行覆土填埋。遇有含铅、铬、砷、汞、氰、硫、铜、病原体等有害成分的废渣,要先通过当地环保部门的批准,在环保人员和监理工程师指导下进行处理。保持施工区和生活区的环境卫生,在施工区、生活区设置足够数量的临时卫生设施,定时清除垃圾,运至指定地点堆放或填埋焚烧处理。完善渣场地表截排规划措施,确保渣场开挖稳定和边坡稳定。

4)噪声控制措施。加强对交通噪声的治理和管理。合理安排运输时间,避免敏感区域受到车辆噪声污染的影响。调整施工时段:对夜间高噪声机械进行设备运行和作业的控制,对噪声较大的施工机械设备操作人员采取轮班制,控制作业时间;并为相应机械设备操作人员配备噪声防护用品。采用低噪声设备,或尽可能选用有消声装置的机械,加强机械设备的维护和保养,减少施工噪声,需符合《建筑施工场界噪声限制》规定的标准。进入生活营地等非施工作业区的车辆,不要使用高音、怪音喇叭,减少鸣笛次数,尽量以灯光代替喇叭;广播宣传、音响设备合理安排时间,不影响公众办公、学习和休息。

5)大气污染防治。机械车辆在使用过程中要加强维修保养,防止汽油、柴油和机油的泄漏,确保进排气系统畅通。运输车辆及施工机械,使用零柴油和无铅汽油等高品质燃料,减少有毒有害气体排放。热拌沥青混凝土路面铺好后,要自然冷却至50℃,才能通车。采取一切措施,尽量防止运输车辆在施工道路及工区场地上洒落石渣等,并安排专人及时进行清扫。场内施工道路保持路面平整,排水畅通,并经常对路面进行检查、维护及保养。晴天洒水除尘,每天道路洒水不少于4次,施工现场洒水不少于2次。在施工区内不焚烧产生有毒或恶臭气体的物质。因工作需要时,报请当地环境行政主管部门同意,及时采取防治措施,并在监理工程师的监督下实施。运输可能产生粉尘物料的敞篷车,车厢两侧和尾部应配备有挡板,控制物料的堆高不超过挡板,并用干净的雨布覆盖。在现场安装冲洗车轮设施并冲洗工地的车辆不带泥土、碎屑及粉尘等类似物体到公共道路路面及施工场地上,并在冲洗设施和公共道路之间设置一段硬地过渡路面。

6)水土保持措施。做好弃渣场的治理措施,按照监理工程师审定的渣土弃置规划,有序地堆放利用弃渣,防止随意倾倒弃渣阻碍河道、沟渠等水道的行洪能力。在进行土方明挖和临时道路施工时,要根据地形、地质情况,采取工程或生物防护措施,防止边坡失稳、滑坡、坍塌或水土流失;按照设计和合同要求对土地进行合理利用。

不得因堆料、运输或临时建筑而占用合同规定以外的土地,情况特殊的,须向监理工程师申请,经批准后方可使用。施工作业时应妥善保存表面土壤,待临时施工完成后，再恢复地表原貌或进行覆土作业。在施工活动中，严格按合同要求，采取设置截流渠、完善排水系统等措施，防止水土流失；防止植被等环境资源遭到破坏，造成水土流失；采取一切必要手段，不让运输物料进入场区道路，并及时安排专人进行清理。

5. 公共服务设施建设

（1）村内设有公交站 2 个、大型停车场 2 个、配电房 3 间、商业区 1 个、文化产业园 1 个、垃圾站 2 个、垃圾桶 800 个、公厕 5 个、医务室 4 个、快递中心 1 个、游憩设施 100 余套等，均已投入正常使用。三和村地下水丰富，水质良好，市政自来水管道供给已铺设，同时整村范围内遍布地埋式深井水，基本可以满足示范区日常生产和居民用水需求。

（2）建设区域电力由村部接入，电线为地埋式铺设，设有专用变压器，保障电力正常使用。通信设施：示范区内通信线路及通信信号覆盖大部分区域，村委会附近有通信基站 1 个。环境保护设施：村内配有废弃水、气、渣、粉尘、噪声的治理设施和放射性治理设施等，确保环保达标。

6. 体制机制建设

（1）环境保护制度。为强化景区环境保护管理工作，创造良好的景区生态环境，特制定本制度。

1）严禁在景区内放牧、焚烧纸屑、燃放鞭炮、砍伐树木，加大植树造林力度。

2）景区内的珍稀树木必须每年进行两次防病治虫。

3）景区内生活、生产的废弃水，应净化处理后方可外排。

4）景区内废旧固体要进行可回收和不可回收利用分类，再投入垃圾处理厂进行处理填埋，景区内置放多功能垃圾箱（桶）。

5）严禁在景区规划区域内建设有侵害、污染的工厂、作坊。

6）加强病虫害情预测预报，做到防患于未然。

7）增强病虫检疫工作力度，防止新的病虫害侵入。

8）保护森林病虫害的天敌，加强生物防治措施。严禁捕杀、毒害森林病虫天敌，为其生存繁衍创造良好的自然条件。

9）增强引导能力，组建组织。建立旅游区消杀领导小组，由安全保障部负责具体工作，协同林业部门做好野生动植物的保护管理工作。

10）加大宣传力度，采用广播、标牌、墙报，同时实施导游、展览等方式，对景区周边的农户及游人进行宣传教育。

11）禁止猎杀和无证采集野生动、植物；一经发现要坚决制止并及时上报林业执法部门。

（2）党组织的引领作用。三和村旅游发展的大好形势与党组织在整个过程中的引领作用密切相关。即强调政治引领，秉持正确发展方向；强调组织引领，完备乡村旅游"产业型"党组织设置；强调政策引领，形成推进乡村旅游发展的工作合力；强调能人引领，选好乡村旅游发展领头人；强调机制引领，增强乡村旅游发展机制保障。

（3）利益联结模式。湖南龙船头文化旅游开发有限公司、岳阳市惠众农庄有限公司与村民形成了带动型的利益联结模式，表现为"企业＋农民"的发展模式。以2019年为例，三和村全村村民1786人，共计200余人参与旅游开发项目建设，项目为每人带来的年均增收约2.2万元。

7. 市场营销

借助网络传播的平台优势进行形象宣传，提高声望和影响力。通过抖音、快手、微博等互联网平台，借助直播的形式，宣传每年在村内举办水果节、虾王争霸赛、自行车赛等活动，打造"精彩三和"的旅游品牌，吸引更多游客的关注，促进旅游发展。

（四）取得成效

在乡村振兴的大背景下，三和村的乡村旅游取得了卓越成效。2016年12月惠众农庄被评为湖南省五星级休闲农业庄园。2017年12月被评为"全国休闲农业与乡村旅游五星级园区"，2017年被评为"岳阳市科普基地"，2019年8月被评为"岳阳市科普旅游教育基地"。为响应国家"移风易俗"的要求，三和村村党支部委员会和村民委员会遵从民众自治、民主管理的原则，完备村规民约，村委挨家挨户开展移风易俗的宣传教育，通过制度建设、干部引领、大力宣传、专项治理、村规制约等有力措施，使文明新风尚逐渐深入人心，俭以养德、积极向上的社会面貌日趋浓厚。除此之外，村民们还自发成立了巾帼志愿者服务队，上门上户助力清洁卫生，为建设秀美三和贡献力量。在2019年的村级卫生评比中，三和村名列前茅，不少村民都获得了"最清洁户"的称号。在项目的运营过程中，产生了大量的服务员、手工工匠、种植工人、环卫工人、电工等岗位，为村民提供了充足的就业机会，拓宽了就业渠道，增加了村民收入。

在智慧乡村建设方面，打造了乡村旅游大数据平台，提高旅游产业运行监测能力、市场动态分析能力、营销推广能力、应急管理能力等。对节假日旅游高峰、旅游热点做出及时的预测和反应。在以美团、市县旅游网站为代表的各大点评网站上建设了售票售后等服务功能，并在淘宝、京东等电商平台上设立了特色农产品商铺，打造了一个完整的互联网销售体系。

（五）经验启示

1. 生态休闲、农旅结合的产业模式

该模式得到各级领导的充分肯定以及媒体的广泛关注。惠众农庄曾先后被文化和旅游部列入全国乡村旅游发展观测点，并收录进入全国乡村旅游典型案例。《人民日报》、新华网、红网、湖南日报、湖南卫视、天津卫视等多家新闻媒体先后来到惠众农庄进行专题采访报道，中央电视台《大国根基》栏目组来到农庄进行了为期四天的专题节目拍摄。惠众农庄创始人阳岳球先生被授予"全国十佳农民"称号，并于2011年、2013年先后受到温家宝、李克强总理的亲切接见。

2. 坚持三位一体

"旅游+农业+文化"是建设田园综合体的基本模式。三和村发展文旅产业，不是让农民通过土地流转获得收入和解决劳动力就业，而是让农民参与文旅建设过程，提高三和村的公共服务质量和水平。融合、引导、扶持村民在民宿、餐饮、经济农作物种植以及农产品深加工做出特色来，使村民有持续稳定的收入，这也是三和村打造的"三和模式"。村民的积极参与，使游客以情境化加入三和村农村文化的体验，促进当地乡村旅游的发展，并在全省的乡村旅游高质量发展上产生广泛影响。

五、张家界市武陵源区天子山街道泗南峪社区[①]

（一）基本概况

泗南峪社区位于武陵源区西北部，是天子山街道政治、经济、文化中心所在地，辖有犀牛湾、黄龙泉、新田坪、江务峪、新仓库、伍家大屋、廖家台共7个组，368户，1025人，其中劳动力532人，全居总面积9.6平方千米。建立居委会公共服务站、群众工作站、社情民意工作站，社区群团组织一应俱全。随着民族旅游特色集镇的不断发展与形成，泗南峪社区由过去的传统农业逐步转向为休闲旅游和旅游服务业，旅游的发展潜能与产业优势在逐步形成，从事旅行社、导游、旅游客运、接待与餐饮等旅游服务从业人数由2013年120余人增长为2018年245余人，占总劳力一半之多，而成为本区主导产业，还有务工、建筑及运输等从业人数约占总劳力45%。

社区2017年制定居民公约后，居民们把文明行为和美丽家园建设放在首位。2019年泗南峪社区荣获"全市十佳"村规民约，2020年获"全省优秀村规民约"、入选文化和旅游部第二批全国乡村旅游重点村。居委会为拓展服务领域，提高服务水平，在各级

[①] 根据张家界市武陵源区天子山街道泗南峪社区居民委员会提供素材进行整合修改而形成案例。

党委政府的坚强领导和建后盾单位的关心支持下,建设泗南峪便民服务中心,由区委组织部为投资主体,现已投入使用。在便民服务中心设立了一站式服务大厅,提供民政、信访接待、劳动保障、计划生育、法律咨询等一站式服务,利用计生服务、农家书屋、科普长廊等向广大群众宣传政策和法律法规。

(二)发展规划

1. 规划定位

(1)功能定位:天子山街道是集合观光。游览、休闲度假、文化体验、美食乐购、健身养生等功能的旅游风情小镇;是武陵源风景名胜区内的二级旅游镇,武陵源景区北部的旅游服务中心。

(2)主题定位:"生态天子山、文化天子山、休闲天子山"。"生态天子山"即强化天子山镇的自然景观特色,凸显地脉、水脉城镇格局,将山、水、绿、镇有机融为一体,成为名副其实的山水小镇。"文化天子山"即在小镇的建设过程中以挖掘"向王天子"文化为主体的土家文化为核心,通过规划布局、建筑形态以及设置民俗文化展示场所、设置主题雕塑等方式,提升土家文化的内涵,打造具有民俗特色的人文景观环境。"休闲天子山"即为自驾游、自助背包游、休闲游游客提供宽松、休闲、好吃、好玩、好住的环境和服务,丰富休闲度假的内容形式,创特色旅游经营之路。

(3)形象定位:"土家风情小镇"。依托武陵源景区自然旅游资源,结合土家族的多元文化,突出民族风情、民俗文化等元素,形成独特的民俗文化旅游休闲度假区。以"览天子美景,住土家山寨,品民俗文化"为主题名称,策划营造小镇神秘、古朴、自然的意境。

2. 规划目标

打造具有和谐、平安、美丽、风情等独有特点的新时代泗南峪居委会。空间布局方面确定了沿街道独有的民俗建筑风格及休闲惬意的游览方式,结合山形地势并考虑居民和游客的需要,兼顾经济、审美和生态需求,合理组织各空间板块,并充分融入泗南峪本土特色文化,规划整体以东西向泗南峪溪为发展轴,各组团通过横向及纵向的流线串联起来,形成带状的空间。用地功能结构调整,将行政管理用地搬迁,"空"出风景区入口,作为旅游镇进入风景区的过渡地带,在其周围布置为游客服务的商业、服务设施用地组团;将为当地人服务的居住整体向东搬迁至向家坪村,将行政管理组团布置在前两者之间。运用"中空边实"的布局手法,空出景区入口区和河流廊道,将功能用地以组团形式靠山脚线一侧布置,同时,采用组团式用地布局手法,将各类用地以组团形式布置,组团之间尽可能以绿地隔离,并将自然山体引申到旅游镇内部。强化山体、河流廊道和景观廊道对天子山旅游镇景观格局的影响，强化四周山体的植被保育工作，形成一道绿色屏障；在规划区内多条河流交汇于此，形成天然的景观廊道，这是天子山旅游镇的最大特色。

（三）振兴实践

1. 旅游产品开发

（1）观光度假类。助力多元消费精品游玩：盛世风情酒店（酒店+度假+体验）；畔溪度假酒店（酒店+农耕体验）；伴山云水酒店（度假+田园风光游览）；月溪谷；香木情缘香菇产业园。

（2）农事体验类。拥抱自然，收获知识，了解农民生活，享受乡土情趣。突出农业和休闲外，以活动多样式满足游客的需求，兼顾参与性、体验性、趣味性，充分体现"农"味和"野"味。收获成功的喜悦，享受成功的乐趣，让你真正回归自然。

（3）民俗文化类。泗南峪居委会是典型的土家村落，土家族人口占总人口的98%，居委会土家文化浓厚，在发展乡村旅游过程中，全力保护好和传承好土家民俗文化，有效发挥了文化育人的作用，具有特色的土家民俗文化成为乡村旅游的重要内容和品牌。土家族民俗文化内容丰富、形式多样、风格独特，在传统礼仪、婚丧嫁娶、修路造房等方面都有很好的体现，深入到泗南峪居委会，游客能体验到土家民俗文化深厚的文化内涵。

（4）特色餐饮类。品尝传承正宗老味道土家腊肉、香肠、血豆腐、葛根粉、蕨粑粑、打糍粑等。

（5）传统秋季农耕文化运动会。每年秋季稻谷成熟之时，恰逢国庆之际，也是土家人欢庆丰收、喜迎农闲的好时节。摆出长泗宴让游客品尝土家美食，并组织开展农耕运动会，挑粮食、拔河、跳绳、吹唢呐比赛等活动，向游客展示本土农耕文化，弘扬土家传统文化，凝聚人心人力，助力乡村旅游发展。

2. 生态环境保护

泗南峪居委会境内生态环境良好，山水清秀、空气清新，负氧离子含量极高，是名副其实的"天然氧吧"，山泉水冬暖夏凉，水质接近饮用水标准。气候暖和，四季分明，适合竹林、杉木、樟木、枞木等多种森林树木生长，全村森林覆盖率已高达98%。

居委会共设置520个垃圾桶，12个垃圾箱，极大满足了村内企业和居民需求，建成了7个污水处理氧化塘，8个集中污水处理池，270个三级化粪处理池，有效控制了污水排放。以开展"人居环境整治""垃圾分类"和"网格管理接地气，服务群众零距离"活动为载体，运用银行管理理念，构建"美丽银行"机制，根据群众行为存扣积分并按累计积分值享受物质和精神分红，积极引导群众共建共享山青、水绿、和谐、美丽的新时代文明社区。

3. 公共服务设施建设

（1）泗南峪居委公共服务设施。有村级游客服务中心1处，景区游客服务中心3处，以及文、体、卫等公共服务设施场所2000平方米，综合配套有超市、农家书屋、文化长廊、篮球场、停车场、主题公园等，满足游客服务、咨询、宣传、休息、厕所、购物等需求，完善的公共服务设施，切实提升了游客的旅游品质品位和居住舒适度。经济结构的调整，以休闲乡村旅游为主题，泗南峪居委会在上级领导及区武装部、区民政局、区退役军人事务局关怀和支持下，新建老年人日间照料，进一步满足日渐扩大的老龄人群，提供日常活动及休息场所。泗南峪居委会结合当地的民俗文化，建有民俗特色的风雨桥休息厅，为游客提供更优质的服务。

（2）游憩设施。泗南峪充分结合自身的自然条件和环境资源，综合考虑游客游览，合理配置了休闲游憩设施。

（3）标识标牌。配备具有文化特色的导游全图、导览图、景物介绍牌、方位标识牌、安全警示牌等标识牌。

4. 体制机制建设

（1）发挥先行者作用，建立全面的素质提高机制。村党支部队伍总体素质决定了旅游服务的质量和最终成效。因此，要全面实施"党员干部素质提高工程"，加强村党支部队伍建设。设立培训班，聘请旅游专家学者和相关专业人员来授课，提高队伍对旅游知识的认识和了解。丰富培训形式，通过外出学习、参观考察等方式，提高村支部队伍的学习借鉴方法、长远规划目标、市场运作模式、民主管理制度的素质和能力。

（2）发挥宣传者作用，建立能动的党员示范机制。首先，鼓励支持旅游建设和发展的党员。组织党员开展宣传教育活动，鼓励党员多参与旅游服务活动，为人民、为社会、为国家做贡献。在旅游开发过程中，积极听取党员意见，激发党员共同参与村务管理和旅游发展的热情和兴趣。其次，对投身于旅游建设的党员给予一定要求。党员要以身作则，要有一定的知识储备和业务能力，做好带头作用。

（3）发挥建设者作用，建立规范的群众参与机制。农业是农村之本，要鼓励农民发展观光农业。农村基层党组织要善于利用农村农业的特色与旅游发展融合，积极开发观光型生态农业和特色产业，在开发特色农产品上要下重功夫来突出"绿色"，强调纯天然、无污染，提高农业附加值。①积极引导农民发展旅游林业。要积极主动引导农民种好树，多种果树和观赏价值较高的景观树；建立旅游林木管理制度，加强监管、防止盗伐，做好林木种植规划，在路边、房屋周围种植绿化带，进一步优化农村生态环境。②实施民生改善工程。村规民约的制定要符合旅游需要，多办群众普遍关心和需要的公共项目，以真心赢得大家对旅游的支持。③开展旅游建设者评优活动。深入开展评选"文明户""卫生户"等系列评优活动，有利于激励群众养成良好的生活习惯、建设美丽乡村、树立良好的旅游形象。

（4）发挥培训者作用，建立专业的人才培养机制。利用培训班定期聘请旅游专家、学者及相关专业人员前来授课，努力培养旅游人才。开办特色美食烹饪、民俗节目表演、旅游手工艺品制作等技能培训班，提高农村旅游人员的综合能力。要加强与职业技术学校的联系，对口旅游专业，大力培养扎根农村的导游和管理人才。要结合国家和教育部门基层计划，鼓励和支持旅游专业的大学生下乡参与旅游新农村建设。

（5）发挥协调者作用，建立有效的村企联动机制。首先是选择好旅游开发企业，这是旅游发展的关键。要选择有能力的旅游开发企业，学习借鉴他们的企业文化和管理方法，根据自身条件有序地进行旅游开发，加强村镇建设、交通建设、公共设施建设、环境保护、文化保护，不断完善旅游景区的硬件设施，加快推进新农村建设。其次是服务好旅游开发企业，要始终把服务作为旅游发展的首要任务，对旅游企业的依法开发和经营活动要做出相应承诺，积极配合旅游企业做好征地、拆迁工作，帮助化解旅游企业与景区村民因为旅游开发问题涉及的矛盾冲突，维护好景区正常秩序，创造良好的旅游发展环境。最后是配合好旅游开发企业，根据旅游企业的策划，组织群众参与旅游发展，发展果蔬采摘、农业生产、耕作体验、美食制作等农业观光休闲度假产品，打造美丽乡村游的整体环境，吸引游客来游玩。

（6）发挥指导者作用，建立完善的目标考核机制。一是要建立健全目标管理责任体制。根据党组织建设的目标和要求认真研究并制订短期计划和长期规划，将旅游建设与经济建设、文化建设、社会建设和党的建设的目标结合起来，建立并完善旅游发展目标。二是要建立合理的资金保障机制。一般来说，山区的投资环境比沿海平原地区的环境要差得多，需要耗费巨大的人力、物力和财力，所以，农村基层党组织要在筹措资金渠道上多下功夫，在引进投资的同时也要注重自身的发展，不能只依靠一方资金来源，而是要集八方力量着力解决旅游发展资金短缺问题。三是要建立健全岗位管理机制。根据旅游发展目标，合理分工，从村干部到全体村民明确各自岗位责任，真正做到旅游发展靠大家，发展成果人人共享。

5. 市场营销

（1）注重整合营销和品牌营销。"互联网+"背景下，乡村旅游发展更需注重资源的整合，统一规划线路、统一包装产品形象，打造独一无二的"乡村旅游名片"，塑造乡村旅游品牌形象，最终实现乡村旅游形象整合和市场一体化基础上的整体化营销。

（2）构建乡村旅游智慧营销体系。泗南峪居委会"乡村旅游"智慧营销体系的构建分为三个部分。第一，建立乡村旅游信息发布渠道。开发专门的乡村旅游网站，利用微信、微博、抖音等自媒体平台推送乡村旅游资讯介绍、直播带货等，让游客可以第一时间通过不同渠道了解旅游相关信息，推动乡村旅游。第二，使用网络营销工具。在这个网络时代充分运用网络工具如搜索引擎、社交媒体、网络视频、网络广告等网络营销方式来向游客定向推送乡村旅游信息，扩大了宣传效果。第三，自媒体运营。各部门应开创微博和微信公众号，通过群聊互动形成群发优势，可以有效地推送乡村旅游信息，同时可以提高游客对旅游目的地的印象。

（四）取得成效

随着张家界大旅游的飞速发展，以天子山自然风光为核心的武陵源景区自然保护和发展突飞猛进。为适应形势需要，泗南峪居委会作为武陵源景区的北大门，优势进一步凸显，"游览武陵源，先游天子山，既减少疲劳，又节省时间"，景区内环保车一站式直达核心景点。旅游业的兴起，让泗南峪过去的传统单一的农业结构逐步转变为以旅游服务业为主导的休闲旅游服务业态，对当地经济发展和人居环境的改善起到了极大的促进作用。

居委会积极开展种养技术培训，组织技术力量先后开展了 5 次大规模的种养技术培训，2023 年的产业化种植猕猴桃种植、香菇种植、蔬菜种植等分别增产增收 20% 以上，2024 年参与种植的群众更多了。居委会还为返乡创业青年提供政策支持，协调各种关系，帮助办理相关证照，积极联系银行部门进行创业贷款支持，力所能及地为他们减轻负担、轻装上阵。2023 年村居为客栈办理证照达 26 家，专业合作社 1 家，线上服务平台 2 家，方便近 40 人的返乡青年投身村居建设和发展，为泗南峪居委会的各项事业发展奠定了坚实的基石。

积极响应湖南"四化两型"与国家智慧旅游发展要求的体现。线路信息化建设要与湖南省、张家界、武陵源区等各级智慧旅游平台搭建对接，包括旅游景区、民宿酒店、农家乐、旅游购物商场等客流密集场所，通过"一网五微一 APP"的前端软件应用、触摸屏等信息化设备配备与后端数据平台的搭建，创新采用 Ibeacon 等信息推送技术，实现信息互通、主客共享、线上线下互动，信息化水平得以全面提升。此外，在"互联网 +"背景下，居委会通过智慧营销，让更多乡村旅游从业人员学会了网络营销，在做好传统线下营销的同时，积极运用网络营销方法在各互联网平台进行宣传，加大了营销的力度。

乡村旅游成效显著,通过发展旅游实现农民增收。伴随着盛世风情酒店、畔溪度假酒店、伴山云水酒店、月溪谷、香木情缘相继建成营业,乡村旅游发展对泗南峪社区的社会经济发展带动效应日益明显。截至2019年底,泗南峪社区年接待游客量(含景区)12万人次,年旅游收入达2400万元,较2015年分别增长5万人次及1000万元。旅游从业人数达245人,其中本地村民有195人,较2015年相比增长50人。

(五)经验启示

1. 坚持习近平新时代中国特色社会主义思想为指导

以习近平新时代中国特色社会主义思想为理论指导,以保护生态环境为主线,以乡村振兴发展为目标,以开展"环境整治"和"垃圾分类"等活动为载体,加入银行管理理念,把银行的基本管理模式运用到乡村旅游发展建设上来,大大提高了群众的积极性,理论联系实际,共建共享山青水绿、美丽和谐的新文明村居。

2. 严格规范工作要求

第一,精心组织。泗南峪居委会成立专门的"美丽银行"监督管理领导小组,负责资金筹备和收益分红管理,并严格监督各部门的工作。由支部书记、主任陈明任组长,负责具体日常工作。治调主任、计生专干吴竹英任副组长,支委、文书郭学海,支委、监督委员会主任王云,报账员、劳保专干彭珍艮,党建专干陈桂枞、文书助理张漭为成员。第二,公开透明。成立泗南峪居委会"美丽银行"理事会,每月27—28日晚,由各村民小组组长主持召开群众会,对各组居民家庭本月"美丽币"进行现场公开存扣,各级领导都需到场进行监督。各组理事会成员要严格按照程序和标准进行存扣币,坚持公开透明、公平公正的原则,存扣币结果要当场给群众通报,接受群众监督。第三,做好宣传。居支两委要在全村进行广泛宣传,提升广大群众对泗南峪居委会"美丽银行"建设的知晓度并得到群众支持,让每家每户都知晓活动内容和规则,尽量让大家都参与活动,共同建设美丽乡村,推动旅游发展。

3. 创新经营管理方式

第一,参与方式。所有村民以家庭为单位开户参加居委会"美丽银行"。居委会干部个人不列入其家庭存扣"美丽币"。第二,存扣模式。为每个开户家庭每年注入100个"美丽基础币",在此基础上进行存扣。实行一月一存扣,由居委会"美丽银行"理事会在每月各组的群众会上,根据平时掌握的情况和群众口头申报现场公开确定当月存扣币值,并在全村进行公示。(泗南峪居委会"美丽银行""美丽币"存扣量化标准见附表。)第三,分红派息。年终根据每个家庭在居委会"美丽银行"超过100"美丽基础币"的累计余额，兑换相应的奖励。同时，对存币排名前 20 位的家庭，由居支两委发放"美丽模范家庭""美丽庭院""五好家庭"等奖牌，并给予 500 币值的成果奖励；根据"美丽银行"积分考核，进行评先评优，以及与各类政策性的各项惠农、扶持、救助等政策相挂钩。

4. 模式提炼借鉴

"政府＋企业＋基层＋农户"四级联动的旅游发展机制，对泗南峪居委会乡村旅游发展起到了良好的带动作用。居委会乡村旅游发展工作机制主要通过"公司＋村集体＋农户"产业发展模式，让农民自己成为股东，除基本工资，还能拿股份分红，实现泗南峪居委会"造血式"和可持续发展。泗南峪模式在乡村旅游发展的工作机制和社区参与两方面探索出了链条完整的"泗南峪模式"。

参考文献

[1] Lane, Bernard. What is rural tourism?[J]. Journal of Sustainable Tourism, 1994, 2(1-2): 7–21.

[2] Wilson S, Fesenmaier D R, Fesenmaier J, et al. Factors for Success in Rural Tourism Development[J]. Journal of Travel Research, 2001, 40(2): 132–138.

[3] Mary Cawley, Desmond A Gillmor. Integrated rural tourism: Concepts and Practice[J]. 2008, 35(2): 316–337.

[4] Rosales Paredes J C, Salas González J M, Palacios Rangel M I. Trends of tourism in four magic villages of puebla, Mexico[J]. Journal of Tourism and Heritage Research, 2019, 2(1): 235-259.

[5] Gunjan Saxena, Brian Ilbery. Developing integrated rural tourism: Actor practices in the English/Welsh border, 2010, 26(3): 0–271.

[6] 何景明. 成都市"农家乐"演变的案例研究：兼论我国城市郊区乡村旅游发展[J]. 旅游学刊, 2005(6): 71-74.

[7] 熊凯. 乡村意象与乡村旅游开发刍议[J]. 地域研究与开发, 1999(3): 70-73.

[8] 王兵. 从中外乡村旅游的现状对比看我国乡村旅游的未来[J]. 旅游学刊, 1999(2): 38-42+79.

[9] 肖佑兴, 明庆忠, 李松志. 论乡村旅游的概念和类型[J]. 旅游科学, 2001(3): 8-10. DOI: 10.16323/j.cnki.lykx.2001.03.003.

[10] 邹统钎. 中国乡村旅游发展模式研究：成都农家乐与北京民俗村的比较与对策分析[J]. 旅游学刊, 2005(3): 63-68.

[11] 王铄. 中国和英国乡村旅游发展模式比较研究：以英国伦敦东南部乡村和中国武汉木兰山乡村旅游为例[J]. 桂林旅游高等专科学校学报, 2007(2): 219-222.

[12] 赵兴国, 张东强. 特色小镇乡村旅游资源的深度开发：施甸摆榔金布朗风情小镇的实证研究[J]. 中国农业资源与区划, 2018, 39(10): 164-170.

［13］尹立杰，张捷，韩国圣，等.基于地方感视角的乡村居民旅游影响感知研究：以安徽省天堂寨为例［J］.地理研究，2012，31（10）：1916-1926.

［14］刘龙.湖南省乡村聚落景观空间分布特征及评价研究［J］.中国农业资源与区划，2020，41（2）：284-289.

［15］晋秀龙，丁怡力，金泉.安徽中部地区乡村旅游点时空格局及其相关性分析［J］.滁州学院学报，2016，18（5）：4-8.

［16］张馨方.武汉市乡村旅游发展时空结构分析［J］.中国环境管理干部学院学报，2017，27（3）：30-33+45.DOI：10.13358/j.issn.1008-813x.2017.03.08.

［17］Tessa K Anderson. Kernel density estimation and K-means clustering to profile road accident hotspots［J］. Accident Analysis & Prevention，2009，41（3）：359-364. https://doi.org/10.1016/j.aap.2008.12.014.

［18］黄郁成，张国平，李金波.乡村旅游投资主体关系研究［J］.旅游学刊，2007(6)：75-79.

［19］赵艳.BOT模式运作下乡村生态旅游项目的发展路径研究：以重庆市为例［J］.中国农业资源与区划，2016，37（10）：39-44.

［20］钱益春.旅游基础设施融资模式初探［J］.特区经济，2006（9）：241-242.

［21］陈俊杰，侯志茹.我国乡村旅游产业投融资研究综述［J］.吉林工程技术师范学院学报，2017，33（09）：35-38.

［22］邢雅楠.旅游投资研究［D］.天津：天津大学，2011.

［23］谢欣.乡村旅游的金融支持分析［J］.江西金融职工大学学报，2008（1）：56-57.

［24］鲁明勇.乡村旅游投融资及利益分配研究［D］.长沙：湖南农业大学，2011.

［25］阳宁东，邓文.农民专业合作社在乡村社区旅游中的运用［J］.农村经济，2012（3）：125-128.

［26］周永广，姜佳将，王晓平.基于社区主导的乡村旅游内生式开发模式研究［J］.旅游科学，2009，23（4）：36-41.

［27］孟铁鑫.我国乡村旅游合作社建设存在的问题及发展对策［J］.江苏农业科学，2014，42（3）：421-422.

［28］柏杨.农民专业合作社：发展农村地区旅游业的必然选择［J］.临沂大学学报，2011，33（4）：20-25.

［29］钟海生.旅游业的投资需求与对策研究［J］.旅游学刊，2001（3）：9-14.

附　录

附录1：

文化和旅游部办公厅　国家发展和改革委员会办公厅
关于开展全国乡村旅游重点村名录建设工作的通知

办资源发〔2019〕90号

各省、自治区、直辖市文化和旅游厅（局）、发展和改革委员会，新疆生产建设兵团文化体育广电和旅游局、发展和改革委员会：

为深入贯彻落实《中共中央　国务院关于实施乡村振兴战略的意见》《乡村振兴战略规划（2018—2022年）》《促进乡村旅游发展提质升级行动方案（2018年—2020年）》《关于促进乡村旅游可持续发展的指导意见》等文件精神，按照《"十三五"旅游业发展规划》提出的"发布全国乡村旅游重点村名录"要求，加快推进全国乡村旅游重点村名录建设工作，现就相关工作通知如下。

一、工作目标

为贯彻落实乡村振兴战略，大力推进乡村旅游高质量发展，优化乡村旅游供给，更好地满足人民群众日益增长的美好生活需要，在全国遴选一批符合文化和旅游发展方向、资源开发和产品建设水平高、具有典型示范和带动引领作用的乡村（含行政村和自然村），建立全国乡村旅游重点村名录。

二、遴选标准

（一）文化和旅游资源富集。观赏游憩价值较高，具有一定的历史价值、文化价值或科学价值。乡村旅游开发主题定位明确，有自然或人文的乡村旅游核心吸引物，特色突出，吸引力强。

（二）自然生态和传统文化保护较好。对自然生态、田园风光、传统村落、历史文化、民族文化等资源的保护较好，严格规划建设管控，保持传统村落原有机理，延续传统空间格局，注重文化挖掘和传承，建筑风貌具有地域特征、民族特色。

（三）乡村民宿发展较好。能够依托当地自然和文化资源禀赋发展特色乡村民宿，注重创意设计，凸显地域文化特色。民宿产品能够在特色餐饮、文化体验、休闲娱乐等方面满足游客需要，综合带动效应明显。

（四）旅游产品体系成熟、质量较高。已开发出乡村民宿、观光度假、农事体验、乡土美食或文创产品等具有独特风格的成熟旅游产品。能够结合本地文化和旅游资源条件，创造性地开发旅游产品，挖掘文化内涵，充分体现社会主义核心价值观，具有较强的参与性、互动性和体验性。

（五）基础设施和公共服务较完善。可进入性好，交通设施完善，村内游览路线布局合理、顺畅，标识标牌系统相对完善。有信息咨询、智慧旅游、旅游投诉、宣传展示、游客游憩、便民服务等游客服务设施。村内公共厕所布局合理，数量能够满足需求，标识醒目美观，环境干净卫生。乡村社会文明程度较高，农民精神风貌较好，村容村貌整洁卫生。

（六）就业致富带动效益明显。就业带动效果好，能够较好吸纳本地村民就业。旅游收入利益联结机制科学，有效保障村民合理收益，脱贫致富效果较好。

三、工作程序

（一）各省（区、市）（包含新疆生产建设兵团，下同）文化和旅游厅（局）会同同级发展和改革委员会，负责本地区乡村旅游重点村的推荐和管理工作，落实国家有关政策和地方配套政策。

（二）县（市、区、旗、农场）人民政府作为申报单位，组织拟申报全国乡村旅游重点村的行政村或自然村填写《全国乡村旅游重点村申报表》（附件1，以下简称《申报表》），同时按提纲要求报送《全国乡村旅游重点村申报方案》（附件2，以下简称《申报方案》），市级文化和旅游部门会同同级发展和改革部门根据遴选标准择优确定后，向各省（区、市）文化和旅游厅（局）、发展和改革委员会提出申请。推荐名单应适度向"三区三州"等深度贫困地区倾斜。

（三）各省（区、市）文化和旅游厅（局）会同同级发展和改革委员会按照竞争性选拔原则和本地区乡村旅游发展政策，择优确定全国乡村旅游重点村推荐名单，以适当方式进行公示后联合上报文化和旅游部、国家发展和改革委员会。

（四）文化和旅游部会同国家发展和改革委员会根据各省推荐情况，采取召开专家评审会评价论证、个别现场实地考评等形式，根据综合得分情况确定进入全国乡村旅游重点村名录的名单。

（五）列入名录的全国乡村旅游重点村，由文化和旅游部、国家发展和改革委员会联合发文确认，优先享受国家有关支持政策。

四、工作要求

（一）加强组织领导。各省（区、市）文化和旅游厅（局）要会同同级发展和改革委员会切实加强组织领导，抓紧部署全国乡村旅游重点村名录建设工作，做好后续培育和管理。有创建意愿的县（市、区、旗、农场）要抓紧组织开展申报方案编制和审核筛选工作，并按程序尽快向省级文化和旅游厅（局）、发展和改革委员会申报。

（二）严格评审标准。各省（区、市）文化和旅游厅（局）、发展和改革委员会和各申报单位应严格按照遴选标准，择优确定全国乡村旅游重点村推荐名单，各省（区、市）推荐名额不超过 15 个，并按照优先顺序排序。

（三）明确时间进度。各省（区、市）文化和旅游厅（局）会同同级发展和改革委员会，于 2019 年 6 月 21 日前将全国乡村旅游重点村推荐名单和申报材料（包括《申报表》《申报方案》和不超过 20 页的申报 PPT，每一个村装订为一册）书面报送文化和旅游部资源开发司，同时组织申报单位登录文化和旅游部资源开发管理系统（网址：zykf.mct.gov.cn）在线上传相关申报材料。

五、后续支持和管理

（一）加强政策支持。文化和旅游部将依托旅游规划建设单位、创意设计机构、培训机构、媒体渠道、投融资机构等各方资源，在旅游规划、创意下乡、人才培训、宣传推广、投融资支持等方面对全国乡村旅游重点村和精品项目予以支持。鼓励各地利用各类资金渠道对全国乡村旅游重点村进行支持。

（二）加强信息报送。文化和旅游部将以全国乡村旅游重点村名录为基础，依托全国乡村旅游监测中心，开展乡村旅游发展情况监测分析。各省（区、市）文化和旅游厅（局）应建立信息报送机制，组织乡村旅游重点村及时填报乡村旅游发展相关数据和信息，积极反映发展过程中遇到的问题和建议。

（三）强化动态管理。文化和旅游部将会同国家发展和改革委员会，通过委托第三方机构等方式,适时对全国乡村旅游重点村开展考核评估,完善激励约束机制,建立"有进有退"的动态管理机制。

六、联系人及联系方式

文化和旅游部资源开发司乡村旅游和创意产品指导处
范　洁　　010-59882584
国家发展和改革委员会社会司生活质量处
段明祥　　010-68502620
文化和旅游部资源开发管理系统填报技术咨询
杨学武　　010-65950283
特此通知。

文化和旅游部办公厅　国家发展和改革委员会办公厅

2019 年 6 月 6 日

附录 2：
全国乡村旅游重点村镇名录建设工作方案[①]

为加强对全国乡村旅游重点村镇名录建设工作的政策指导和规范管理，按照全面推进乡村振兴战略、贯彻落实新发展理念、推动文化和旅游融合发展的相关要求，现就开展全国乡村旅游重点村镇名录建设工作制订如下工作方案。

一、工作目标

在全国遴选一批文化和旅游资源富集、旅游产品特色鲜明、旅游市场规范有序、旅游配套服务完善、村容村貌美好宜居、乡风淳朴风俗文明，带动村民致富效果良好，具有典型示范带动作用的村镇，建设全国乡村旅游重点村镇名录。充分发挥全国乡村旅游重点村镇示范引领作用，引导建立全方位多层次的乡村旅游品牌体系，优化乡村旅游产品和服务供给，推动乡村旅游高质量发展，促进巩固拓展脱贫攻坚成果、全面推进乡村振兴，满足人民群众美好生活需要。

二、遴选对象

全国乡村旅游重点村镇分为全国乡村旅游重点村和全国乡村旅游重点镇（乡）。全国乡村旅游重点村遴选对象为行政村或自然村，全国乡村旅游重点镇（乡）的遴选对象为乡、民族乡、镇等乡级行政区划单位。

三、职责分工

（一）文化和旅游部、国家发展和改革委员会是全国乡村旅游重点村镇名录建设工作主管部门，组织各省（区、市）（含新疆生产建设兵团，下同）文化和旅游、发展和改革部门开展全国乡村旅游重点村镇的遴选和动态管理等工作，发布全国乡村旅游重点

[①] 文化和旅游部办公厅 国家发展和改革委员会办公厅关于做好第三批全国乡村旅游重点村镇遴选推荐工作的通知［EB/OL］.（2021-06-09）［2023-12-20］. https://zwgk.mct.gov.cn/zfxxgkml/zykf/202106/t20210615_925208.html.

村镇名录。

（二）各省（区、市）文化和旅游厅（局）会同同级发展改革委，制订各省（区、市）乡村旅游重点村镇工作方案，开展各省（区、市）省级乡村旅游重点村镇名录建设工作，负责本地区全国乡村旅游重点村镇的推荐和管理工作，落实国家有关政策和地方配套政策，支持乡村旅游重点村镇发展。各省（区、市）省级乡村旅游重点村镇名录应报文化和旅游部、国家发展和改革委员会备案。

（三）全国乡村旅游重点村镇所在县（市、区、旗）人民政府是全国乡村旅游重点村镇的申报单位，是全国乡村旅游重点村镇建设的责任主体，要加强对重点村镇建设的统筹规划，推动重点村镇乡村旅游转型升级、提质增效，不断提升重点村镇的示范引领作用，促进乡村旅游高质量发展。

四、遴选标准

（一）全国乡村旅游重点村应当符合下列标准：

1. 文化和旅游资源富集、开发合理。有一定规模或独特的文化和旅游资源，资源类型丰富，组合关系良好，观赏游憩价值较高，具有一定的历史价值、文化价值或科学价值。人文资源与自然资源融合度高，能够体现地域特色、民族风情和乡土风貌。乡村旅游开发主题定位明确，走特色化、差异化发展之路。

2. 乡村文化传承保护、转化发展较好。文物古迹、传统村落、民族村寨、传统建筑、农业遗迹等文化遗产得到科学、妥善的保护，有非物质文化遗产项目的，应有完备的非物质文化遗产保护工作制度和措施。有文化展示体验空间，能够提供村史展示、文化展览、主题讲座、互动项目等丰富的文化展示体验内容。能够保持乡村原有建筑风貌和村落格局，把民族民间文化元素融入乡村建筑、景观设计，新建建筑与原有风貌协调统一，重塑诗意闲适的人文环境。乡村旅游助力乡村文化振兴成效显著，群众文化活动丰富多彩，农民精神风貌较好，展现文明乡风、良好家风、淳朴民风。

3. 旅游产品体系成熟、品质较高。已开发出观光度假、农事体验、民俗文化、休闲游憩、乡村民宿、特色美食、节庆活动等类型多样、具有独特风格的成熟旅游产品，以旅游开发带动乡村产业振兴。旅游产品开发与乡村特色产业、特色文化资源结合紧密，弘扬社会主义核心价值观，具有较强的参与性、互动性和体验性。能够深入挖掘乡村文化的价值内涵和符号元素，开发艺术性和实用性有机统一、适应现代生活需求的文化创意产品和旅游商品。

4. 乡村民宿建设主题突出、规范有序。能够依托当地自然和文化资源禀赋发展特色乡村民宿，注重创意设计，凸显地域、民族文化特色。尊重原住居民生活形态和传统习惯，防止大拆大建、千村一面和城市化翻版、简单化复制。环境整洁舒适、设施设备完善、服务接待规范。

5. 生态环境优美宜居。严格规划建设管控，有自然生态系统保护制度或具体措施。村内各项设施设备符合国家关于环境保护的要求，不造成环境污染、自然资源破坏和其他公害。乡村建设与地形地貌有机结合，融入山水林田湖草等自然要素，彰显优美的山水格局和自然景观特色。人居环境良好，村容村貌整洁，有必要的垃圾、污水处理设施，通过发展乡村旅游带动乡村生态振兴。

6. 基础设施和公共服务较完善。外部交通通畅，进出便捷或具有旅游专线，交通标志、路灯、停车场等交通设施完备，内部游览线路设计合理，与景观环境相协调。有信息咨询、智慧旅游、旅游投诉、宣传展示、公共休息、便民服务等公共服务设施。村内公共厕所布局合理，数量能够满足需求，标识醒目美观，环境干净卫生。公共服务设施管理有序，经营场所服务规范，服务人员文明礼貌、仪容得体。

7. 体制机制完善合理、运营高效。基层党组织在乡村旅游发展中发挥领导核心作用，能够整合村民委员会、集体经济组织、农民合作社、企业、行业协会等力量统筹推进乡村旅游发展，促进乡村组织振兴。村民能够以土地、林权、资金、劳动、技术、产品等要素参与乡村旅游发展，收益分配机制科学，能够有效保障村民合理收益，巩固脱贫成效、带动增收致富效果较好。

8. 带动创业就业、经济社会发展等效益明显。能够较好吸纳本地村民就业，开展乡村旅游培训，提升村民综合素质。采取积极措施，吸引大学生、返乡农民工、专业艺术人才、青年创业团队等能人创客返乡创业，带动乡村人才振兴。利用多种媒体和渠道开展宣传推广和营销，打造乡村旅游品牌，提升乡村整体形象。能够在宣传营销、预订交易、管理服务等方面充分利用互联网等高新技术，发展智慧乡村旅游，助力数字乡村建设。

（二）全国乡村旅游重点镇（乡）应当符合下列标准：

1. 乡村旅游规划合理、定位清晰。有单独制定的乡村旅游发展规划，或在旅游规划中有完整独立的乡村旅游内容。规划符合当地实际，尊重村民发展意愿，统筹生产、生活、生态布局。乡村旅游发展规划与国土空间规划、村庄规划、土地利用总体规划等相衔接，落实生态保护红线、永久基本农田、城镇开发边界以及各类海域保护线。乡村旅游发展定位明确合理，文化内涵丰富、主题特色突出、品牌形象鲜明，镇村旅游产品互为补充，能够发挥乡镇连城带村的衔接功能和工商资本强、设施配套好、人才储备足的要素优势，服务带动乡村旅游发展，实现乡村旅游"规划在镇、建设在村、增收在户"。

2. 文化底蕴深厚、生态环境优美。区域内有传统村落、文物保护单位、历史文化街区、历史文化名村名镇、传统建筑、非物质文化遗产等文化资源，传承保护有序、开发利用合理。有节庆活动、文化场馆、文化景观等文化传承载体，形成独特的文化形象。践行"绿水青山就是金山银山"理念，生态环境保护较好，山水林田湖草有机协调，城乡环境卫生整洁、村容村貌优美宜居。乡村旅游发展能够挖掘文化内涵、彰显乡愁特色，保留乡村独特景观特色和历史文化脉络，新建建筑与原有风貌协调统一，避免大拆大建和破坏生态环境。

3. 乡村旅游集聚融合发展特征明显。乡村旅游年接待人次高于省内平均水平。有至少1个全国乡村旅游重点村和2个省级乡村旅游重点村，有2条以上乡村旅游主题线路，有10家以上乡村民宿，有夜间游览体验项目。有体现地方产业和文化特色的文化创意产品和旅游商品，有经营规范的旅游购物场所。乡村旅游业态类型丰富、特色鲜明、品质优良，能够满足游客多样化、品质化需求。乡村旅游与当地特色产业结合紧密，能够带动当地特色种养业、农产品加工业、特色文化产业、商贸服务业等一二三产业融合发展。

4. 乡村旅游促进城乡融合、基本公共服务均等化效果较好。交通基础设施布局合理，外部通达性较好，乡镇、交通干道与乡村旅游景区（点）之间道路联通较好。有步行、骑行等慢行系统，与公共交通系统衔接较好，交通标识系统设计美观、统一规范，具有地方特色。智慧乡村旅游发展水平较高，行政村宽带网络、4G信号实现全覆盖，能够有效运用互联网提供信息资讯、宣传推广、预订交易等服务。水、电、气、公共照明、广播电视、旅游厕所、垃圾污水集中处理等公共基础设施能够有效向乡村地区延伸覆盖。电子商务物流、仓储、配送体系健全，能够满足游客购物需求。乡镇应设有位置合理、设施完善、服务齐全、彰显特色的游客服务中心，或有其他提供旅游公共服务的场所。统筹考虑城乡居民、旅游发展和返乡创业需要，合理布局教育、医疗卫生、文化体育等公共服务设施，在基本公共服务均等化方面发挥乡镇连接城市、服务乡村的作用。

5. 乡村旅游促进政策体系完善。有保障乡村旅游用地的相关政策，能够通过乡村全域土地综合整治，集体经营性建设用地入市，盘活闲置建设用地、宅基地和农房，开发未利用和再利用土地等方式支持建设乡村旅游设施和项目。有支持乡村旅游发展的财政资金政策，通过设立旅游发展专项资金或统筹整合涉农资金支持乡村旅游发展。有优化乡村旅游发展营商环境，鼓励乡村旅游投资创业的政策措施，能够有效激发乡村旅游创业活力和就业潜力。在乡村民宿证照办理方面有便捷高效的准入机制，有较为完善的乡村民宿事中事后监管机制和发展引导政策。乡镇政府近两年有实施乡村旅游消费惠民活动、人才培训项目、宣传推广活动等配套举措，有效塑造乡村旅游品牌形象。

6. 乡村旅游管理协调机制健全高效。乡镇党委、政府在人力、物力、财力投入方面为乡村旅游发展提供保障。乡镇旅游主管部门职责分明、制度健全，能够有效协调旅游发展与社会治理之间的关系，推动形成共建共享、和谐相处的社区和乡村治理格局。旅游市场秩序良好，有较为健全的旅游安全责任制度和应急管理预案。能够指导乡村旅游经营主体建立健全多元利益联结机制，保障农民收益。在财政资金或旅游发展收益中能够拿出一定比例投入自然和文化资源保护，实现可持续发展。

五、遴选程序

（一）申报全国乡村旅游重点村镇应当提交以下材料：

1. 申报表；

2. 申报报告；

3. 宣传图片或视频。

提交的宣传图片和视频将视为授权主管部门在宣传推广工作中使用，请申报单位协调解决好版权问题。

（二）申报单位组织村镇编制申报材料，报地市级文化和旅游、发展和改革部门确定。

（三）地市级文化和旅游行政部门会同同级发展和改革部门根据遴选标准择优确定后，向各省（区、市）文化和旅游厅（局）、发展和改革委员会提出申请。各省（区、市）文化和旅游厅（局）、发展和改革委员会择优确定省级乡村旅游重点村镇名录。

（四）各省（区、市）文化和旅游厅（局）会同同级发展和改革委员会从省级乡村旅游重点村镇名录中择优确定全国乡村旅游重点村镇推荐名单，以适当方式进行公示后联合推荐至文化和旅游部、国家发展和改革委员会。

（五）文化和旅游部会同国家发展和改革委员会通过组织专家评审等方式对各省推荐的村镇进行复核，经公示后确定列入全国乡村旅游重点村镇名录的名单。

（六）列入名录的全国乡村旅游重点村镇，由文化和旅游部、国家发展和改革委员会联合发文确认，并由文化和旅游部授予全国乡村旅游重点村和全国乡村旅游重点镇（乡）标识牌。

（七）各级报送推荐名单应适度向乡村振兴重点帮扶县、革命老区、边境地区、民族地区倾斜。

六、管理和支持

（一）文化和旅游部建立全国乡村旅游重点村镇信息报送平台和监测工作体系，对全国乡村旅游重点村镇发展情况进行监测。各省（区、市）文化和旅游厅（局）指导全国乡村旅游重点村镇按时如实填报有关数据，并对报送的数据和信息进行审核。

（二）文化和旅游部会同国家发展和改革委员会，通过实地调查、第三方机构评估、社会监督等方式，适时对全国乡村旅游重点村镇开展考核评估，建立"有进有出"的动态管理机制。经调查核实有下列情形之一的，由文化和旅游部、国家发展和改革委员会撤销"全国乡村旅游重点村镇"称号，并收回标识牌：

1. 旅游产品内容违背社会主义核心价值观；

2. 因管理不善造成自然和文化资源破坏、生态环境退化；

3. 旅游市场失范，造成严重不良影响；

4. 发生重大旅游安全事故；

5. 侵犯农民合法权益，造成严重不良影响；

6. 在遴选过程中弄虚作假，违反遴选程序和工作纪律；

7. 连续两年未按时报送数据信息；

8. 其他经主管部门确认不符合标准的情形。

（三）文化和旅游部、国家发展和改革委员会协调相关部门，积极优化整合现有资源，在旅游规划、创意下乡、人才培训、宣传推广、金融支持、项目对接等方面对全国乡村旅游重点村镇予以支持。鼓励各地利用各类资金渠道对全国和省级乡村旅游重点村镇进行支持。

附录3：

全国乡村旅游重点村申报报告提纲和全国乡村旅游重点镇（乡）申报报告提纲

全国乡村旅游重点村申报报告提纲[①]

一、自然和文化资源禀赋情况

资源类型、特色和价值等。

二、旅游发展基本情况

旅游发展规划、主题、定位，发展现状、发展成效等。

三、乡村文化保护传承情况

（一）文化遗产现状，保护工作制度和措施、经费投入、记录和档案情况。

（二）文化展示体验载体建设、项目设计情况。

（三）人文环境建设、群众文化活动开展等情况。

四、旅游产品开发情况

（一）观光度假、农事体验、民俗文化、休闲游憩、乡村民宿、特色美食、节庆活动等产品开发情况。

（二）旅游产品开发特点、文化内涵挖掘、创新创意等情况。

五、乡村民宿建设情况

（一）建设数量、布局情况。

---

① 文化和旅游部办公厅　国家发展和改革委员会办公厅关于做好第三批全国乡村旅游重点村镇遴选推荐工作的通知［EB/OL］．（2021-06-09）［2023-12-20］．https://zwgk.mct.gov.cn/zfxxgkml/zykf/202106/t20210615_925208.html.

（二）文化内涵挖掘、创意设计提升情况。

（三）经营主体、经营模式、管理措施等。

六、生态环境保护情况

（一）自然生态环境质量。包括但不限于空气质量等级、水体质量等级、绿化覆盖率等。

（二）自然生态环境保护制度、措施、设施建设情况。

（三）人居环境建设情况。

七、基础设施和公共服务设施建设情况

（一）交通设施。包括外部交通设施（通往乡村的公路等级、是否有城市公交或旅游专线车到达、标识标牌建设等）和内部交通设施（游线设计、游步道建设、内部交通工具等）。

（二）公共服务设施建设情况（游客中心、停车场、游憩设施、标识标牌、旅游厕所、环境保护、智慧旅游等设施建设和管理情况）。

八、体制机制建设情况

（一）党组织在乡村旅游发展中发挥作用情况。

（二）各类乡村旅游发展主体运营情况。

（三）利益联结模式和村民参与、增收情况。

九、创业就业和经济社会发展带动情况

（一）带动村民就业、培训提升和创客返乡创业所采取的措施和成效。

（二）智慧乡村旅游建设情况。

（三）宣传营销和品牌培育情况。

十、可推广复制经验做法

可根据实际情况，从资源开发利用、文化保护传承、产品建设、发展模式、体制机制创新等方面，选择最具代表性、创新性和推广价值的进行阐述。

全国乡村旅游重点镇（乡）申报报告提纲[①]

一、乡村旅游发展基本情况

乡村旅游发展规划、定位、现状、成效，与国土空间规划、村庄规划等衔接情况，镇村联动情况等。

二、自然和人文环境建设情况

自然和文化资源禀赋及保护开发利用情况，生态环境和人居环境建设情况等。

三、乡村旅游集聚融合发展情况

乡村旅游重点村建设情况，乡村旅游产品、线路建设情况，乡村旅游与当地特色产业融合发展情况等。

四、旅游基础设施和公共服务设施建设情况

交通通信、供水供电、旅游厕所、垃圾污水处理等基础设施与乡村旅游发展配套建设情况。智慧乡村旅游建设情况。旅游公共服务设施配套建设情况等。

五、乡村旅游促进政策情况

乡村旅游用地保障、财政资金、优化营商环境、鼓励投资创业、民宿证照办理等方面政策措施出台落实情况，乡村旅游消费惠民、人才培训、宣传推广等活动举措实施情况等。

六、乡村旅游管理协调机制建设情况

人力、物力、财力等乡村旅游发展保障情况，乡村旅游发展管理、利益协调等方面具体举措，自然文化资源保护投入情况等。

[①] 文化和旅游部办公厅　国家发展和改革委员会办公厅关于做好第三批全国乡村旅游重点村镇遴选推荐工作的通知［EB/OL］.（2021-06-09）［2023-12-20］. https://zwgk.mct.gov.cn/zfxxgkml/zykf/202106/t20210615_925208.html.

七、可推广复制经验做法

总结提炼乡镇在服务带动乡村旅游集聚化、规模化、品质化发展方面的有效做法、典型模式和有益经验。

附录 4：

湖南省文化和旅游厅　湖南省发展和改革委员会关于开展湖南省乡村旅游重点村名录建设工作的通知

湘文旅资源〔2019〕90 号

各市州文化和旅游广电（体育）局、发展和改革委员会：

为贯彻落实《湖南省旅游业"十三五"发展规划纲要》、《湖南省建设全域旅游基地三年行动计划（2018—2020 年）》、《关于加快推进美丽乡村建设的意见》（湘办发〔2016〕34 号）等文件精神，按照 2019 年全国乡村旅游（民宿）工作现场会要求，加快推进省级乡村旅游重点村名录建设工作，现就开展湖南省乡村旅游重点村名录建设工作有关事项通知如下。

一、工作目标

为大力推进乡村旅游高质量发展，优化乡村旅游供给，助力乡村振兴战略，在全省遴选一批符合文化和旅游发展方向、资源开发和产品建设水平较高、具有典型示范和带动引领作用的乡村（含行政村和自然村），建立湖南省乡村旅游重点村名录。

二、遴选标准

（一）文化和旅游资源富集。观赏游憩价值较高，具有一定的历史价值、文化价值或科学价值。乡村旅游开发主题定位明确，有自然或人文的乡村旅游核心吸引物，特色突出，吸引力强。

（二）自然生态和传统文化保护较好。对自然生态、田园风光、传统村落、历史文化、民族文化等资源的保护较好，严格规划建设管控，保持传统村落原有机理，延续传统空间格局，注重文化挖掘和传承，建筑风貌具有地域特征、民族特色。

（三）乡村民宿发展较好。能够依托当地自然和文化资源禀赋发展特色乡村民宿，注重创意设计，凸显地域文化特色。民宿产品能够在特色餐饮、文化体验、休闲娱乐等方面满足游客需要，综合带动效应明显。

（四）旅游产品体系成熟、质量较高。已开发出乡村民宿、观光度假、农事体验、乡土美食或文创产品等具有独特风格的成熟旅游产品。能够结合本地文化和旅游资源条件，创造性地开发旅游产品，挖掘文化内涵，充分体现社会主义核心价值观，具有较强的参与性、互动性和体验性。

（五）基础设施和公共服务较完善。可进入性好，交通设施完善，村内游览路线布局合理、顺畅，标识标牌系统相对完善。有信息咨询、智慧旅游、旅游投诉、宣传展示、游客游憩、便民服务等游客服务设施。村内公共厕所布局合理，数量能够满足需求，标识醒目美观，环境干净卫生。乡村社会文明程度较高，农民精神风貌较好，村容村貌整洁卫生。

（六）就业致富带动效益明显。就业带动效果好，能够较好吸纳本地村民就业。旅游收入利益联结机制科学，有效保障村民合理收益，脱贫致富效果较好。

三、工作程序

（一）组织申报。县（市、区）人民政府作为申报单位，组织拟申报湖南省乡村旅游重点村的行政村或自然村填写《湖南省乡村旅游重点村申报表》（附件1，以下简称《申报表》），同时按提纲要求报送《湖南省乡村旅游重点村申报方案》（附件2，以下简称《申报方案》），向市州文化和旅游广电（体育）局、发展和改革委员会提出申请。

（二）市州审核。各市州文化和旅游广电（体育）局会同同级发展和改革委员会根据遴选标准，按照竞争性选拔原则，择优确定湖南省乡村旅游重点村推荐名单，以适当方式进行公示后联合上报省文化和旅游厅、省发展和改革委员会。

（三）评审。省文化和旅游厅会同省发展和改革委员会根据各市州推荐情况，采取召开专家评审会评价论证、现场实地考评等形式，根据综合得分情况确定进入湖南省乡村旅游重点村名录的名单。

（四）公示。对通过评审的湖南省乡村旅游重点村，进行不少于7个工作日的公示。对公示期内无重大异议或重大投诉的通过公示，若出现重大异议或重大投诉等情况，由省文化和旅游厅会同省发展和改革委员会组织专家调查核实，并做出相应处理。

（五）认定授牌。对通过公示的湖南省乡村旅游重点村，经报省文化和旅游厅、省发展和改革委员会，由省文化和旅游厅、省发展和改革委员会联合发文确认并授牌，优先享受有关支持政策。

四、工作要求

（一）加强组织领导。各市州要高度重视，加强协调分工，抓紧部署湖南省乡村旅游重点村名录建设工作，认真组织申报和推荐，做好后续培育和管理，落实有关政策和地方配套政策，积极反映并认真解决发展过程中遇到的问题。

（二）严格遴选标准。各市州和各申报单位要严格按照遴选标准，择优确定湖南省乡村旅游重点村推荐名单，各市州推荐名额不超过2个（不含已申报全国乡村旅游重点村且进入省级评审的村），并按照优先顺序排序。2019年6月申报全国乡村旅游重点村且已进入省级评审的村，经市州推荐，自动进入湖南省乡村旅游重点村评审程序，不另行上报资料。

（三）加强监督管理。各级纪检监察部门要参与监督，确保公平公正。要把湖南省乡村旅游重点村作为全国乡村旅游重点村培育单位，适时开展考核评估，完善激励约束机制。

五、政策支持

省文化和旅游厅、省发展和改革委员会将依托旅游规划建设单位、创意设计机构、培训机构、媒体渠道、投融资机构等各方资源，在旅游规划、创意下乡、人才培训、宣传推广、投融资支持等方面对乡村旅游重点村予以支持。鼓励各地利用各类资金渠道对乡村旅游重点村进行支持。

各市州于2019年9月18日前，将湖南乡村旅游重点村推荐名单和申报材料一式两份（包括《申报表》《申报方案》和申报PPT，每一个村装订为一册），书面和电子文档报送省文化和旅游厅资源开发处。

六、联系人及联系方式

省文化和旅游厅资源开发处：
张国兵　联系电话：0731-85286096　邮箱：2933214751@qq.com
省发展和改革委员会社会发展处：陈阳子　0731-89991025
特此通知。

湖南省文化和旅游厅　湖南省发展和改革委员会
2019年8月28日

附录5：

第一批全国乡村旅游重点村名录乡村名单*

序号	地区	乡村名称
1	北京	怀柔区渤海镇北沟村
2	北京	延庆区井庄镇柳沟村
3	北京	密云区古北口镇古北口村
4	北京	房山区周口店镇黄山店村
5	北京	怀柔区喇叭沟门满族乡中榆树店村
6	北京	门头沟区斋堂镇灵水村
7	北京	顺义区龙湾屯镇柳庄户村
8	北京	延庆区刘斌堡乡姚官岭村
9	北京	门头沟区斋堂镇马栏村
10	天津	蓟州区下营镇常州村
11	天津	蓟州区渔阳镇西井峪村
12	天津	蓟州区下营镇郭家沟村
13	天津	蓟州区穿芳峪镇小穿芳峪村
14	天津	蓟州区穿芳峪镇毛家峪村
15	天津	蓟州区穿芳峪镇大巨各庄村
16	天津	蓟州区上仓镇程家庄村
17	河北	石家庄市平山县岗南镇李家庄村
18	河北	邯郸市馆陶县寿山寺乡寿山寺东村
19	河北	衡水市武强县周窝镇周窝村
20	河北	保定市涞水县三坡镇百里峡村
21	河北	张家口市蔚县暖泉镇西古堡村
22	河北	雄安新区雄县张岗乡王村

*附录中收录名单地名以收录时的地理区域划分为准。

续表

序号	地区	乡村名称
23	河北	唐山市曹妃甸区十里海养殖场
24	河北	邢台市沙河市柴关乡王硇村
25	河北	保定市竞秀区江城乡大激店村
26	河北	石家庄市正定县正定镇塔元庄村
27	河北	秦皇岛市北戴河区北戴河村
28	山西	晋中市昔阳县大寨镇大寨村
29	山西	吕梁市汾阳市贾家庄镇贾家庄村
30	山西	阳泉市平定县娘子关镇娘子关村
31	山西	长治市上党区振兴新区振兴村
32	山西	忻州市岢岚县宋家沟乡宋家沟村
33	山西	晋城市城区北石店镇司徒村
34	山西	晋中市平遥县段村镇横坡村
35	山西	临汾市乡宁县关王庙乡坂儿上村
36	内蒙古	巴彦淖尔市临河区狼山镇富强村
37	内蒙古	呼伦贝尔市额尔古纳市蒙兀室韦苏木室韦村
38	内蒙古	鄂尔多斯市乌审旗无定河镇巴图湾村
39	内蒙古	赤峰市喀喇沁旗西桥镇雷家营子村
40	内蒙古	呼和浩特市新城区保合少镇恼包村
41	内蒙古	兴安盟乌兰浩特市义勒力特镇义勒力特嘎查
42	内蒙古	包头市土默特右旗沟门镇西湾村
43	内蒙古	呼伦贝尔市鄂伦春自治旗大杨树镇多布库尔猎民村
44	内蒙古	通辽市科左后旗散都苏木车家窝堡村
45	辽宁	丹东市凤城市凤山区大梨树村
46	辽宁	沈阳市沈北新区石佛寺街道石佛一村
47	辽宁	大连市旅顺口区水师营街道小南村
48	辽宁	本溪市本溪满族自治县小市镇同江峪村
49	辽宁	锦州市凌海市翠岩镇牤牛屯村
50	辽宁	阜新市细河区四合镇黄家沟村
51	辽宁	鞍山市千山风景名胜区温泉街道上石桥村
52	辽宁	丹东市东港市北井子镇獐岛村

续表

序号	地区	乡村名称
53	辽宁	抚顺市新宾满族自治县永陵镇赫图阿拉村
54	吉林	松原市前郭尔罗斯蒙古族自治县查干湖渔场查干湖屯
55	吉林	延边朝鲜族自治州和龙市东城镇光东村
56	吉林	延边朝鲜族自治州和龙市西城镇金达莱村
57	吉林	吉林市龙潭区乌拉街满族镇韩屯村
58	吉林	吉林市舒兰市上营镇马鞍岭村
59	吉林	长白山保护开发区管理委员会池南区漫江村
60	吉林	长春市净月高新技术产业开发区玉潭镇友好村
61	吉林	辽源市东辽县安石镇朝阳村
62	黑龙江	双鸭山市饶河县西林子乡小南河村
63	黑龙江	大兴安岭地区漠河市北极镇北红村
64	黑龙江	哈尔滨市宾县宾州镇友联村
65	黑龙江	牡丹江市宁安市渤海镇小朱家村
66	黑龙江	大庆市杜尔伯特蒙古族自治县连环湖镇南岗村
67	黑龙江	七台河市勃利县青山乡奋斗村
68	黑龙江	伊春市新青区松林林场
69	黑龙江	双鸭山市饶河县四排乡四排赫哲族村
70	黑龙江	牡丹江市西安区海南乡中兴村
71	黑龙江	齐齐哈尔市铁锋区扎龙镇查罕诺村
72	上海	金山区山阳镇渔业村
73	上海	奉贤区青村镇吴房村
74	上海	崇明区竖新镇仙桥村
75	上海	闵行区浦江镇革新村
76	上海	崇明区竖新镇前卫村
77	上海	嘉定区马陆镇大裕村
78	江苏	徐州市贾汪区潘安湖街道马庄村
79	江苏	无锡市宜兴市湖㳇镇洑西村
80	江苏	南京市江宁区江宁街道黄龙岘茶文化村
81	江苏	常州市溧阳市戴埠镇李家园村
82	江苏	苏州市张家港市南丰镇永联村

续表

序号	地区	乡村名称
83	江苏	淮安市洪泽区老子山镇龟山村
84	江苏	常州市金坛区薛埠镇仙姑村
85	江苏	无锡市锡山区东港镇山联村
86	江苏	南京市浦口区江浦街道不老村
87	江苏	苏州市常熟市支塘镇蒋巷村
88	江苏	盐城市大丰区大中街道恒北村
89	江苏	南通市海门市常乐镇颐生村
90	江苏	泰州市泰兴市黄桥镇祁巷村
91	浙江	湖州市长兴县水口乡顾渚村
92	浙江	湖州市安吉县天荒坪镇余村村
93	浙江	杭州市淳安县枫树岭镇下姜村
94	浙江	舟山市嵊泗县花鸟乡花鸟村
95	浙江	金华市兰溪市诸葛镇诸葛八卦村
96	浙江	衢州市开化县华埠镇金星村
97	浙江	丽水市龙泉市宝溪乡溪头村
98	浙江	宁波市宁海县前童镇鹿山村
99	浙江	嘉兴市秀洲区新塍镇潘家浜村
100	浙江	衢州市江山市大陈乡大陈村
101	浙江	台州市仙居县淡竹乡下叶村
102	浙江	宁波市奉化区萧王庙街道滕头村
103	浙江	丽水市遂昌县湖山乡红星坪村
104	浙江	温州市泰顺县竹里畲族乡竹里村
105	安徽	黄山市黟县宏村镇宏村
106	安徽	滁州市凤阳县小溪河镇小岗村
107	安徽	宣城市泾县桃花潭镇查济村
108	安徽	宿州市砀山县良梨镇良梨村
109	安徽	黄山市徽州区西溪南镇西溪南村
110	安徽	合肥市巢湖市半汤街道汤山村
111	安徽	安庆市太湖县晋熙镇梅河村
112	安徽	滁州市天长市铜城镇龙岗村

续表

序号	地区	乡村名称
113	安徽	安庆市岳西县黄尾镇黄尾村
114	安徽	安庆市潜山市天柱山镇茶庄村
115	安徽	宣城市宁国市云梯畲族乡千秋村
116	安徽	宣城市广德县太极洞风景区桃园村
117	福建	三明市泰宁县杉城镇际溪村
118	福建	龙岩市连城县宣和乡培田村
119	福建	漳州市南靖县梅林镇官洋村
120	福建	宁德市寿宁县下党乡下党村
121	福建	平潭综合实验区流水镇北港村
122	福建	三明市尤溪县洋中镇桂峰村
123	福建	宁德市寿宁县犀溪镇西浦村
124	福建	漳州市长泰县马洋溪生态旅游区山重村
125	福建	泉州市惠安县崇武镇大岞村
126	福建	宁德市福安市溪潭镇廉村村
127	福建	南平市政和县石屯镇石圳村
128	江西	上饶市婺源县江湾镇栗木坑村
129	江西	赣州市大余县黄龙镇大龙村
130	江西	上饶市婺源县赋春镇源头村
131	江西	吉安市井冈山市大陇镇大陇村
132	江西	新余市仙女湖风景名胜区仰天岗办事处孝头村
133	江西	宜春市靖安县中源乡三坪村
134	江西	抚州市资溪县乌石镇新月村
135	江西	赣州市龙南县临塘乡东坑村
136	江西	鹰潭市余江区杨溪乡璜溪村
137	江西	九江市永修县柘林镇易家河村
138	江西	吉安市井冈山市厦坪镇菖蒲村
139	江西	南昌市南昌县黄马乡凤凰村
140	山东	淄博市博山区池上镇中郝峪村
141	山东	威海市荣成市宁津街道东楮岛村
142	山东	临沂市沂南县铜井镇竹泉村

续表

序号	地区	乡村名称
143	山东	潍坊市青州市王府街道井塘村
144	山东	临沂市沂水县院东头镇桃棵子村
145	山东	泰安市岱岳区道朗镇里峪村
146	山东	济宁市邹城市石墙镇上九山村
147	山东	济宁市梁山县大路口乡贾堌堆村
148	山东	临沂市兰陵县苍山街道压油沟村
149	山东	日照市莒县东莞镇赵家石河村
150	河南	洛阳市栾川县潭头镇重渡村
151	河南	南阳市西峡县太平镇东坪村
152	河南	焦作市温县赵堡镇陈家沟村
153	河南	三门峡市卢氏县官道口镇新坪村
154	河南	开封市兰考县东坝头乡张庄村
155	河南	信阳市新县八里畈镇丁李湾村
156	河南	郑州市新郑市龙湖镇泰山村
157	河南	驻马店市平舆县东皇街道大王寨村
158	河南	周口市淮阳县城关回族镇从庄村
159	河南	鹤壁市淇县灵山街道赵庄村
160	湖北	荆州市石首市桃花山镇李花山村
161	湖北	黄冈市蕲春县檀林镇雾云山村
162	湖北	襄阳市保康县马桥镇尧治河村
163	湖北	十堰市竹山县文峰乡太和村
164	湖北	咸宁市通山县南林桥镇石门村
165	湖北	孝感市大悟县新城镇金岭村
166	湖北	荆门市钟祥市客店镇南庄村
167	湖北	恩施土家族苗族自治州利川市南坪乡营上村
168	湖北	恩施土家族苗族自治州恩施市白杨坪乡洞下槽村
169	湖北	宜昌市五峰县采花乡栗子坪村
170	湖北	神农架林区宋洛乡盘龙村
171	湖南	湘西土家族苗族自治州花垣县双龙镇十八洞村
172	湖南	郴州市汝城县文明瑶族乡沙洲瑶族村

续表

序号	地区	乡村名称
173	湖南	湘潭市韶山市银田镇银田村
174	湖南	益阳市南县乌嘴乡罗文村
175	湖南	张家界市慈利县三官寺土家族乡罗潭村
176	湖南	长沙市长沙县果园镇浔龙河村
177	湖南	娄底市双峰县杏子铺镇双源村
178	湖南	常德市安乡县安康乡仙桃村
179	湖南	永州市江永县兰溪瑶族乡勾蓝瑶村
180	湖南	衡阳市衡阳县西渡镇新桥村
181	湖南	岳阳市汨罗市白水镇西长村
182	广东	梅州市大埔县西河镇北塘村
183	广东	湛江市霞山区特呈岛村
184	广东	茂名市信宜市镇隆镇八坊村
185	广东	河源市源城区埔前镇陂角村
186	广东	惠州市龙门县南昆山生态旅游区中坪尾村
187	广东	东莞市茶山镇南社村
188	广东	佛山市顺德区杏坛镇逢简村
189	广东	韶关市仁化县丹霞街道瑶塘新村
190	广东	江门市台山市斗山镇浮石村
191	广东	汕尾市陆河县水唇镇罗洞村
192	广西	贺州市富川瑶族自治县朝东镇岔山村
193	广西	崇左市大新县堪圩乡明仕村
194	广西	桂林市龙胜各族自治县龙脊镇大寨村
195	广西	柳州市三江侗族自治县八江镇布央村
196	广西	河池市巴马瑶族自治县那桃乡平林村
197	广西	贵港市覃塘区覃塘街道龙凤村
198	广西	南宁市马山县古零镇小都百屯
199	广西	来宾市金秀瑶族自治县六巷乡大岭村
200	广西	桂林市灵川县大圩镇袁家村
201	广西	柳州市融水苗族自治县四荣乡荣地村
202	广西	百色市田阳县五村镇巴某村

续表

序号	地区	乡村名称
203	海南	琼中黎族苗族自治县红毛镇什寒村
204	海南	三亚市吉阳区中廖村
205	海南	澄迈县老城镇罗驿村
206	海南	白沙黎族自治县元门乡罗帅村
207	海南	儋州市木棠镇铁匠村
208	海南	海口市美兰区演丰镇山尾头村
209	海南	定安县龙湖镇高林村
210	海南	海口市秀英区永兴镇冯塘村
211	重庆	永川区南大街街道黄瓜山村
212	重庆	武隆区仙女山镇荆竹村
213	重庆	合川区涞滩镇二佛村
214	重庆	万盛经济技术开发区关坝镇凉风村
215	重庆	大足区宝顶镇慈航社区
216	重庆	垫江县新民镇明月村
217	重庆	沙坪坝区曾家镇虎峰山村
218	重庆	荣昌区万灵镇大荣寨社区
219	重庆	巫溪县古路镇观峰村
220	四川	成都市蒲江县甘溪镇明月村
221	四川	德阳市绵竹市孝德镇年画村
222	四川	成都市郫都区唐昌街道战旗村
223	四川	凉山彝族自治州昭觉县支尔莫乡阿土列尔村
224	四川	眉山市丹棱县顺龙乡幸福村
225	四川	甘孜藏族自治州丹巴县聂呷乡甲居二村
226	四川	成都市彭州市龙门山镇宝山村
227	四川	乐山市峨边县黑竹沟镇底底古村
228	四川	南充市阆中市天林乡五龙村
229	四川	成都市都江堰市柳街镇七里社区
230	四川	泸州市纳溪区大渡口镇民强村
231	四川	达州市宣汉县三墩土家族乡大窝村
232	贵州	遵义市播州区枫香镇花茂村

续表

序号	地区	乡村名称
233	贵州	铜仁市江口县太平镇云舍村
234	贵州	黔东南苗族侗族自治州台江县老屯乡长滩村
235	贵州	六盘水市盘州市淤泥乡岩博村
236	贵州	安顺市平坝区乐平镇塘约村
237	贵州	黔南布依族苗族自治州惠水县好花红镇好花红村
238	贵州	遵义市播州区平正仡佬族乡团结村
239	贵州	遵义市新蒲新区新舟镇槐安村
240	贵州	贵阳市开阳县南江布依族苗族乡龙广村
241	贵州	黔西南布依族苗族自治州兴义市万峰林街道上纳灰村
242	贵州	六盘水市水城县蟠龙镇百车河村
243	贵州	毕节市大方县核桃乡木寨村
244	云南	大理白族自治州大理市双廊镇双廊村
245	云南	大理白族自治州大理市双廊镇大建旁村
246	云南	文山壮族苗族自治州丘北县双龙营镇仙人洞村
247	云南	普洱市宁洱哈尼族彝族自治县同心镇那柯里村
248	云南	昆明市安宁市温泉街道温泉小村
249	云南	红河哈尼族彝族自治州建水县西庄镇团山村
250	云南	昆明市宜良县耿家营乡河湾村
251	云南	西双版纳傣族自治州勐海县打洛镇勐景来村
252	云南	玉溪市红塔区大营街道大营街社区
253	云南	丽江市古城区大研街道义尚社区文林村民小组
254	云南	西双版纳傣族自治州勐腊县勐腊镇曼龙勒村民小组
255	云南	曲靖市罗平县鲁布革乡腊者村
256	云南	普洱市思茅区南屏镇曼连社区高家寨村民小组
257	西藏	拉萨市尼木县卡如乡卡如村
258	西藏	林芝市波密县古乡巴卡村
259	西藏	林芝市巴宜区林芝镇真巴村
260	西藏	昌都市江达县岗托镇岗托村
261	西藏	那曲市尼玛县文部乡南村
262	西藏	拉萨市当雄县羊八井镇巴嘎村

续表

序号	地区	乡村名称
263	西藏	拉萨市达孜区德庆镇白纳村
264	西藏	山南市隆子县玉麦乡玉麦村
265	西藏	山南市错那县麻麻门巴民族乡麻麻村
266	陕西	咸阳市礼泉县烟霞镇袁家村
267	陕西	商洛市商南县金丝峡镇太子坪村
268	陕西	商洛市柞水县营盘镇朱家湾村
269	陕西	榆林市佳县坑镇赤牛坬村
270	陕西	铜川市耀州区石柱镇马咀村
271	陕西	渭南市白水县杜康镇和家卓村
272	陕西	汉中市留坝县火烧店镇堰坎村
273	陕西	安康市石泉县饶峰镇胜利村
274	陕西	宝鸡市太白县黄柏塬镇黄柏塬村
275	陕西	韩城市西庄镇党家村
276	陕西	安康市岚皋县四季镇天坪村
277	甘肃	酒泉市敦煌市月牙泉镇月牙泉村
278	甘肃	庆阳市华池县南梁镇荔园堡村
279	甘肃	甘南藏族自治州卓尼县木耳镇博峪村
280	甘肃	武威市天祝藏族自治县天堂镇天堂村
281	甘肃	临夏回族自治州临夏市折桥镇折桥村
282	甘肃	甘南藏族自治州碌曲县尕海乡尕秀村
283	甘肃	酒泉市敦煌市阳关镇龙勒村
284	甘肃	陇南市康县长坝镇花桥村
285	甘肃	张掖市民乐县民联镇东寨村
286	甘肃	甘南藏族自治州夏河县曲奥乡香告村
287	甘肃	庆阳市西峰区显胜乡毛寺村
288	甘肃	张掖市临泽县板桥镇红沟村
289	青海	西宁市湟中县拦隆口镇拦一村
290	青海	海东市互助土族自治县东和乡麻吉村
291	青海	西宁市湟中县土门关乡上山庄村
292	青海	西宁市大通回族土族自治县朔北藏族乡边麻沟村

续表

序号	地区	乡村名称
293	青海	西宁市湟中县田家寨镇田家寨村
294	青海	海西蒙古族藏族自治州乌兰县茶卡镇莫河骆驼场
295	青海	海东市互助土族自治县威远镇卓扎滩村
296	青海	西宁市湟源县日月藏族乡兔儿干村
297	宁夏	中卫市沙坡头区迎水桥镇沙坡头村
298	宁夏	固原市西吉县吉强镇龙王坝村
299	宁夏	固原市隆德县陈靳乡新和村
300	宁夏	银川市永宁县闽宁镇原隆村
301	宁夏	固原市隆德县城关镇红崖村
302	宁夏	石嘴山市大武口区长胜街道龙泉村
303	宁夏	吴忠市利通区上桥镇牛家坊村
304	宁夏	银川市西夏区镇北堡镇镇北堡村
305	宁夏	吴忠市盐池县高沙窝镇兴武营村
306	新疆	乌鲁木齐市乌鲁木齐县水西沟镇平西梁村
307	新疆	阿勒泰地区布尔津县禾木喀纳斯蒙古族乡禾木村
308	新疆	伊犁哈萨克自治州特克斯县喀拉达拉镇琼库什台村
309	新疆	吐鲁番市高昌区亚尔镇上湖村
310	新疆	塔城地区额敏县加尔布拉克农场酒花村
311	新疆	巴音郭楞蒙古自治州库尔勒市巴州阿瓦提农场
312	新疆	克拉玛依市乌尔禾区乌尔禾镇哈克村
313	新疆	哈密市巴里坤哈萨克自治县石人子乡石人子村
314	新疆	阿克苏地区阿瓦提县英艾日克镇恰其村
315	新疆兵团	第四师可克达拉市62团金边镇
316	新疆兵团	第十师北屯市185团3连
317	新疆兵团	第二师铁门关市31团2连
318	新疆兵团	第一师阿拉尔市11团13连
319	新疆兵团	第八师石河子市152团10连
320	新疆兵团	第四师可克达拉市78团5连

附录6：

第二批全国乡村旅游重点村名录乡村名单

序号	地区	乡村名称
1	北京	门头沟区斋堂镇爨底下村
2	北京	延庆区刘斌堡乡小观头村
3	北京	延庆区八达岭镇石峡村
4	北京	怀柔区渤海镇六渡河村
5	北京	密云区溪翁庄镇金叵罗村
6	北京	顺义区龙湾屯镇焦庄户村
7	北京	延庆区旧县镇东龙湾村
8	北京	怀柔区琉璃庙镇双文铺村
9	北京	怀柔区九渡河镇西水峪村
10	北京	怀柔区怀柔镇芦庄村
11	北京	房山区十渡镇平峪村
12	北京	顺义区马坡镇石家营村
13	北京	平谷区镇罗营镇玻璃台村
14	北京	延庆区张山营镇后黑龙庙村
15	北京	房山区张坊镇穆家口村
16	北京	怀柔区琉璃庙镇白河北村
17	北京	平谷区山东庄镇鱼子山村
18	北京	昌平区十三陵镇仙人洞村
19	北京	怀柔区雁栖镇官地村
20	北京	平谷区镇罗营镇张家台村
21	北京	密云区巨各庄镇蔡家洼村
22	北京	平谷区金海湖镇黄草洼村
23	北京	延庆区井庄镇三司村
24	天津	西青区辛口镇水高庄村

续表

序号	地区	乡村名称
25	天津	北辰区西堤头镇赵庄子村
26	天津	宝坻区黄庄镇小辛码头村
27	天津	蓟州区下营镇东山村
28	天津	蓟州区官庄镇砖瓦窑村
29	天津	西青区辛口镇大杜庄村
30	天津	蓟州区穿芳峪镇英歌寨村
31	天津	蓟州区官庄镇联合村
32	天津	宝坻区牛家牌镇赵家湾村
33	天津	蓟州区下营镇青山岭村
34	天津	西青区辛口镇第六埠村
35	河北	承德市滦平县巴克什营镇花楼沟村
36	河北	保定市阜平县龙泉关镇骆驼湾村
37	河北	承德市围场县御道口乡御道口村
38	河北	唐山市迁安市大五里乡山叶口村
39	河北	保定市易县安格庄乡安格庄村
40	河北	邢台市内丘县南赛乡神头村
41	河北	邯郸市涉县井店镇刘家村
42	河北	廊坊市香河县蒋辛屯镇北李庄村
43	河北	石家庄市灵寿县南营乡车谷砣村
44	河北	秦皇岛市北戴河区戴河镇西古城村
45	河北	唐山市迁安市大崔庄镇白羊峪村
46	河北	邢台市信都区浆水镇前南峪村
47	河北	石家庄市井陉县南障城镇吕家村
48	河北	石家庄市晋州市周家庄乡第九生产队
49	河北	承德市丰宁县大滩镇小北沟村
50	河北	沧州市青县曹寺乡张广王村
51	河北	邯郸市邯山区河沙镇小堤村
52	河北	秦皇岛市北戴河区海滨镇陆庄村
53	河北	保定市阜平县龙泉关镇顾家台村
54	河北	邢台市信都区路罗镇英谈村

续表

序号	地区	乡村名称
55	河北	邯郸市峰峰矿区和村镇东和村
56	河北	秦皇岛市青龙满族自治县隔河头乡花果山村
57	河北	保定市易县西陵镇凤凰台村
58	河北	邯郸市涉县关防乡后池村
59	山西	朔州市怀仁市马辛庄乡鲁沟村
60	山西	太原市阳曲县黄寨镇上安村
61	山西	长治市武乡县蟠龙镇砖壁村
62	山西	长治市壶关县桥上乡大河村
63	山西	临汾市安泽县府城镇飞岭村
64	山西	晋城市陵川县附城镇丈河村
65	山西	忻州市忻府区合索乡北合索村
66	山西	阳泉市城区义井镇小河村
67	山西	晋中市介休市龙凤镇南庄村
68	山西	晋城市城区钟家庄街道洞头村
69	山西	晋中市榆次区乌金山镇后沟村
70	山西	阳泉市郊区平坦镇桃林沟村
71	山西	晋城市泽州县金村镇东六庄村
72	山西	大同市灵丘县红石塄乡下车河村
73	山西	运城市永济市开张镇东开张村
74	山西	临汾市曲沃县里村镇朝阳村
75	山西	太原市娄烦县天池店乡河北村
76	山西	晋城市阳城县润城镇中庄村
77	内蒙古	呼伦贝尔市额尔古纳市恩和俄罗斯族民族乡恩和村
78	内蒙古	锡林郭勒盟太仆寺旗宝昌镇边墙村
79	内蒙古	乌海市海南区西卓子山街道赛汗乌素村
80	内蒙古	通辽市经济技术开发区河西街道湛路村
81	内蒙古	呼和浩特市回民区攸攸板镇东乌素图村
82	内蒙古	锡林郭勒盟多伦县滦源镇大孤山村
83	内蒙古	乌兰察布市凉城县岱海镇三苏木村
84	内蒙古	鄂尔多斯市伊金霍洛旗伊金霍洛镇布拉格嘎查

续表

序号	地区	乡村名称
85	内蒙古	呼和浩特市赛罕区黄河少镇石人湾村
86	内蒙古	兴安盟阿尔山白狼镇林俗村
87	内蒙古	巴彦淖尔市五原县塔尔湖镇联丰村
88	内蒙古	赤峰市喀喇沁旗十家乡林营子村
89	内蒙古	通辽市奈曼旗白音他拉苏木庙屯村
90	内蒙古	呼和浩特市托克托县河口管理委员会郝家窑村
91	内蒙古	阿拉善盟阿右旗巴丹吉林镇额肯呼都格嘎查
92	辽宁	辽阳市弓长岭区汤河镇柳河汤村
93	辽宁	本溪市桓仁满族自治县向阳乡和平村
94	辽宁	丹东市东港市孤山镇大鹿岛村
95	辽宁	本溪市桓仁满族自治县雅河朝鲜族乡湾湾川村
96	辽宁	本溪市南芬区思山岭街道解放村
97	辽宁	鞍山市千山风景名胜区韩家峪村
98	辽宁	营口市盖州市双台镇思拉堡村
99	辽宁	大连市庄河市步云山乡步云山村
100	辽宁	大连市金普新区石河街道石河村
101	辽宁	阜新市阜新蒙古族自治县佛寺镇佛寺村
102	辽宁	沈阳市法库县大孤家子镇半拉山子村
103	辽宁	盘锦市大洼区荣兴街道荣兴村
104	辽宁	锦州市义县瓦子峪镇大铁厂村
105	辽宁	本溪市本溪满族自治县草河掌镇胡堡村
106	辽宁	鞍山市千山区东鞍山街道对桩石村
107	辽宁	本溪市明山区卧龙街道韩家村
108	辽宁	朝阳市北票市大黑山特别管理区西苍村
109	辽宁	大连市庄河市仙人洞镇马道口村
110	辽宁	朝阳市喀喇沁左翼蒙古族自治县平房子镇小营村
111	辽宁	本溪市桓仁满族自治县普乐堡镇老漫子村
112	辽宁	铁岭市银州区龙山乡七里屯村
113	吉林	延边朝鲜族自治州珲春市敬信镇防川村
114	吉林	长春市莲花山生态旅游度假区泉眼镇泉眼村

续表

序号	地区	乡村名称
115	吉林	吉林市丰满区江南乡孟家村
116	吉林	长春市九台区土门岭街道马鞍山村
117	吉林	通化市柳河县安口镇青沟子村
118	吉林	通化市集安市太王镇钱湾村
119	吉林	延边朝鲜族自治州安图县万宝镇红旗村
120	吉林	延边朝鲜族自治州汪清县大兴沟镇红日村
121	吉林	长春市农安县华家镇战家村
122	吉林	四平市伊通满族自治县河源镇保南村
123	吉林	延边朝鲜族自治州敦化市雁鸣湖镇大山村
124	吉林	延边朝鲜族自治州敦化市雁鸣湖镇小山村
125	吉林	通化市辉南县金川镇金川村
126	吉林	延边朝鲜族自治州图们市石岘镇水南村
127	吉林	吉林市蛟河市漂河镇富江村
128	吉林	通化市通化县西江镇岔信村
129	吉林	白山市临江市四道沟镇坡口村
130	吉林	吉林市永吉县北大湖镇草庙子村
131	吉林	通化市东昌区金厂镇上龙头村
132	黑龙江	黑河市爱辉区瑷珲镇外四道沟村
133	黑龙江	伊春市上甘岭林业局溪水林场
134	黑龙江	哈尔滨市尚志市鱼池乡新兴村
135	黑龙江	鸡西市虎林市虎头镇虎头村
136	黑龙江	大兴安岭地区漠河县北极镇洛古河村
137	黑龙江	佳木斯市桦川县星火朝鲜族乡星火村
138	黑龙江	七台河市勃利县勃利镇元明村
139	黑龙江	牡丹江市海林市横道河子镇七里地村
140	黑龙江	齐齐哈尔市讷河市兴旺鄂温克族乡索伦村
141	黑龙江	伊春市铁力市年丰朝鲜族乡长山村
142	黑龙江	黑河市五大连池市朝阳乡边河村
143	黑龙江	鸡西市密山市白鱼湾镇湖沿村
144	黑龙江	黑河市爱辉区新生乡新生村

续表

序号	地区	乡村名称
145	黑龙江	鹤岗市萝北县东明乡红光村
146	黑龙江	齐齐哈尔市甘南县兴十四镇兴十四村
147	黑龙江	大庆市杜蒙县胡吉吐莫镇东吐莫村
148	黑龙江	绥化市兰西县兰西镇永久村
149	黑龙江	佳木斯市抚远市乌苏镇抓吉赫哲族村
150	黑龙江	伊春市大箐山县朗乡镇达里村
151	黑龙江	佳木斯市汤原县汤旺朝鲜族乡金星村
152	黑龙江	大兴安岭地区呼玛县白银纳鄂伦春族乡白银纳村
153	上海	金山区廊下镇山塘村
154	上海	崇明区绿华镇绿港村
155	上海	浦东新区大团镇赵桥村
156	上海	青浦区朱家角镇张马村
157	上海	宝山区罗泾镇塘湾村
158	上海	崇明区横沙乡丰乐村
159	上海	崇明区陈家镇瀛东村
160	上海	金山区朱泾镇待泾村
161	上海	宝山区罗泾镇海星村
162	上海	金山区枫泾镇中洪村
163	上海	浦东新区祝桥镇邓三村
164	江苏	南京市江宁区横溪街道石塘村
165	江苏	常州市溧阳市溧城镇礼诗圩村
166	江苏	泰州市姜堰区三水街道小杨村
167	江苏	镇江市句容市茅山镇丁庄村
168	江苏	苏州市高新区通安镇树山村
169	江苏	南通市如东县栟茶镇三园村
170	江苏	盐城市东台市五烈镇甘港村
171	江苏	徐州市铜山区汉王镇汉王村
172	江苏	泰州市兴化市千垛镇东罗村
173	江苏	常州市武进区雪堰镇城西回民村
174	江苏	连云港市连云区西连岛村

续表

序号	地区	乡村名称
175	江苏	南京市溧水区白马镇李巷村
176	江苏	镇江市丹徒区江心洲生态农业园区五套村
177	江苏	徐州市铜山区柳泉镇北村
178	江苏	南京市高淳区东坝街道三条垄田园慢村
179	江苏	无锡市滨湖区马山街道群丰社区
180	江苏	无锡市江阴市华士镇华西新市村
181	江苏	常州市溧阳市南渡镇庆丰村
182	江苏	南通市如皋市城北街道平园池村
183	江苏	连云港市灌云县伊山镇川星村
184	江苏	徐州市睢宁县姚集镇高党村
185	江苏	无锡市宜兴市西渚镇白塔村
186	江苏	盐城市盐都区郭猛镇杨侍村
187	江苏	淮安市金湖县前锋镇白马湖村
188	江苏	南京市江宁区谷里街道双塘社区大塘金村
189	江苏	徐州市贾汪区茱萸山街道磨石塘村
190	浙江	湖州市德清县莫干山镇劳岭村
191	浙江	湖州市安吉县递铺街道鲁家村
192	浙江	金华市磐安县尖山镇乌石村
193	浙江	衢州市江山市石门镇清漾村
194	浙江	衢州市江山廿八都镇浔里村
195	浙江	丽水市缙云县新建镇河阳村
196	浙江	杭州市西湖区转塘街道上城埭村
197	浙江	宁波市象山县墙头镇方家岙村
198	浙江	湖州市安吉县灵峰街道横山坞村
199	浙江	杭州市建德市大慈岩镇新叶村
200	浙江	温州市文成县南田镇武阳村
201	浙江	湖州市南浔区和孚镇荻港村
202	浙江	台州市天台县赤城街道塔后村
203	浙江	舟山市定海区干览镇新建村
204	浙江	台州市三门县横渡镇岩下潘村

续表

序号	地区	乡村名称
205	浙江	绍兴市新昌县镜岭镇外婆坑村
206	浙江	金华市浦江县虞宅乡新光村
207	浙江	宁波市宁海县桥头胡街道双林村
208	浙江	丽水市松阳县大东坝镇茶排村
209	浙江	杭州市临安区高虹镇石门村
210	浙江	金华市东阳市南马镇花园村
211	浙江	绍兴市上虞区岭南乡东澄村
212	浙江	绍兴市柯桥区漓渚镇棠棣村
213	浙江	温州市永嘉县岩头镇苍坡村
214	浙江	宁波市宁海县大佳何镇葛家村
215	浙江	嘉兴市海宁市丁桥镇新仓村
216	安徽	黄山市徽州区呈坎镇呈坎村
217	安徽	六安市金寨县花石乡大湾村
218	安徽	黄山市黟县西递镇西递村
219	安徽	合肥市长丰县杨庙镇马郢社区
220	安徽	芜湖市南陵县烟墩镇霭里村
221	安徽	六安市霍山县磨子潭镇堆谷山村
222	安徽	铜陵市义安区西联镇犁桥村
223	安徽	亳州市谯城区古井镇药王村
224	安徽	安庆市潜山市官庄镇官庄村
225	安徽	黄山市休宁县溪口镇祖源村
226	安徽	马鞍山市当涂县护河镇桃花村
227	安徽	六安市霍山县太阳乡金竹坪村
228	安徽	滁州市明光市张八岭镇柴郢村
229	安徽	黄山市黄山区汤口镇山岔村
230	安徽	黄山市黟县宏村镇塔川村
231	安徽	宣城市绩溪县家朋乡尚村
232	安徽	六安市金安区张店镇洪山村
233	安徽	宣城市旌德县白地镇江村
234	安徽	合肥市庐江县万山镇长冲村

续表

序号	地区	乡村名称
235	安徽	芜湖市芜湖县红杨镇珩琅山村
236	安徽	淮北市烈山区烈山镇榴园村
237	安徽	亳州市涡阳县曹市镇辉山村
238	福建	泉州市晋江市金井镇围头村
239	福建	漳州市华安县新圩镇官畲村
240	福建	厦门市海沧区海沧街道青礁村
241	福建	莆田市涵江区白沙镇坪盘村
242	福建	平潭综合实验区苏平片区上攀村
243	福建	莆田市湄洲岛湄洲镇下山村
244	福建	宁德市古田县城东街道桃溪村
245	福建	漳州市平和县芦溪镇蕉路村
246	福建	南平市邵武市和平镇和平村
247	福建	龙岩市武平县城厢镇云寨村
248	福建	福州市罗源县霍口畲族乡福湖村
249	福建	龙岩市新罗区小池镇培斜村
250	福建	漳州市南靖县书洋镇塔下村
251	福建	泉州市德化县国宝乡佛岭村
252	福建	三明市清流县林畲镇林畲村
253	福建	三明市大田县济阳乡济中村
254	福建	宁德市屏南县熙岭乡龙潭村
255	福建	三明市泰宁县上青乡崇际村
256	福建	南平市武夷山市五夫镇兴贤村
257	福建	龙岩市永定区陈东乡岩太村
258	福建	厦门市同安区莲花镇军营村
259	福建	南平市建瓯市小松镇湖头村
260	福建	福州市永泰县嵩口镇月洲村
261	福建	福州市永泰县梧桐镇春光村
262	福建	龙岩市武平县万安镇捷文村
263	福建	南平市武夷山市兴田镇南源岭村
264	江西	景德镇市浮梁县瑶里镇瑶里村

续表

序号	地区	乡村名称
265	江西	南昌市安义县石鼻镇罗田村
266	江西	萍乡市芦溪县宣风镇竹垣村
267	江西	萍乡市湘东区麻山镇幸福村
268	江西	吉安市万安县高陂镇高陂村
269	江西	抚州市南丰县市山镇包坊村
270	江西	九江市武宁县罗坪镇长水村
271	江西	宜春市明月山温泉风景名胜区（袁州区）温汤镇水口村
272	江西	吉安市安福县章庄乡章庄村
273	江西	吉安市永新县高市乡滨江村（洲塘书画村）
274	江西	抚州市广昌县驿前镇姚西村
275	江西	上饶市德兴市香屯街道杨家湾村楼上楼村
276	江西	上饶市婺源县紫阳镇考水村
277	江西	上饶市婺源县溪头乡西岸村江岭村
278	江西	赣州市上犹县梅水乡园村村
279	江西	宜春市明月山温泉风景名胜区（袁州区）洪江镇古庙村
280	江西	赣州市大余县新城镇周屋村
281	江西	抚州市资溪县乌石镇草坪村
282	江西	抚州市资溪县马头山镇永胜村
283	江西	鹰潭市贵溪市雷溪镇南山村
284	江西	赣州市石城县琴江镇大畲村
285	江西	上饶市婺源县蚺城街道上梅洲村塘村
286	江西	九江市修水县杭口镇双井村
287	江西	吉安市井冈山市茅坪镇神山村
288	江西	吉安市井冈山市黄坳乡黄坳村
289	山东	济南市长清区万德街道马套村
290	山东	临沂市沂南县马牧池乡常山庄村
291	山东	临沂市兰陵县卞庄街道代村
292	山东	临沂市蒙阴县岱崮镇笊篱坪村
293	山东	威海市荣成市俚岛镇烟墩角村
294	山东	临沂市平邑县地方镇九间棚村

续表

序号	地区	乡村名称
295	山东	威海市环翠区张村镇王家疃村
296	山东	潍坊市寒亭区杨家埠旅游开发区西杨家埠村
297	山东	泰安市肥城市孙伯镇五埠村
298	山东	日照市山海天旅游度假区卧龙山街道李家台村
299	山东	临沂市沂水县院东头镇四门洞村
300	山东	潍坊市临朐县五井镇隐士村
301	山东	济宁市泗水县圣水峪镇东仲都村
302	山东	滨州市滨城区里则街道西纸坊村
303	山东	淄博市淄川区昆仑镇牛记庵村
304	山东	潍坊市坊子区坊安街道洼里村
305	山东	威海市文登区高村镇慈口观村
306	山东	济南市南部山区西营街道黄鹿泉村
307	山东	菏泽市巨野县核桃园镇前王庄村
308	山东	泰安市岱岳区道朗镇东西门村
309	山东	青岛市崂山区沙子口街道东麦窑社区
310	山东	潍坊市青州市王坟镇胡林古村
311	山东	枣庄市山亭区徐庄镇葫芦套村
312	山东	济宁市曲阜市石门山镇石门山庄村
313	河南	郑州市新密市米村镇朱家庵村
314	河南	信阳市罗山县铁铺镇何家冲村
315	河南	商丘市民权县北关镇王公庄村
316	河南	信阳市新县田铺乡田铺大塆村
317	河南	巩义市竹林镇石鼓村
318	河南	驻马店市遂平县嵖岈山镇红石崖村
319	河南	郑州市二七区侯寨乡樱桃沟社区
320	河南	漯河市临颍县城关镇南街村
321	河南	鹤壁市淇县灵山街道凉水泉村
322	河南	安阳市林州市石板岩镇高家台村
323	河南	许昌市襄城县紫云镇雷洞村
324	河南	安阳市林州市黄华镇庙荒村

续表

序号	地区	乡村名称
325	河南	南阳市南召县云阳镇铁佛寺村
326	河南	洛阳市栾川县庙子镇庄子村
327	河南	焦作市孟州市西虢镇莫沟村
328	河南	南阳市淅川县仓房镇磨沟村
329	河南	焦作市修武县云台山镇岸上村
330	河南	三门峡市渑池县段村乡赵沟村
331	河南	洛阳市嵩县黄庄乡三合村
332	河南	洛阳市栾川县陶湾镇协心村
333	河南	信阳市新县周河乡西河村
334	湖北	宜昌市夷陵区太平溪镇许家冲村
335	湖北	武汉市黄陂区姚家集街道杜堂村
336	湖北	鄂州市梁子湖区涂家垴镇万秀村
337	湖北	武汉市蔡甸区大集镇天星村
338	湖北	十堰市郧西县上津镇津城村
339	湖北	武汉市黄陂区木兰乡双泉村
340	湖北	襄阳市谷城县五山镇堰河村
341	湖北	宜昌市长阳县龙舟坪镇郑家榜村
342	湖北	宜昌市秭归县屈原镇西陵峡村
343	湖北	襄阳市老河口市仙人渡镇李家染坊村
344	湖北	宜昌市宜都市高坝洲镇青林寺村
345	湖北	武汉市江夏区五里界街道童周岭村
346	湖北	鄂州市华容区段店镇武圣村
347	湖北	宜昌市夷陵区龙泉镇青龙村
348	湖北	十堰市郧阳区柳陂镇龙韵村
349	湖北	荆门市钟祥市客店镇马湾村
350	湖北	十堰市郧阳区茶店镇樱桃沟村
351	湖北	荆州市洪湖市老湾回族乡珂里村
352	湖北	荆州市石首市团山寺镇过脉岭村
353	湖北	孝感市安陆市烟店镇碧山村
354	湖北	襄阳市保康县店垭镇格栏坪村

续表

序号	地区	乡村名称
355	湖北	黄石市阳新县兴国镇南市村
356	湖北	宜昌市五峰县长乐坪镇白岩坪村
357	湖北	黄石市大冶市保安镇沼山村
358	湖北	十堰市郧西县涧池乡下营村
359	湖北	恩施土家族苗族自治州恩施市盛家坝镇二官寨村
360	湖北	宜昌市宜都市枝城镇全心畈村
361	湖南	永州市宁远县湾井镇下灌村
362	湖南	怀化市通道侗族自治县坪坦乡皇都村
363	湖南	常德市桃源县枫树维回乡维回新村
364	湖南	株洲市攸县酒埠江镇酒仙湖村
365	湖南	永州市双牌县茶林镇桐子坳村
366	湖南	益阳市桃江县大栗港镇刘家村
367	湖南	衡阳市南岳区南岳镇红星村
368	湖南	株洲市炎陵县十都镇密花村
369	湖南	岳阳市屈原区河市镇三和村
370	湖南	常德市津市市毛里湖镇青苗社区
371	湖南	湘西土家族苗族自治州永顺县灵溪镇司城村
372	湖南	长沙市长沙县开慧镇锡福村
373	湖南	益阳市资阳区长春镇紫薇村
374	湖南	邵阳市新宁县崀山镇石田村
375	湖南	湘潭市韶山市韶山乡韶山村
376	湖南	岳阳市临湘市羊楼司镇龙窖山村
377	湖南	郴州市安仁县永乐江镇山塘村
378	湖南	永州市祁阳县茅竹镇三家村
379	湖南	长沙市浏阳市张坊镇田溪村
380	湖南	怀化市鹤城区黄岩区大坪村
381	湖南	张家界市永定区尹家溪镇马儿山村
382	湖南	张家界市武陵源区协合乡龙尾巴村
383	湖南	张家界市武陵源区天子山街道泗南峪社区
384	广东	珠海市斗门区斗门镇南门村

续表

序号	地区	乡村名称
385	广东	梅州市梅县区雁洋镇长教村
386	广东	梅州市平远县泗水镇梅畲村
387	广东	东莞市寮步镇陈家埔村
388	广东	清远市英德市九龙镇河头村
389	广东	惠州市博罗县横河镇上良村
390	广东	揭阳市揭西县金和镇山湖村
391	广东	湛江市雷州市龙门镇足荣村
392	广东	广州市从化区温泉镇南平村
393	广东	肇庆市德庆县官圩镇金林村
394	广东	江门市台山市海宴镇五丰村
395	广东	广州市从化区吕田镇莲麻村
396	广东	阳江市阳东区东平镇大澳渔村
397	广东	汕头市澄海区隆都镇前美村
398	广东	韶关市南雄市珠玑镇灵潭村
399	广东	佛山市南海区西樵镇上金瓯村松塘村
400	广东	肇庆市四会市江谷镇老泗塘村
401	广东	广州市番禺区石楼镇大岭村
402	广东	江门市开平市塘口镇强亚村
403	广东	茂名市高州市根子镇柏桥村
404	广东	河源市东源县康禾镇仙坑村
405	广东	江门市台山市水步镇草坪村
406	广西	柳州市融水苗族自治县融水镇新国村
407	广西	南宁市西乡塘区石埠街道忠良村
408	广西	崇左市宁明县城中镇耀达村
409	广西	百色市田东县祥周镇模范村
410	广西	桂林市恭城瑶族自治县莲花镇红岩村
411	广西	崇左市江州区新和镇卜花村
412	广西	桂林市灌阳县新街镇江口村
413	广西	柳州市三江侗族自治县丹洲镇丹洲村
414	广西	南宁市马山县古零镇羊山村三甲屯

续表

序号	地区	乡村名称
415	广西	来宾市金秀瑶族自治县长垌乡平道村
416	广西	梧州市藤县象棋镇道家村
417	广西	桂林市阳朔县阳朔镇骥马村
418	广西	柳州市鹿寨县中渡镇大兆村
419	广西	梧州市蒙山县新圩镇古定村
420	广西	桂林市阳朔县阳朔镇鸡窝渡村
421	广西	来宾市金秀瑶族自治县长垌乡滴水村
422	广西	百色市靖西市新靖镇旧州村
423	广西	北海市海城区地角街道新营社区流下村
424	广西	百色市德保县城关镇那温村
425	广西	玉林市陆川县沙坡镇高庆村
426	广西	防城港市东兴市江平镇交东村
427	广西	贺州市平桂区沙田镇龙井村
428	海南	三亚市吉阳区博后村
429	海南	三亚市吉阳区大茅村
430	海南	琼海市嘉积镇官塘村北仍村
431	海南	三亚市海棠区湾坡村
432	海南	琼海市博鳌镇沙美村
433	海南	儋州市那大镇石屋村
434	海南	琼海市博鳌镇朝烈村南强村
435	海南	海口市秀英区石山镇施茶村
436	海南	文昌市龙楼镇好圣村
437	海南	儋州市那大镇屋基村
438	海南	澄迈县大丰镇大丰村
439	海南	陵水黎族自治县本号镇小妹村
440	海南	文昌市东路镇葫芦村
441	海南	三亚市天涯区文门村
442	海南	海口市龙华区新坡镇仁里村
443	海南	海口市琼山区红旗镇苏寻三村泮边村
444	重庆	武隆区后坪苗族土家族乡文凤村

续表

序号	地区	乡村名称
445	重庆	武隆区芙蓉街道堰塘村
446	重庆	石柱土家族自治县中益乡华溪村
447	重庆	铜梁区土桥镇六赢村
448	重庆	巴南区二圣镇集体村
449	重庆	巫溪县红池坝镇茶山村
450	重庆	梁平区竹山镇猎神村
451	重庆	丰都县双路镇莲花洞村
452	重庆	綦江区永城镇中华村
453	重庆	涪陵区大木乡迎新社区
454	重庆	酉阳土家族苗族自治县板溪镇扎营村
455	重庆	黔江区小南海镇新建村
456	重庆	南川区木凉镇汉场坝村
457	重庆	南岸区南山街道放牛村
458	重庆	荣昌区仁义镇瑶山社区
459	重庆	彭水苗族土家族自治县润溪乡樱桃井村
460	重庆	巫山县两坪乡朝元村
461	重庆	长寿区龙河镇保合村
462	重庆	北碚区东阳街道西山坪村
463	重庆	巫山县曲尺乡柑园村
464	四川	成都市崇州市白头镇五星村
465	四川	阿坝藏族羌族自治州黑水县沙石多乡羊茸村
466	四川	泸州市纳溪区大渡口镇凤凰湖村
467	四川	广元市利州区白朝乡月坝村
468	四川	成都市龙泉驿区山泉镇桃源村
469	四川	阿坝藏族羌族自治州理县桃坪镇桃坪村
470	四川	成都市彭州市桂花镇蟠龙村
471	四川	攀枝花市米易县新山傈僳族乡新山村
472	四川	凉山彝族自治州德昌县德州镇角半村
473	四川	甘孜藏族自治州丹巴县墨尔多山镇基卡依村
474	四川	资阳市乐至县劳动镇旧居村

续表

序号	地区	乡村名称
475	四川	广安市武胜县飞龙镇高洞村
476	四川	广元市青川县青溪镇阴平村
477	四川	宜宾市筠连县腾达镇春风村
478	四川	广安市广安区协兴镇牌坊社区
479	四川	成都市都江堰市龙池镇飞虹社区
480	四川	绵阳市涪城区杨家镇杨家社区
481	四川	南充市蓬安县相如街道油房沟社区
482	四川	遂宁市大英县卓筒井镇为干屏村
483	四川	乐山市峨眉山市胜利街道月南村
484	四川	德阳市绵竹市九龙镇新龙村
485	四川	广元市青川县乔庄镇张家村
486	四川	成都市都江堰市青城山镇泰安社区
487	贵州	六盘水市盘州市普古彝族苗族乡舍烹村
488	贵州	黔东南苗族侗族自治州黎平县肇兴镇肇兴村
489	贵州	贵阳市乌当区偏坡布依族乡偏坡村
490	贵州	黔东南苗族侗族自治州榕江县平阳乡丹江村
491	贵州	铜仁市玉屏侗族自治县田坪镇田坪村
492	贵州	六盘水市水城县营盘苗族彝族白族乡高峰村
493	贵州	黔南布依族苗族自治州贵定县盘江镇音寨村
494	贵州	六盘水市六枝特区落别布依族彝族乡牛角村
495	贵州	遵义市赤水市复兴镇凯旋村
496	贵州	黔西南布依族苗族自治州贞丰县者相镇纳孔村
497	贵州	遵义市凤冈县永安镇田坝村
498	贵州	铜仁市石阡县坪山仡佬族侗族乡佛顶山村
499	贵州	六盘水市盘州市两河街道岩脚村
500	贵州	黔南布依族苗族自治州都匀市毛尖镇坪阳村
501	贵州	铜仁市松桃苗族自治县正大镇薅菜村
502	贵州	黔西南布依族苗族自治州兴仁市屯脚镇鲤鱼村
503	贵州	遵义市湄潭县兴隆镇龙凤村
504	贵州	毕节市织金县官寨苗族乡屯上村

续表

序号	地区	乡村名称
505	贵州	贵阳市花溪区青岩镇龙井村
506	贵州	黔东南苗族侗族自治州从江县丙妹镇岜沙村
507	贵州	安顺市镇宁布依族苗族自治县宁西街道高荡村
508	贵州	毕节市金海湖新区响水白族彝族仡佬族乡青山村
509	贵州	黔西南布依族苗族自治州兴义市万峰林街道下纳灰村
510	贵州	贵阳市花溪区高坡苗族乡扰绕村
511	贵州	遵义市赤水市天台镇凤凰村
512	贵州	安顺市西秀区双堡镇大坝村
513	云南	丽江市玉龙纳西族自治县拉市镇美泉村
514	云南	红河哈尼族彝族自治州弥勒市西三镇可邑村
515	云南	临沧市沧源佤族自治县勐角乡翁丁村
516	云南	保山市腾冲市清水乡中寨司莫拉佤族村
517	云南	昆明市石林彝族自治县圭山镇大糯黑村
518	云南	丽江市玉龙纳西族自治县白沙镇玉湖村
519	云南	保山市腾冲市固东镇江东社区
520	云南	西双版纳傣族自治州景洪市基诺乡巴亚村巴坡村
521	云南	昭通市彝良县小草坝镇小草坝村
522	云南	玉溪市澄江市右所镇小湾村
523	云南	曲靖市师宗县五龙乡狗街村
524	云南	大理白族自治州洱源县凤羽镇江登村佛堂村
525	云南	楚雄彝族自治州南华县龙川镇岔河村
526	云南	曲靖市会泽县娜姑镇白雾村
527	云南	临沧市凤庆县凤山镇安石村
528	云南	德宏傣族景颇族自治州芒市芒市镇回贤村
529	云南	红河哈尼族彝族自治州元阳县新街镇阿者科村
530	云南	怒江傈僳族自治州贡山县丙中洛镇秋那桶村
531	云南	昆明市宜良县九乡彝族回族乡麦地冲村
532	云南	普洱市澜沧拉祜族自治县酒井哈尼族乡勐根村老达保村
533	云南	普洱市西盟佤族自治县勐卡镇马散村永俄寨
534	云南	迪庆藏族自治州香格里拉市尼西乡汤堆村

续表

序号	地区	乡村名称
535	云南	迪庆藏族自治州维西傈僳族自治县塔城镇启别村
536	西藏	拉萨市达孜区邦堆乡叶巴村
537	西藏	拉萨市堆龙德庆区乃琼镇波玛村
538	西藏	林芝市巴宜区鲁朗镇东巴才村
539	西藏	拉萨市尼木县吞巴乡吞达村
540	西藏	林芝市工布江达县错高乡错高村
541	西藏	日喀则市亚东县康布乡上康布村
542	西藏	拉萨市城关区柳梧新区达东村
543	西藏	那曲市班戈县青龙乡东嘎村
544	西藏	拉萨市城关区夺底乡维巴村
545	西藏	林芝市巴宜区林芝镇立定村
546	西藏	拉萨市曲水县曲水镇俊巴村
547	西藏	昌都市江达县同普乡夏乌村
548	西藏	拉萨市城关区娘热乡加尔西村
549	西藏	阿里地区普兰县普兰镇科迦村
550	西藏	山南市桑日县增期乡雪巴村
551	西藏	日喀则市亚东县下亚东乡夏日村
552	西藏	昌都市芒康县嘎托镇觉龙村
553	西藏	阿里地区札达县托林镇扎布让村
554	西藏	山南市错那县勒布乡勒村
555	西藏	日喀则市仁布县切瓦乡嘎布久嘎村
556	西藏	山南市乃东区昌珠镇扎西曲登社区
557	陕西	西安市长安区王曲街道南堡寨村
558	陕西	宝鸡市眉县汤峪镇汤峪村
559	陕西	延安市延川县文安驿镇梁家河村
560	陕西	咸阳市泾阳县安吴镇龙源村
561	陕西	安康市石泉县后柳镇中坝村
562	陕西	商洛市丹凤县棣花镇棣花社区
563	陕西	铜川市印台区金锁关镇何家坊村
564	陕西	渭南市潼关县太要镇秦王寨社区

续表

序号	地区	乡村名称
565	陕西	渭南市临渭区桥南镇天刘村
566	陕西	咸阳市旬邑县张洪镇西头村
567	陕西	汉中市佛坪县长角坝镇沙窝村
568	陕西	汉中市汉台区河东店镇花果村
569	陕西	安康市宁陕县筒车湾镇七里村
570	陕西	铜川市宜君县哭泉镇淌泥河村
571	陕西	宝鸡市凤县红花铺镇永生村
572	陕西	渭南市华阴市孟塬镇司家村
573	陕西	汉中市勉县勉阳街道天荡山社区
574	陕西	商洛市洛南县四皓街道南沟社区
575	陕西	杨凌示范区杨陵区五泉镇王上村
576	陕西	渭南市华阴市华山镇仙峪口村
577	陕西	榆林市绥德县满堂川镇郭家沟村
578	陕西	韩城市板桥镇王村
579	陕西	商洛市柞水县小岭镇金米村
580	甘肃	临夏回族自治州临夏市南龙镇马家庄村
581	甘肃	陇南市康县王坝镇何家庄村
582	甘肃	平凉市泾川县汭丰镇郑家沟村
583	甘肃	陇南市康县岸门口镇街道村（朱家沟）
584	甘肃	兰州市皋兰县什川镇上车村
585	甘肃	张掖市肃南裕固族自治县康乐镇榆木庄村
586	甘肃	临夏回族自治州临夏县北塬镇钱家村
587	甘肃	敦煌市月牙泉镇杨家桥村
588	甘肃	张掖市甘州区长安镇前进村
589	甘肃	酒泉市肃州区泉湖镇永久村
590	甘肃	天水市秦州区玉泉镇李官湾村
591	甘肃	庆阳市宁县瓦斜乡永吉村
592	甘肃	嘉峪关市峪泉镇黄草营村
593	甘肃	甘南藏族自治州迭部县达拉乡高吉村
594	甘肃	武威市天祝藏族自治县大红沟镇大红沟村

续表

序号	地区	乡村名称
595	甘肃	金昌市金川区宁远堡镇龙景村
596	甘肃	陇南市两当县杨店镇灵官村
597	甘肃	甘南藏族自治州迭部县电尕镇谢协村
598	甘肃	张掖市山丹县李桥乡高庙村
599	甘肃	白银市景泰县喜泉镇大水磴村
600	青海	海东市民和回族土族自治县古鄯镇山庄村
601	青海	黄南藏族自治州尖扎县昂拉乡德吉村
602	青海	西宁市湟源县和平乡小高陵村
603	青海	海北藏族自治州门源回族自治县仙米乡桥滩村
604	青海	海东市循化撒拉族自治县查汗都斯乡红光村
605	青海	海北藏族自治州门源回族自治县珠固乡东旭村
606	青海	西宁市湟中区拦隆口镇卡阳村
607	青海	海南藏族自治州贵德县尕让乡松巴村
608	青海	西宁市湟中区李家山镇柳树庄村
609	青海	海西蒙古族藏族自治州格尔木市郭勒木德镇红柳村
610	青海	海南藏族自治州贵德县河阴镇红柳滩村
611	青海	海东市民和回族土族自治县官亭镇喇家村
612	青海	海南藏族自治州贵德县尕让乡二连村
613	青海	黄南藏族自治州泽库县和日镇和日村
614	青海	玉树藏族自治州治多县立新乡叶青村
615	青海	海东市互助土族自治县南门峡镇磨儿沟村
616	青海	海北藏族自治州门源回族自治县东川镇麻当村
617	青海	海北藏族自治州祁连县八宝镇白杨沟村
618	青海	海东市互助土族自治县五十镇班彦村
619	青海	西宁市湟源县申中乡前沟村
620	宁夏	银川市西夏区镇北堡镇华西村
621	宁夏	固原市泾源县泾河源镇冶家村
622	宁夏	银川市西夏区镇北堡镇昊苑村
623	宁夏	固原市隆德县温堡乡新庄村
624	宁夏	吴忠市青铜峡市叶盛镇地三村

续表

序号	地区	乡村名称
625	宁夏	银川市贺兰县常信乡四十里店村
626	宁夏	固原市隆德县神林乡辛平村
627	宁夏	吴忠市利通区东塔寺乡石佛寺村
628	宁夏	中卫市中宁县石空镇倪丁村
629	宁夏	固原市西吉县将台堡镇毛沟村
630	宁夏	固原市泾源县大湾乡杨岭村
631	宁夏	石嘴山市惠农区礼和乡银河村
632	宁夏	石嘴山市惠农区红果子镇马家湾村
633	宁夏	固原市彭阳县城阳乡杨坪村
634	宁夏	固原市原州区河川乡寨洼村
635	宁夏	吴忠市盐池县花马池镇曹泥洼村
636	宁夏	中卫市中宁县石空镇太平村
637	宁夏	固原市隆德县观庄乡前庄村
638	宁夏	石嘴山市平罗县黄渠桥镇黄渠桥村
639	宁夏	中卫市沙坡头区迎水桥镇北长滩村
640	新疆	阿勒泰地区喀纳斯景区禾木哈纳斯蒙古族乡哈纳斯村
641	新疆	伊犁哈萨克自治州新源县那拉提镇阿尔善村
642	新疆	巴音郭楞蒙古自治州和静县巴音布鲁克镇巴西里格村
643	新疆	昌吉回族自治州木垒哈萨克自治县英格堡乡月亮地村
644	新疆	阿克苏地区新和县依其艾日克镇加依村
645	新疆	伊犁哈萨克自治州霍城县芦草沟镇四宫村
646	新疆	和田地区洛浦县恰尔巴格乡阔恰艾日克村
647	新疆	克孜勒苏柯尔克孜自治州阿克陶县奥依塔克镇奥依塔克村
648	新疆	巴音郭楞蒙古自治州尉犁县兴平镇达西村
649	新疆	喀什地区泽普县国营林场长寿村
650	新疆	阿克苏地区温宿县柯柯牙镇塔格拉克村
651	新疆	阿勒泰地区富蕴县可可托海镇塔拉特村
652	新疆	和田地区于田县达里雅布依乡达里雅布依村
653	新疆	阿克苏地区拜城县康其乡阿热勒村
654	新疆	昌吉回族自治州阜康市城关镇山坡中心村

续表

序号	地区	乡村名称
655	新疆	巴音郭楞蒙古自治州博湖县乌兰再格森乡乌图阿热勒村
656	新疆	巴音郭楞蒙古自治州博湖县才坎诺尔乡拉罕诺尔村
657	新疆	喀什地区岳普湖县岳普湖乡喀拉玉吉买村
658	新疆	和田地区和田市吉亚乡阔恰村
659	新疆	伊犁哈萨克自治州昭苏县昭苏镇吐格勒勤布拉克村
660	新疆	喀什地区莎车县米夏镇夏玛勒巴格村
661	新疆	昌吉回族自治州吉木萨尔县北庭镇古城村
662	新疆	博尔塔拉蒙古自治州温泉县扎勒木特乡博格达尔村
663	新疆	喀什地区喀什市帕哈太克里乡尤喀尔克喀库拉村
664	新疆兵团	第十二师西山农牧场 2 连（烽火台小镇）
665	新疆兵团	第十师北屯市 185 团 2 连
666	新疆兵团	第十师北屯市 185 团 1 连
667	新疆兵团	第十二师头屯河农场 3 连
668	新疆兵团	第一师阿拉尔市 10 团 5 连
669	新疆兵团	第八师石河子市 121 团 7 连
670	新疆兵团	第九师 161 团 6 连
671	新疆兵团	第四师可克达拉市 76 团 1 连
672	新疆兵团	第九师 165 团 4 连
673	新疆兵团	第五师双河市 83 团 1 连
674	新疆兵团	第四师可克达拉市 71 团 7 连
675	新疆兵团	第十三师红星一场 3 连
676	新疆兵团	第十师北屯市 188 团 4 连
677	新疆兵团	第五师双河市 86 团 22 连
678	新疆兵团	第十三师红星二场 3 连
679	新疆兵团	第四师可克达拉市 62 团 3 连
680	新疆兵团	第十二师 104 团畜牧连

附录7：

第三批全国乡村旅游重点村名录乡村名单

序号	乡村名称
1	北京市密云区古北口镇司马台村
2	北京市延庆区旧县镇盆窑村
3	北京市平谷区金海湖镇将军关村
4	北京市房山区大石窝镇王家磨村
5	北京市门头沟区清水镇洪水口村
6	北京市怀柔区汤河口镇庄户沟门村
7	天津市蓟州区穿芳峪镇东水厂村
8	天津市蓟州区下营镇前干涧村
9	天津市津南区北闸口镇前进村
10	天津市北辰区青光镇韩家墅村
11	天津市宁河区板桥镇盆罐庄村
12	河北省邯郸市武安市淑村镇白沙村
13	河北省张家口市张北县小二台镇德胜村
14	河北省石家庄市平山县西柏坡镇北庄村
15	河北省衡水市故城县房庄镇吴梧茂村
16	河北省邢台市内丘县侯家庄乡岗底村
17	河北省承德市隆化县七家镇温泉村
18	河北省邢台市宁晋县贾家口镇黄儿营西村
19	山西省太原市娄烦县静游镇峰岭底村
20	山西省忻州市偏关县老牛湾镇老牛湾村
21	山西省阳泉市盂县孙家庄镇王炭咀村
22	山西省晋中市寿阳县宗艾镇下洲村
23	山西省长治市平顺县石城镇岳家寨村
24	山西省临汾市永和县乾坤湾乡东征村

续表

序号	乡村名称
25	山西省运城市河津市清涧街道龙门村
26	内蒙古自治区赤峰市松山区大庙镇小庙子村
27	内蒙古自治区呼和浩特市和林格尔县新店子镇胶泥湾村
28	内蒙古自治区兴安盟阿尔山市明水河镇西口村
29	内蒙古自治区呼伦贝尔市鄂温克族自治旗巴彦塔拉达斡尔民族乡伊兰嘎查
30	内蒙古自治区乌兰察布市兴和县店子镇卢家营
31	内蒙古自治区巴彦淖尔市杭锦后旗双庙镇太荣村
32	辽宁省锦州市凌海市温滴楼镇边墙子村
33	辽宁省朝阳市凌源市大王杖子乡宫家烧锅村
34	辽宁省辽阳市辽阳县刘二堡镇前杜村
35	辽宁省营口市鲅鱼圈区芦屯镇小望海村
36	辽宁省葫芦岛市兴城市三道沟满族乡头道沟村
37	吉林省长春市双阳区太平镇小石村
38	吉林省吉林市桦甸市桦郊乡晓光村
39	吉林省延边朝鲜族自治州龙井市智新镇明东村
40	吉林省白山市长白朝鲜族自治县马鹿沟镇果园民俗村
41	吉林省通化市东昌区金厂镇夹皮沟村
42	吉林省白城市通榆县向海蒙古族乡向海村
43	黑龙江省齐齐哈尔市梅里斯达斡尔族区雅尔塞镇哈拉新村
44	黑龙江省牡丹江市穆棱市下城子镇孤榆树村
45	黑龙江省佳木斯市同江市八岔赫哲族乡八岔村
46	黑龙江省大庆市林甸县四合乡联合村
47	黑龙江省黑河市爱辉区瑷珲镇外三道沟村
48	黑龙江省伊春市铁力市工农乡北星村
49	上海市青浦区金泽镇莲湖村
50	上海市金山区漕泾镇水库村
51	上海市嘉定区安亭镇向阳村
52	上海市宝山区月浦镇聚源桥村
53	上海市崇明区新河镇井亭村
54	江苏省南京市浦口区永宁街道大埝社区

续表

序号	乡村名称
55	江苏省苏州市吴中区越溪街道旺山村
56	江苏省徐州市沛县大屯街道安庄社区
57	江苏省盐城市东台市弶港镇巴斗村
58	江苏省扬州市邗江区方巷镇沿湖村
59	江苏省泰州市高港区白马镇陈家村
60	江苏省宿迁市宿城区耿车镇刘圩村
61	浙江省杭州市余杭区径山镇小古城村
62	浙江省湖州市吴兴区妙西镇妙山村
63	浙江省绍兴市柯桥区湖塘街道香林村
64	浙江省金华市武义县俞源乡俞源村
65	浙江省舟山市定海区马岙街道马岙村
66	浙江省台州市天台县街头镇后岸村
67	浙江省丽水市云和县赤石乡赤石村
68	安徽省黄山市徽州区潜口镇唐模村
69	安徽省滁州市南谯区施集镇井楠村
70	安徽省芜湖市芜湖县六郎镇官巷村
71	安徽省池州市青阳县朱备镇将军村
72	安徽省安庆市岳西县河图镇南河村
73	安徽省淮北市杜集区矿山集街道南山村
74	安徽省蚌埠市怀远县龙亢镇龙亢村
75	福建省泉州市晋江市新塘街道梧林社区
76	福建省宁德市福鼎市磻溪镇赤溪村
77	福建省漳州市华安县高安镇坪水村
78	福建省三明市沙县区夏茂镇俞邦村
79	福建省龙岩市永定县湖坑镇南江村
80	福建省福州市平潭综合实验区君山镇礼水村
81	江西省赣州市于都县梓山镇潭头村
82	江西省上饶市婺源县思口镇思溪村延村
83	江西省赣州市瑞金市叶坪镇华屋村
84	江西省九江市庐山市白鹿镇秀峰村

续表

序号	乡村名称
85	江西省景德镇市浮梁县瑶里镇五华村
86	江西省抚州市黎川县德胜镇德胜村
87	江西省南昌市新建区溪霞镇店前村
88	山东省济南市莱芜区雪野街道房干村
89	山东省日照市岚山区岚山头街道官草汪村
90	山东省济宁市曲阜市尼山镇鲁源村
91	山东省烟台市蓬莱市大辛店镇木兰沟村
92	山东省淄博市高青县常家镇蓑衣樊村
93	山东省青岛市崂山区王哥庄街道晓望社区
94	山东省潍坊市临朐县嵩山生态旅游发展服务中心淹子岭村
95	河南省郑州市巩义市小关镇南岭新村
96	河南省郑州市巩义市大峪沟镇海上桥村
97	河南省洛阳市嵩县车村镇天桥沟村
98	河南省焦作市修武县西村乡大南坡村
99	河南省濮阳市清丰县双庙乡单拐村
100	河南省信阳市浉河区浉河港郝家冲村
101	河南省周口市西华县红花集镇龙池头村
102	湖北省襄阳市襄城区尹集乡姚庵村
103	湖北省宜昌市远安县花林寺镇龙凤村
104	湖北省荆州市松滋市洈水镇樟木溪村
105	湖北省孝感市孝昌县小悟乡田堂村
106	湖北省黄冈市罗田县骆驼坳镇燕窝垸村
107	湖北省咸宁市通城县大坪乡内冲瑶族村
108	湖北省随州市广水市武胜关镇桃源村
109	湖南省湘西土家族苗族自治州凤凰县麻冲乡竹山村
110	湖南省怀化市溆浦县统溪河镇穿岩山村
111	湖南省邵阳市洞口县罗溪瑶族乡宝瑶村
112	湖南省娄底市新化县吉庆镇油溪桥村
113	湖南省衡阳市珠晖区茶山坳镇堰头村
114	湖南省常德市津市市金鱼岭街道大关山村

续表

序号	乡村名称
115	湖南省张家界市永定区王家坪镇马头溪村
116	广东省广州市从化区城郊街西和村
117	广东省肇庆市封开县江口街道台洞村
118	广东省惠州市惠阳区秋长街道周田村
119	广东省汕头市潮南区陇田镇东华村
120	广东省中山市南朗镇左步村
121	广东省湛江市徐闻县角尾乡放坡村
122	广东省潮州市潮安区凤凰镇叫水坑村
123	广西壮族自治区柳州市融水苗族自治县香粉乡雨卜村
124	广西壮族自治区桂林市兴安县华江瑶族乡龙塘江村
125	广西壮族自治区浦北县北通镇那新村
126	广西壮族自治区百色市凌云县伶站瑶族乡浩坤村
127	广西壮族自治区贺州市昭平县黄姚镇北莱村
128	广西壮族自治区河池市南丹县里湖瑶族乡朵努社区
129	广西壮族自治区来宾市金秀瑶族自治县金秀镇六段村
130	海南省琼海市博鳌镇莫村村留客村
131	海南省万宁市兴隆华侨农场 57 队
132	海南省儋州市中和镇七里村
133	海南省昌江黎族自治县王下乡大炎村浪论村
134	海南省文昌市潭牛镇大庙村
135	重庆市万州区长岭镇安溪村
136	重庆市九龙坡区铜罐驿镇英雄湾村
137	重庆市江津区先锋镇保坪村
138	重庆市巫山县竹贤乡下庄村
139	重庆市奉节县兴隆镇回龙村
140	重庆市潼南区崇龛镇明月社区
141	四川省成都市邛崃市平乐镇花楸村
142	四川省乐山市金口河区永和镇胜利村
143	四川省宜宾市翠屏区李庄镇高桥村
144	四川省广安市岳池县白庙镇郑家村

续表

序号	乡村名称
145	四川省雅安市石棉县安顺场镇安顺村
146	四川省眉山市青神县青竹街道兰沟村
147	四川省阿坝藏族羌族自治州小金县四姑娘山镇长坪村
148	贵州省毕节市黔西县新仁苗族乡化屋村
149	贵州省六盘水市水城县米箩镇倮么村
150	贵州省安顺市平坝县夏云镇小河湾村
151	贵州省贵阳市开阳县禾丰乡马头村
152	贵州省遵义市湄潭县鱼泉街道新石社区
153	贵州省黔东南苗族侗族自治州锦屏县敦寨镇雷屯村
154	贵州省黔南布依族苗族自治州龙里县龙山镇龙山社区
155	云南省大理白族自治州鹤庆县草海镇新华村
156	云南省丽江市玉龙纳西族自治县拉市镇均良村
157	云南省玉溪市澄江市龙街镇禄充社区禄充村
158	云南省临沧市双江拉祜族佤族布朗族傣族自治县沙河乡允俸村
159	云南省西双版纳傣族自治州勐海县打洛镇曼掌村
160	云南省曲靖市宣威市东山镇芙蓉村
161	云南省文山壮族苗族自治州丘北县双龙营镇普者黑村
162	西藏自治区日喀则市定结县琼孜乡牧村
163	西藏自治区日喀则市亚东县帕里镇四居委
164	西藏自治区山南市洛扎县色乡色村
165	西藏自治区山南市洛扎县拉郊乡拉郊村
166	西藏自治区林芝市米林县南伊珞巴民族乡南伊村
167	陕西省西安市鄠邑区石井街道蔡家坡村
168	陕西省宝鸡市金台区金河镇周家庄村
169	陕西省渭南市合阳县黑池镇南社区
170	陕西省汉中市南郑区汉山街道汉山村
171	陕西省商洛市山阳县法官镇法官庙村
172	陕西省延安市宝塔区万花山镇佛道坪村
173	甘肃省兰州市榆中县小康营乡浪街村
174	甘肃省定西市渭源县田家河乡元古堆村

续表

序号	乡村名称
175	甘肃省武威市凉州区高坝镇蜻蜓村
176	甘肃省白银市白银区水川镇顾家善村
177	甘肃省临夏回族自治州康乐县八松乡纳沟村
178	甘肃省庆阳市庆城县庆城镇药王洞村
179	青海省西宁市大通回族土族自治县朔北藏族乡东至沟村
180	青海省海东市化隆回族自治县群科镇安达其哈村
181	青海省黄南藏族自治州同仁县扎毛乡扎毛村
182	青海省海东市乐都区高庙镇新庄村
183	青海省海南藏族自治州贵德县河西镇团结村
184	宁夏回族自治区吴忠市青铜峡市大坝镇韦桥村
185	宁夏回族自治区吴忠市红寺堡区红寺堡镇弘德村
186	宁夏回族自治区石嘴山市平罗县高仁乡六顷地村
187	宁夏回族自治区中卫市中宁县余丁乡黄羊村
188	宁夏回族自治区固原市隆德县凤岭乡李士村
189	新疆维吾尔自治区阿勒泰地区哈巴河县铁热克提乡白哈巴村
190	新疆维吾尔自治区阿勒泰地区吉木乃县托斯特乡塔斯特村（石头村）
191	新疆维吾尔自治区伊犁哈萨克自治州新源县那拉提镇拜依盖托别村
192	新疆维吾尔自治区昌吉回族自治州昌吉市六工镇十三户村
193	新疆维吾尔自治区克拉玛依市乌尔禾区乌尔禾镇查干草村
194	新疆维吾尔自治区吐鲁番市高昌区葡萄镇巴格日社区
195	新疆生产建设兵团第一师阿拉尔市16团1连
196	新疆生产建设兵团第二师铁门关市27团8连
197	新疆生产建设兵团第六师五家渠市红旗农场11连
198	新疆生产建设兵团第九师161团8连
199	新疆生产建设兵团第十四师昆玉市皮山农场1连

附录8：

第四批全国乡村旅游重点村名录乡村名单

序号	乡村名称
1	北京市门头沟区妙峰山镇炭厂村
2	北京市房山区史家营乡金鸡台村
3	北京市昌平区兴寿镇下苑村
4	北京市密云区新城子镇遥桥峪村
5	北京市延庆区康庄镇火烧营村
6	北京市延庆区四海镇大吉祥村
7	天津市蓟州区罗庄子镇赵家峪村
8	天津市宁河区丰台镇岳秀庄村
9	天津市西青区杨柳青镇白滩寺村
10	天津市宝坻区黄庄镇李宦庄村
11	天津市津南区八里台镇西小站村
12	河北省石家庄市井陉县秀林镇南横口村
13	河北省秦皇岛市海港区房庄村
14	河北省邢台市信都区路罗镇小戈廖村
15	河北省承德市兴隆县大水泉镇迷子地村
16	河北省保定市易县安格庄乡田岗村
17	河北省邯郸市涉县更乐镇大洼村
18	河北省唐山市遵化市团瓢庄乡山里各庄村
19	山西省阳泉市郊区西南舁乡咀子上村
20	山西省长治市壶关县石坡乡南平头坞村
21	山西省晋城市阳城县北留镇皇城村
22	山西省临汾市曲沃县北董乡南林交村
23	山西省运城市万荣县高村乡闫景村
24	山西省忻州市宁武县宁化镇宁化村

续表

序号	乡村名称
25	内蒙古自治区赤峰市喀喇沁旗河南街道马鞍山村
26	内蒙古自治区呼伦贝尔市阿荣旗新发朝鲜族乡东光村
27	内蒙古自治区鄂尔多斯市达拉特旗树林召镇林原村
28	内蒙古自治区赤峰市松山区老府镇大乌良苏村
29	内蒙古自治区包头市青山区兴胜镇东达沟村
30	内蒙古自治区乌海市乌达区乌兰淖尔镇泽园新村
31	辽宁省大连市金州区向应街道土门子村
32	辽宁省丹东市宽甸满族自治县青山沟镇青山沟村
33	辽宁省抚顺市清原满族自治县大苏河乡南天门村
34	辽宁省锦州市义县大榆树堡镇石匣子村
35	辽宁省阜新市彰武县大德镇大德村
36	辽宁省朝阳市喀喇沁左翼蒙古族自治县水泉镇南亮子村
37	吉林省白山市抚松县漫江镇锦江村
38	吉林省松原市前郭尔罗斯蒙古族自治县查干湖镇西索恩图村
39	吉林省吉林市永吉县北大湖镇南沟村
40	吉林省延边朝鲜族自治州龙井市东盛涌镇东明村
41	吉林省长春市九台区龙嘉街道红光村
42	吉林省辽源市龙山区工农乡大良村
43	黑龙江省哈尔滨市延寿县玉河镇新城村
44	黑龙江省牡丹江市宁安市渤海镇上官地村
45	黑龙江省佳木斯市汤原县汤原镇北靠山村
46	黑龙江省鸡西市城子河区永丰朝鲜族乡丰安村
47	黑龙江省伊春市金林区丰茂林场
48	黑龙江省大兴安岭地区塔河县十八站鄂伦春族乡鄂族村
49	上海市宝山区月浦镇月狮村
50	上海市嘉定区华亭镇毛桥村
51	上海市金山区吕巷镇和平村
52	上海市松江区石湖荡镇东夏村
53	上海市奉贤区庄行镇潘垫村
54	江苏省无锡市惠山区阳山镇桃源村

续表

序号	乡村名称
55	江苏省徐州市贾汪区茱萸山街道许阳村
56	江苏省盐城市盐都区潘黄街道仰徐村
57	江苏省扬州市高邮市菱塘回族乡清真村
58	江苏省镇江市丹徒区世业镇世业村
59	江苏省泰州市姜堰区溱潼镇湖南村
60	江苏省宿迁市泗阳县卢集镇成河村
61	浙江省杭州市淳安县姜家镇姜家村
62	浙江省舟山市普陀区东极镇东极村
63	浙江省衢州市柯城区沟溪乡余东村
64	浙江省丽水市青田县方山乡龙现村
65	浙江省嘉兴市平湖市林埭镇徐家埭村
66	浙江省温州市苍南县矾山镇福德湾村
67	浙江省丽水市松阳县三都乡上田村
68	安徽省合肥市庐江县汤池镇百花村
69	安徽省马鞍山市含山县铜闸镇太湖村
70	安徽省宣城市广德市卢村乡笄山村
71	安徽省池州市石台县矶滩乡洪墩村
72	安徽省黄山市黟县碧阳镇丰梧村
73	安徽省安庆市宿松县洲头乡金坝村
74	福建省三明市永安市曹远镇霞鹤村
75	福建省莆田市荔城区西天尾镇后黄社区
76	福建省福州市永泰县嵩口镇大喜村
77	福建省宁德市霞浦县三沙镇东壁村
78	福建省龙岩市长汀县南山镇中复村
79	福建省厦门市翔安区金海街道澳头社区
80	江西省新余市渝水区良山镇下保村
81	江西省赣州市全南县龙源坝镇雅溪村
82	江西省萍乡市芦溪县银河镇紫溪村
83	江西省南昌市新建区太平镇雷港村
84	江西省上饶市广信区望仙乡望仙村

续表

序号	乡村名称
85	江西省赣州市崇义县上堡乡水南村
86	江西省抚州市资溪县鹤城镇大觉山村
87	山东省青岛市平度市大泽山镇响山潘家村
88	山东省临沂市蒙阴县桃墟镇百泉峪村
89	山东省淄博市沂源县鲁村镇龙子峪村
90	山东省泰安市新泰市龙廷镇掌平洼村
91	山东省枣庄市山亭区冯卯镇李庄村
92	山东省济宁市兖州区新兖镇牛楼村
93	山东省德州市乐陵市朱集镇后周村
94	河南省济源市承留镇花石村
95	河南省郑州市巩义市米河镇明月村
96	河南省鹤壁市淇滨区上峪乡桑园村
97	河南省新乡市辉县市拍石头乡张泗沟村
98	河南省平顶山市鲁山县尧山镇上坪村
99	河南省安阳市汤阴县韩庄镇部落村
100	河南省安阳市滑县道口镇街道顺南村
101	湖北省武汉市新洲区仓埠街道项山村
102	湖北省黄石市阳新县王英镇高山村
103	湖北省十堰市丹江口市官山镇吕家河村
104	湖北省荆门市东宝区子陵铺镇金泉村
105	湖北省黄冈市红安县七里坪镇八一村
106	湖北省咸宁市崇阳县白霓镇浪口村
107	湖北省恩施土家族苗族自治州巴东县东瀼口镇牛洞坪村
108	湖南省张家界市慈利县三官寺土家族乡株木岗村
109	湖南省益阳市赫山区泉交河镇菱角岔村
110	湖南省岳阳市汨罗市屈子祠镇新义村
111	湖南省永州市江永县千家峒瑶族乡刘家庄村
112	湖南省湘西土家族苗族自治州吉首市矮寨镇德夯村
113	湖南省长沙市浏阳市古港镇梅田湖村
114	湖南省湘潭市岳塘区昭山镇七星村

续表

序号	乡村名称
115	广东省佛山市禅城区南庄镇紫南村
116	广东省广州市增城区增江街道大埔围村
117	广东省韶关市仁化县石塘镇石塘村
118	广东省中山市三乡镇雍陌村
119	广东省阳江市阳西县织箦镇谷围村委会鸡嗺塱村
120	广东省云浮市云城区腰古镇城头村
121	广西壮族自治区柳州市三江侗族自治县林溪镇平岩村
122	广西壮族自治区梧州市苍梧县六堡镇大中村
123	广西壮族自治区南宁市上林县大丰镇东春村
124	广西壮族自治区河池市巴马瑶族自治县甲篆镇百马村
125	广西壮族自治区崇左市大新县硕龙镇德天村
126	广西壮族自治区防城港市东兴市东兴镇竹山村
127	广西壮族自治区玉林市北流市民安镇丰村
128	海南省海口市美兰区演丰镇演东村委会芳园村
129	海南省五指山市水满乡毛纳村委会毛纳村
130	海南省昌江黎族自治县王下乡洪水村委会俄力村
131	海南省澄迈县福山镇敦茶村委会侯臣村
132	海南省保亭黎族苗族自治县响水镇陡水河村委会毛真村
133	重庆市沙坪坝区丰文街道三河村
134	重庆市南川区大观镇金龙村
135	重庆市璧山区七塘镇将军村
136	重庆市忠县新立镇文笔社区
137	重庆市云阳县清水土家族乡岐山村
138	重庆市秀山土家族苗族自治县梅江镇兴隆坳村
139	四川省成都市崇州市道明镇竹艺村
140	四川省广元市昭化区昭化镇城关村
141	四川省遂宁市安居区常理镇海龙村
142	四川省雅安市汉源县九襄镇三强村
143	四川省绵阳市安州区桑枣镇齐心村
144	四川省南充市高坪区江陵镇江陵坝村

续表

序号	乡村名称
145	四川省甘孜藏族自治州稻城县香格里拉镇亚丁村
146	贵州省遵义市桐梓县九坝镇山堡社区
147	贵州省安顺市西秀区幺铺镇阿歪寨村
148	贵州省毕节市大方县鹏程街道鹏程社区
149	贵州省铜仁市江口县太平镇梵净山村
150	贵州省黔东南苗族侗族自治州黎平县双江镇黄岗村
151	贵州省黔南布依族苗族自治州荔波县瑶山瑶族乡高桥村
152	贵州省黔西南布依族苗族自治州兴义市万峰林街道双生村
153	云南省楚雄彝族自治州楚雄市紫溪镇紫溪社区紫溪彝村
154	云南省昭通市水富市云富街道邵女坪社区
155	云南省昆明市富民县赤鹫镇永富村
156	云南省临沧市双江拉祜族佤族布朗族傣族自治县勐库镇公弄村
157	云南省大理白族自治州大理市湾桥镇中庄村委会古生村
158	云南省德宏傣族景颇族自治州盈江县太平镇雪梨村
159	云南省怒江傈僳族自治州福贡县匹河乡老姆登村
160	西藏自治区拉萨市曲水县才纳乡才纳村
161	西藏自治区日喀则市定日县扎西宗乡巴松村
162	西藏自治区山南市浪卡子县白地乡扎玛龙村
163	西藏自治区林芝市墨脱县墨脱镇墨脱村
164	西藏自治区昌都市八宿县然乌镇来古村
165	西藏自治区那曲市嘉黎县尼屋乡依嘎村
166	陕西省榆林市榆阳区古塔镇赵家峁村
167	陕西省汉中市留坝县留侯镇营盘村
168	陕西省西安市蓝田县汤峪镇塘子村
169	陕西省安康市旬阳市仁河口镇水泉坪村
170	陕西省铜川市王益区黄堡镇孟姜塬村
171	陕西省宝鸡市凤县双石铺镇兴隆场村
172	甘肃省兰州市西固区河口镇河口村
173	甘肃省武威市凉州区张义镇灯山村
174	甘肃省天水市秦州区平南镇孙集村

续表

序号	乡村名称
175	甘肃省临夏回族自治州和政县城关镇咀头村
176	甘肃省甘南藏族自治州临潭县冶力关镇池沟村
177	甘肃省甘南藏族自治州迭部县益哇镇扎尕那村
178	青海省西宁市湟源县东峡乡下脖项村
179	青海省海东市乐都区洪水镇李家壕村
180	青海省海东市民和回族土族自治县中川乡峡口村
181	青海省海北藏族自治州海晏县甘子河乡达玉村
182	青海省海南藏族自治州共和县龙羊峡镇德胜村
183	青海省黄南藏族自治州同仁市隆务镇吾屯村
184	宁夏回族自治区银川市金凤区丰登镇润丰村
185	宁夏回族自治区固原市原州区彭堡镇姚磨村
186	宁夏回族自治区吴忠市红寺堡区柳泉乡永新村
187	宁夏回族自治区石嘴山市平罗县头闸镇西永惠村
188	宁夏回族自治区中卫市海原县关桥乡关桥村
189	宁夏回族自治区吴忠市盐池县麻黄山乡何新庄村
190	新疆维吾尔自治区伊犁哈萨克自治州伊宁市巴彦岱镇苏勒阿勒玛塔村
191	新疆维吾尔自治区昌吉回族自治州奇台县半截沟镇腰站子村
192	新疆维吾尔自治区吐鲁番市托克逊县夏镇南湖村
193	新疆维吾尔自治区巴音郭楞蒙古自治州库尔勒市阿瓦提乡吾夏克铁热克村
194	新疆维吾尔自治区克孜勒苏柯尔克孜自治州阿克陶县塔尔塔吉克民族乡巴格艾格孜村
195	新疆维吾尔自治区喀什地区疏附县托克扎克镇阿亚格曼干村
196	新疆生产建设兵团第二师 21 团 8 连
197	新疆生产建设兵团第三师 44 团 18 连
198	新疆生产建设兵团第十师 181 团 1 连
199	新疆生产建设兵团第八师石总场清泉集 11 连
200	新疆生产建设兵团第十四师一牧场 1 连

附录 9：

第一批全国乡村旅游重点镇（乡）名单

序号	镇（乡）名称
1	北京市怀柔区渤海镇
2	北京市延庆区八达岭镇
3	北京市顺义区龙湾屯镇
4	天津市蓟州区下营镇
5	天津市蓟州区官庄镇
6	天津市西青区辛口镇
7	河北省保定市阜平县龙泉关镇
8	河北省廊坊市香河县蒋辛屯镇
9	河北省张家口市蔚县暖泉镇
10	山西省阳泉市平定县娘子关镇
11	山西省长治市壶关县大峡谷镇
12	山西省晋城市阳城县润城镇
13	内蒙古自治区通辽市奈曼旗白音他拉苏木
14	内蒙古自治区锡林郭勒盟多伦县滦源镇
15	内蒙古自治区鄂尔多斯市伊金霍洛旗伊金霍洛镇
16	辽宁省本溪市南芬区思山岭街道
17	辽宁省辽阳市弓长岭区汤河镇
18	辽宁省本溪市桓仁满族自治县普乐堡镇
19	吉林省延边朝鲜族自治州敦化市雁鸣湖镇
20	吉林省通化市通化县西江镇
21	吉林省通化市东昌区金厂镇
22	黑龙江省齐齐哈尔市铁锋区扎龙镇
23	黑龙江省牡丹江市宁安市渤海镇
24	黑龙江省伊春市铁力市年丰朝鲜族乡

续表

序号	镇(乡)名称
25	上海市金山区山阳镇
26	上海市崇明区绿华镇
27	上海市宝山区罗泾镇
28	江苏省南京市江宁区谷里街道
29	江苏省无锡市滨湖区马山街道
30	江苏省常州市金坛区薛埠镇
31	江苏省镇江市句容市茅山镇
32	浙江省温州市永嘉县岩头镇
33	浙江省湖州市德清县莫干山镇
34	浙江省金华市磐安县尖山镇
35	浙江省台州市仙居县淡竹乡
36	安徽省黄山市黟县宏村镇
37	安徽省安庆市潜山市天柱山镇
38	安徽省芜湖市湾沚区红杨镇
39	福建省福州市平潭综合实验区君山镇
40	福建省福州市永泰县嵩口镇
41	福建省厦门市同安区莲花镇
42	江西省吉安市井冈山市茅坪镇
43	江西省上饶市婺源县江湾镇
44	江西省南昌市湾里管理局太平镇
45	山东省临沂市沂水县院东头镇
46	山东省泰安市岱岳区道朗镇
47	山东省威海市荣成市宁津街道
48	河南省郑州市巩义市竹林镇
49	河南省安阳市林州市石板岩镇
50	河南省鹤壁市淇县灵山街道
51	湖北省武汉市黄陂区木兰乡
52	湖北省十堰市郧西县上津镇
53	湖北省荆门市钟祥市客店镇
54	湖北省恩施土家族苗族自治州利川市南坪乡

续表

序号	镇（乡）名称
55	湖南省湘潭市韶山市韶山乡
56	湖南省长沙市长沙县开慧镇
57	湖南省郴州市汝城县文明瑶族乡
58	广东省韶关市南雄市珠玑镇
59	广东省梅州市梅县雁洋镇
60	广东省东莞市寮步镇
61	广西壮族自治区南宁市马山县古零镇
62	广西壮族自治区柳州市鹿寨县中渡镇
63	广西壮族自治区桂林市灵川县大圩镇
64	海南省琼海市博鳌镇
65	海南省文昌市龙楼镇
66	海南省海口市秀英区石山镇
67	重庆市武隆区仙女山街道
68	重庆市铜梁区土桥镇
69	重庆市梁平区竹山镇
70	四川省成都市彭州市龙门山镇
71	四川省南充市阆中市天宫镇
72	四川省广安市武胜县飞龙镇
73	贵州省黔西南布依族苗族自治州兴义市万峰林街道
74	贵州省铜仁市江口县太平镇
75	贵州省黔南布依族苗族自治州贵定县盘江镇
76	贵州省毕节市织金县官寨苗族乡
77	云南省大理白族自治州大理市双廊镇
78	云南省丽江市玉龙纳西族自治县白沙镇
79	云南省曲靖市师宗县五龙壮族乡
80	西藏自治区日喀则市亚东县下亚东乡
81	西藏自治区山南市错那县麻麻门巴民族乡
82	西藏自治区阿里地区普兰县普兰镇
83	陕西省安康市石泉县后柳镇
84	陕西省商洛市商南县金丝峡镇

续表

序号	镇（乡）名称
85	陕西省咸阳市礼泉县烟霞镇
86	甘肃省酒泉市敦煌市月牙泉镇
87	甘肃省陇南市康县长坝镇
88	甘肃省庆阳市华池县南梁镇
89	青海省海东市互助土族自治县威远镇
90	青海省西宁市湟源县日月藏族乡
91	青海省海南藏族自治州贵德县尕让乡
92	宁夏回族自治区银川市永宁县闽宁镇
93	宁夏回族自治区银川市西夏区镇北堡镇
94	宁夏回族自治区固原市泾源县泾河源镇
95	新疆维吾尔自治区伊犁哈萨克自治州新源县那拉提镇
96	新疆维吾尔自治区昌吉回族自治州木垒哈萨克自治县英格堡乡
97	新疆维吾尔自治区阿勒泰地区布尔津县禾木哈纳斯蒙古族乡
98	新疆生产建设兵团第四师可克达拉市71团
99	新疆生产建设兵团第十师北屯市185团
100	新疆生产建设兵团第十二师头屯河农场

附录 10：

第二批全国乡村旅游重点镇（乡）名单

序号	镇（乡）名称
1	北京市门头沟区斋堂镇
2	北京市房山区十渡镇
3	北京市密云区古北口镇
4	天津市蓟州区穿芳峪镇
5	天津市蓟州区渔阳镇
6	天津市蓟州区罗庄子镇
7	河北省保定市易县安格庄乡
8	河北省保定市涞水县三坡镇
9	河北省邢台市信都区路罗镇
10	山西省大同市灵丘县红石塄乡
11	山西省晋中市榆次区乌金山镇
12	山西省临汾市永和县乾坤湾乡
13	内蒙古自治区鄂尔多斯市达拉特旗树林召镇
14	内蒙古自治区呼和浩特市新城区保合少镇
15	内蒙古自治区兴安盟阿尔山市白狼镇
16	辽宁省抚顺市新宾满族自治县永陵镇
17	辽宁省本溪市本溪满族自治县小市镇
18	辽宁省大连市庄河市步云山乡
19	吉林省通化市辉南县金川镇
20	吉林省白城市通榆县向海蒙古族乡
21	吉林省松原市前郭尔罗斯蒙古族自治县查干湖镇
22	黑龙江省黑河市五大连池市朝阳山镇
23	黑龙江省大庆市杜尔伯特蒙古族自治县连环湖镇
24	黑龙江省大兴安岭地区漠河市北极镇

续表

序号	镇（乡）名称
25	上海市崇明区竖新镇
26	上海市崇明区横沙乡
27	江苏省南京市浦口区永宁街道
28	江苏省常州市溧阳市戴埠镇
29	江苏省南通市海门区常乐镇
30	浙江省绍兴市上虞区岭南乡
31	浙江省宁波市宁海县前童镇
32	浙江省台州市天台县街头镇
33	安徽省芜湖市南陵县烟墩镇
34	安徽省池州市青阳县朱备镇
35	安徽省安庆市岳西县河图镇
36	福建省福州市平潭县苏平镇
37	福建省龙岩市永定区湖坑镇
38	福建省泉州市惠安县崇武镇
39	江西省萍乡市湘东区麻山镇
40	江西省吉安市安福县羊狮慕镇
41	江西省鹰潭市余江区杨溪乡
42	山东省济南市长清区万德街道
43	山东省潍坊市临朐县五井镇
44	山东省临沂市沂南县铜井镇
45	河南省洛阳市嵩县车村镇
46	河南省郑州市二七区侯寨乡
47	河南省信阳市浉河区浉河港镇
48	湖北省襄阳市谷城县五山镇
49	湖北省宜昌市远安县花林寺镇
50	湖北省孝感市安陆市烟店镇
51	湖南省衡阳市南岳区南岳镇
52	湖南省张家界市武陵源区协合乡
53	湖南省永州市宁远县湾井镇
54	广东省惠州市惠阳区秋长街道

续表

序号	镇（乡）名称
55	广东省潮州市潮安区凤凰镇
56	广东省河源市源城区埔前镇
57	广西壮族自治区来宾市金秀瑶族自治县长垌乡
58	广西壮族自治区贵港市覃塘区覃塘街道
59	广西壮族自治区贺州市昭平县黄姚镇
60	海南省昌江黎族自治县王下乡
61	海南省五指山市水满乡
62	重庆市涪陵区大木乡
63	重庆市南岸区南山街道
64	重庆市永川区南大街街道
65	四川省阿坝藏族羌族自治州小金县四姑娘山镇
66	四川省宜宾市翠屏区李庄镇
67	四川省攀枝花市米易县新山傈僳族乡
68	贵州省贵阳市开阳县禾丰布依族苗族乡
69	贵州省遵义市红花岗区新舟镇
70	贵州省六盘水市六枝特区落别布依族彝族乡
71	云南省丽江市玉龙纳西族自治县拉市镇
72	云南省红河哈尼族彝族自治州元阳县新街镇
73	云南省文山壮族苗族自治州丘北县双龙营镇
74	西藏自治区日喀则市吉隆县吉隆镇
75	西藏自治区林芝市米林县派镇
76	西藏自治区昌都市江达县岗托镇
77	西藏自治区阿里地区普兰县巴嘎乡
78	陕西省汉中市留坝县火烧店镇
79	陕西省商洛市柞水县营盘镇
80	陕西省延安市宝塔区万花山镇
81	甘肃省武威市天祝藏族自治县天堂镇
82	甘肃省临夏回族自治州临夏市折桥镇
83	甘肃省白银市白银区水川镇
84	青海省西宁市湟中区拦隆口镇

续表

序号	镇（乡）名称
85	青海省西宁市大通回族土族自治县朔北乡
86	青海省海东市互助土族自治县南门峡镇
87	青海省海南藏族自治州贵德县河西镇
88	宁夏回族自治区固原市西吉县将台堡镇
89	宁夏回族自治区中卫市沙坡头区迎水桥镇
90	宁夏回族自治区吴忠市利通区东塔寺乡
91	新疆维吾尔自治区克拉玛依市乌尔禾区乌尔禾镇
92	新疆维吾尔自治区昌吉回族自治州阜康市城关镇
93	新疆维吾尔自治区乌鲁木齐市乌鲁木齐县水西沟镇
94	新疆维吾尔自治区克孜勒苏柯尔克孜自治州阿克陶县塔尔塔吉克民族乡
95	新疆生产建设兵团第一师11团花桥镇
96	新疆生产建设兵团第十二师104团
97	新疆生产建设兵团第四师78团
98	新疆生产建设兵团第九师161团

后　记

本书是"新时代文化和旅游融合发展研究丛书·应用型本科院校文化旅游专业丛书"中的一本，得到国家社科基金一般项目"民族地区文旅融合发展促进脱贫巩固和乡村振兴研究"（21BKS026）、湖南省社科基金"学术湖南"精品培育项目"湖南民族地区文旅产业促进乡村振兴和共同富裕研究"（23ZDAJ019）、湖南省教育厅科学研究重点项目"可持续生计框架下南岭走廊文旅产业与乡村振兴耦合发展机制和路径研究"（22A0578）、湖南省哲学社会科学重点项目"湖湘文化走出去与传统文化对外传播研究"（20ZDB013）、湖南省社会科学成果评审委员会重大项目"湖湘文化走出去与中国特色哲学社会科学对外话语体系建构研究"（XSP2023ZDA006）、湖南省社会科学成果评审委员会重点项目"构建以对接'一带一路'和粤港澳大湾区为重点的湘南内陆开放合作示范区对策研究"（XSP2023ZDI020）、湖南省教育厅科学研究优秀青年项目"生态文明视域下南岭走廊农林复合经营与乡村旅游协同发展研究"（21B0735）、湖南省社会科学成果评审委员会一般项目"湘赣边区旅游产业链协同优化促进乡村振兴的效率评价与影响机制研究"（XSP2023FXC038）、湖南省普通本科高校教学改革研究项目"教育强省背景下复合型文旅融合人才培养模式研究"（202401001396）、湖南科技学院2022年新进博士科研启动项目"粮食安全背景下南岭走廊农林复合经营与乡村旅游融合发展路径研究"等项目资助。

乡村旅游重点村（镇）是文化旅游系统推进乡村产业振兴的重要举措，是新时代乡村旅游发展的风向标。乡村旅游重点村（镇）建设是一项系统工程，创建是起点，运营是难点。2019年以来，笔者有幸全程参与湖南省乡村旅游重点村（镇）的实地考察与评审工作，对乡村旅游重点村（镇）有较为直观的理解，深切感受到乡村旅游重点村（镇）建设与运营的难点和痛点。本书系统阐述了乡村旅游、乡村振兴与城镇发展的关系，完整地透视了乡村旅游重点村（镇）理论渊源和发展演变，然后从创建模式、运营管理、投融资方式等角度分析解决乡村旅游重点村（镇）的发展问题，最后通过湖南省内典型案例来剖析其发展经验。本书可供旅游管理、文化产业管理专业及其他相关学科等专业的本科生、研究生、教师、科研人员及基层政府和企事业单位、行业人员使用参考。

  本书是集体智慧的结晶。首先，本书要感谢湖南省文化和旅游厅资源开发处的相关领导，他们提供了实践机会与相关典型案例素材。其次，要感谢湘潭大学旅游管理专业的相关研究生，他们收集了详尽资料，完成了部分章节初稿；也要感谢湖南科技学院旅游与文化产业学院的学生张娟等同学，他们按作者的思路提供了第三章的初稿。此外，要感谢湖南科技学院的相关领导和老师，他们鼓励作者努力前行，让作者在困顿中得以坚持编书著书。最后，要感谢家人支持，他们让作者能有更充分的时间专心科研工作。

  本书撰写过程中，参考了很多学界同仁和产业同行的资料、数据和观点，有些未一一注明出处，在此一并致谢并致歉。

  由于水平有限和编校时间较仓促，不当和疏误之处在所难免，敬请朋友们和读者们谅解和批评指正。

作者

2023 年 12 月